连接丝路两端：
中欧自贸区建设

姚 铃 等著

中国商务出版社
CHINA COMMERCE AND TRADE PRESS

图书在版编目（CIP）数据

连接丝路两端：中欧自贸区建设／姚铃等著. —
北京：中国商务出版社，2018.5
ISBN 978 - 7 - 5103 - 2412 - 3

Ⅰ.①连…　Ⅱ.①姚…　Ⅲ.①中外关系 – 研究 – 欧洲
国家联盟　Ⅳ.①D822.35

中国版本图书馆 CIP 数据核字（2018）第 093869 号

连接丝路两端：中欧自贸区建设
LIANJIE SILU LIANGDUAN ZHONGOU ZIMAOQU JIANSHE
姚铃　等著

出　　版：	中国商务出版社
地　　址：	北京市东城区安定门外大街东后巷 28 号　　邮　编：100710
责任部门：	创新运营事业部（010 – 64515145　cxyy@ cctpress. com）
责任编辑：	谭　宁
助理编辑：	沈燕飞
总 发 行：	中国商务出版社发行部（010 – 64266193　64515150）
网　　址：	http://www. cctpress. com
邮　　箱：	cxyy@ cctpress. com

排　　版：	北京宝蕾元科技发展有限责任公司
印　　刷：	北京墨阁印刷有限公司
开　　本：	700 毫米 × 1000 毫米　1/16
印　　张：	17.5　　　　　　　字　　数：226 千字
版　　次：	2018 年 6 月第 1 版　　　印　　次：2018 年 6 月第 1 次印刷
书　　号：	ISBN 978 – 7 – 5103 – 2412 – 3
定　　价：	58.00 元

序

党的十九大提出，"中国支持多边贸易体制，促进自由贸易区建设，推动建设开放型世界经济"。加快实施自由贸易区战略是中国新一轮对外开放的重要内容，构建面向全球的高标准自由贸易区网络也是共建"一带一路"的重要组成部分。自习近平主席 2013 年提出共建"一带一路"倡议以来，中国对外自贸区建设取得长足发展，截至目前，已同 24 个国家和地区签署了 16 个自贸协定，自贸朋友圈日益扩大。

2014 年 3 月，习近平主席对欧盟总部进行历史性的访问，中欧双方发表题为《关于深化互利共赢的中欧全面战略伙伴关系的联合声明》，提出"条件成熟时签订全面深入的自贸协定"，标志着双边自贸区问题开始进入中欧双方的议事日程。

为落实中欧领导人达成的重要共识，作为国家首批 25 家高端智库之一，商务部国际贸易经济合作研究院（以下简称"商务部研究院"）将中欧自贸区建设列为前瞻性课题，自 2015 年 12 月开始，先后与欧盟智库——欧洲政策研究中心就相关课题开展学术交流，与中国国际贸易促进委员会联合发布《中欧自贸区发展方向——明日丝路：欧中自贸协定评估反馈报告》，并受商务部委托对中欧自贸区的经济影响进行了定量分析。近日，作为该项前瞻性课题的成果，《连接丝路两端：中欧自贸区建设》一书正式完成，即将付印出版，可喜可贺。

《连接丝路两端：中欧自贸区建设》这本书汇聚了十几位研究人员的专业知识，通过定性与定量相结合的方法，对中欧自贸区的经济影响进行了深入分析，提出了"深化利益融合、夯实中欧自贸区建设"等有针对性的政策建议。全书在一些中欧双方分歧较为明显问题的讨论上坚持客观性，并提出了未来双方弥合分歧的路径。如在扩大市场开放方面，指出

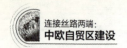

"随着我国国内自由贸易试验区建设的深入推进、一批改革试点经验在全国的推广，中方在一些新兴领域已经具备扩大开放的基础。欧方有关市场准入方面的诉求在现阶段属于高标准，但未来并非不可能实现"。可以说，本书具有较强的政策导向性和实践意义。

该书主笔姚铃女士是商务部研究院欧洲与欧亚研究所副所长、研究员，她从事中国与欧盟经贸关系研究已有近20年，长期跟踪中国与欧盟及其成员国的经贸合作发展进程，是国内该领域研究的学术中坚。近年来，她致力于中欧经贸合作的顶层设计研究，涵盖中欧投资协定、中欧自贸区建设、中欧"一带一路"框架下的经贸合作等方面，提出了很多有价值的决策咨询建议。相关学术成果，离不开她孜孜不倦徜徉于文献资料和经年累月务实调研取得的第一手资料，可谓是"积土而为山，积水而为海"。

今天，中国和欧盟已成为世界上规模最大、最具活力的经贸伙伴。双方都支持多边贸易体制，积极推动经济全球化和贸易投资自由化便利化，合作潜力巨大。为促进中欧经贸合作的长期可持续发展，谋划和建立中欧经贸合作制度安排成为题中应有之义。鉴于当前中欧经贸制度安排仍处于双边投资协定谈判的进程之中，中欧自贸区建设仍然任重道远。期待商务部研究院以本课题研究为契机，继续为中欧以深化利益融合推进双边自贸区建设出谋划策，发挥积极作用，推动中欧经贸关系在互利共赢的基础上取得更大发展。

全国政协委员
商务部国际贸易经济合作研究院院长 顾学明

2018 年 4 月于北京

前　言

中国与欧盟经贸关系从来都是中国对外开放战略的重点关注。《连接丝路两端：中欧自贸区建设》一书是商务部研究院为落实中欧领导人有关"条件成熟时签订全面深入的自贸协定"重要共识，在学术层面为中国与欧盟尽早启动双边自贸区联合可行性研究所做的前期准备，兼具前瞻性与现实意义。

《连接丝路两端：中欧自贸区建设》的出版填补了国内相关领域研究的空白。全书正文部分共八章，按照中国开展自由贸易区可行性研究的规定范式，包括货物贸易、服务贸易、非关税措施、政府采购、知识产权、国有企业与公平竞争、投资、中欧自贸区经济影响等内容。其中货物贸易章节由赵玉敏研究员、张小瑜研究员、李艳君副研究员撰写；服务贸易章节由崔艳新副研究员、李西林副研究员、王拓助理研究员撰写；非关税措施章节由安佰生副研究员撰写；政府采购章节由毕晶副研究员撰写；知识产权章节由李俊研究员撰写；国有企业与公平竞争由罗云开副研究员撰写；投资章节由聂平香研究员撰写。姚铃研究员负责全书的定稿与修改，并撰写中欧自贸区经济影响章节，余翔同志参与了该章节的撰写。

该书从构思到出版，耗时一年零六个月。最初决定开始写这本书，一方面是为了对欧盟智库——欧洲政策研究中心2016年4月出版的《明日丝路：欧中自贸协定评估》进行回应；另一方面更重要的是，作为国家25家高端智库之一，为我国重大开放战略的实施提供持续的智力支撑，商务部研究院责无旁贷。

中国与欧盟无论经济体量，还是贸易规模，都是世界两大超重量级实体，由此决定了双方商谈的自由贸易协定必然是高标准的。因而从最初着手研究，到最终成稿，"高标准"始终是贯穿全书的主线。全书的篇章结

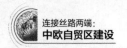

构主要有以下特点：

一是在范式基础上对内容安排做了创新。不仅涵盖了中国目前已经签订的 16 个自贸协定的范式核心，包括货物贸易、服务贸易、动植物卫生检疫、技术性贸易壁垒及知识产权、投资与争端解决机制等，而且首次纳入服务业市场准入、公共采购、国有企业等欧盟最为关注的议题。在内容的编排方面，包括但不限于：各领域国际发展现状、中国与欧盟各自对外实践、双方的诉求与难点、中欧合作前景等。

二是采用动态 GTAP 模型进行计量测算。为了使成果对政策实践具有指导意义，在定性研究的基础上，研究采用了定量分析的方法。为此引入了动态 GTAP（GDyn）模型，测算中国—欧盟自由贸易协定的经济影响。该模型自 1996 年以来被广泛应用于国际经济贸易政策分析，是世界上应用最广泛的一般均衡模型系统。

三是在测算依据选取方面遵循了高标准。定量分析选取了四种测算标准，体现了中国已经签订的自由贸易协定关税减让方面的既有水平（90%或 95% 的关税减让）。同时模型测算引进了零关税、零关税 + 削减 25% 非关税壁垒两种标准，使得中欧自由贸易协定从研究伊始就站在较高的起点上。模型测算的最终结果也表明，关税的完全自由化和附加削减中欧货物与服务贸易各 25% 非关税措施，将使中欧自由贸易协定带给中欧双方更大的收益。

受贸易保护主义和逆全球化影响，特别是美国在贸易投资问题上的单边主义做法愈演愈烈，经济全球化和贸易自由化面临的阻力有所上升，这也导致中国与欧盟经贸关系进入比较微妙的状态。希望《连接丝路两端：中欧自贸区建设》一书的出版能够给主张贸易自由化、支持全球多边贸易体制的各方有志之士带来鼓舞和正能量。

姚 铃

商务部研究院，研究员

2018 年 4 月北京

目　录

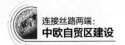

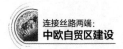

图表目录

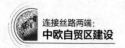

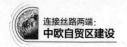

第一章 中国—欧盟货物贸易

中国与欧盟是世界上位居前列的贸易实体。自 2008 年国际金融危机以来，中国与欧盟的双边贸易持续增长，屡创新高，不断趋向平衡。中欧贸易互补性强，如果消除双边贸易中存在的关税高峰和非关税壁垒，未来增长前景将十分可观。

一、中欧贸易发展态势和特点

（一）贸易增长趋势

目前，欧盟是中国最大的贸易伙伴、最大的进口来源地和第二大出口市场。2001 年中国加入世界贸易组织后，对外贸易加速发展，与欧盟的贸易更是如此。1995—2001 年的 7 年间，中国对欧盟的出口和进口的年均增速分别是 14.0% 和 8.9%，而加入世贸组织后的 7 年（2002—2008 年），年均增速分别提高到 22.0% 和 33.0%。1995—2015 年的 20 年间，中国对欧盟出口年均增长 15.4%，比同期中国总出口增速快 0.8 个百分点，中国从欧盟进口年均增长 12.0%，略低于中国总进口增速（见图 1－1）。2017 年，中国对外贸易总额 41045.0 亿美元，其中出口 22635.2 亿美元，进口 18409.8 亿美元。同年，中国与欧盟的双边贸易 6169.2 亿美元，占中国对外贸易总额的 15.0%。其中，中国对欧盟出口、中国从欧盟进口分别为 3720.4 亿美元和 2448.7 亿美元，占比分别为 16.4% 和 13.3%。

（二）贸易结构演进

近 20 年，中国和欧盟的贸易结构从部门来看比较稳定，2015 年中国

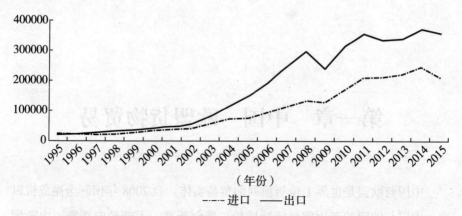

（年份）

---·--- 进口　——— 出口

图 1 - 1　1995—2015 年中国与欧盟进出口金额（百万美元）
资料来源：中国海关。

对欧盟出口的前 10 大部门与 1995 年高度重合（以 HS2 位码分类为基准）。这些年中，只有皮革制品退出了这个序列，代之以光学产品（见表 1 - 1）。出口结构变化的其他主要特征包括：

表 1 - 1　中国对欧盟出口前 10 类产品占比　（%，HS2 位码）

排名	产品	1995 年	排名	产品	2015 年
1	电气设备	12.72	1	电气设备	21.51
2	服装	12.19	2	机械	19.58
3	机械	6.79	3	服装	10.94
4	皮革制品	5.37	4	家具床上用品	5.87
5	玩具运动器材	5.16	5	光学仪器	3.31
6	有机化学品	4.97	6	鞋	3.13
7	鞋	4.41	7	玩具运动器材	2.88
8	塑料	2.90	8	有机化学品	2.64
9	钢铁产品	2.87	9	塑料	2.55
10	家具床上用品	2.42	10	钢铁产品	2.25
	以上小计	59.81		以上小计	74.66

资料来源：中国海关，98 章计的产品。

其一，出口集中程度显著提高。2015 年，前 10 大出口部门占总出口的比重为 74.7%，比 1995 年提高了近 15 个百分点。

其二，出口产品技术档次显著升级。2015 年中国对欧盟出口中高技术产品占比超过了一半，低技术产品比重从 50% 降到 38%，初级产品和资源型产品比重也有不同程度的下降，显示中国出口产品的技术含量和档次稳步提高（见表 1-2）。

表 1-2　中国对欧盟出口产品技术结构占比（%）

产品	1995 年	2000 年	2015 年
高技术产品	16	29	34
低技术产品	50	40	38
中等技术产品	16	19	19
初级产品	7	5	2
资源型产品	10	8	7

资料来源：联合国商品贸易数据库。

从进口看，第一，突出的变化是 2015 年中国从欧盟进口谷物和船舶已不似 20 年前那般重要，而药品和铜制品取代谷物和船舶进入中国 10 大进口产品行列（见表 1-3）。第二，进口的集中程度呈下降趋势。前 10 大进

表 1-3　中国从欧盟进口前 10 大产品占比（%，HS2 位码）

排名	产品	1995 年	排名	产品	2015 年
1	机械	41.4	1	机械	19.5
2	电器	17.2	2	汽车	16.6
3	汽车	6.1	3	电器	11.6
4	光学仪器	3.0	4	光学仪器	7.2
5	有机化学品	2.7	5	药品	6.0
6	钢铁	2.5	6	飞机	4.4
7	谷物	2.4	7	塑料	3.7
8	船舶	2.3	8	有机化学品	2.3
9	塑料	2.0	9	铜制品	2.3
10	飞机	2.0	10	钢铁	1.6
	以上合计	81.5		以上合计	75.1

资料来源：中国海关。

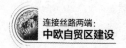
口产品占总进口的比重从 1995 年的 81%、2000 年的 77% 降到 2015 年的 75%。第三，消费类产品进口高速增长。长期以来，中国进口主导产品是生产类型的原料、资本等类型产品。最近几年前 10 大进口产品之外的有些产品增长迅猛。按照 HS2 位码分类的 98 章中有 24 章，1995—2015 年中国从欧盟进口产品的年均增长速度超过 20%。这些高增长进口产品主要是消费类产品，其中，烘焙制品、食用坚果、皮革制品、肉、可可和化妆品的年均增速超过 30%（见表 1-4）。

表 1-4　1995—2015 年中国从欧盟进口高增长产品增速（%，HS2 位码）

序号	产品	占比	序号	产品	占比
1	烘焙制品	43.2	13	饮料	25.3
2	食用坚果	35.7	14	活树植物	25.0
3	皮革制品	34.6	15	乐器	24.5
4	肉	31.4	16	鞋	22.9
5	可可	30.9	17	调味品咖啡茶	22.7
6	香水化妆品	30.1	18	木材	22.5
7	服装	29	19	炸药	22.1
8	头饰帽子	27.8	20	矿砂	22.0
9	杂项食品	27.6	21	洗涤用品	21.4
10	纸浆	27.4	22	家具床上用品	20.6
11	罐装食品	27.0	23	橡胶	20.3
12	药品	25.6	24	乳品鸡蛋蜂蜜	20.1

资料来源：中国海关，对应 98 章章别。

（三）中国和欧盟贸易的特点

1. 中欧贸易互补性不断提高

通过计算中欧贸易的互补性指数可知，中国和欧盟贸易的互补性近年趋于上升，目前这一指数高于中日和中韩之间的贸易，但低于中美和中俄之间的贸易（见表 1-5）。

表1-5 2010年和2015年国家间贸易互补性指数

国家（地区）	2015年	2010年
中国—美国	69.25	62.65
中国—欧盟	61.14	57.99
中国—日本	60.12	53.13
中国—韩国	60.82	55.71
中国—俄罗斯	65.07	61.72

资料来源：根据联合国商品贸易数据库加工而成。

2. 产业内贸易不断深化

产业内贸易水平高低既可以表示两国经济体之间经济的密切程度，也可以反映同类产业间的竞争程度。往往产业内贸易水平越高，开放市场的压力也就越大。产业内贸易指数可用于衡量两个经济体之间的产业内贸易水平。使用这一指标的准确性在于行业细分的程度。行业的细分程度越高，使用指数衡量的结果就越有阐述力。使用产业内贸易指数对基于协调编码六位码分类的2015年中欧产业内贸易进行度量，假定产业内贸易指数大于0.8的表示产业内贸易水平高、指数小于0.8大于或等于0.5的表示产业内贸易水平中等、指数小于0.5大于或等于0.3的表示产业内贸易水平低，发现2015年中国欧盟产业内贸易程度较低的六位码546个，产业内贸易中等水平的684个，而高水平的426个，分别占中欧双边贸易的9.5%、13.1%和6.5%（见表1-6）。高水平产业内贸易分布的行业较广，除第12类鞋帽伞这档产业没有外，其余21个行业分类都存在（见表1-7），但主要集中在机电产品领域（84章和85章），2015年这部分贸易额占高水平产业内贸易总额的51.6%，其次是汽车、贱金属、化学品、光学

表1-6 2010年和2015年中欧产业内贸易指数

GL指数	六位码个数		贸易额（亿美元）		占总贸易额比重（%）	
	2010	2015	2010	2015	2010	2015
0.5>GL≥0.3	523	546	399.2	539.45	8.3	9.5
0.8>GL≥0.5	638	684	447.5	740.93	9.3	13.1
GL≥0.8	413	426	322.5	369.28	6.7	6.5

资料来源：根据联合国商品贸易数据库加工而成。

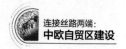

表1-7 2015年产业内贸易程度高的产品分布（GL≥0.8，万美元）

序号	产品类别	6位码税号个数	进出口总额	各行业占比（%）
1	活动物	4	1257.0	0.03
2	植物	8	20154.8	0.55
3	动植物油	1	22.8	0.00
4	食品	7	2882.2	0.08
5	矿产品	8	10155.5	0.28
6	化学品	62	311268.2	8.43
7	塑料	26	195045.2	5.28
8	皮革制品	5	66902.4	1.81
9	木及制品	4	3513.6	0.10
10	木浆及纸制品	10	37877.3	1.03
11	纺织服装	57	71268.7	1.93
13	矿物材料	26	59589.0	1.61
14	贵金属	1	1012.8	0.03
15	贱金属	52	331264.7	8.97
16	机电	109	1906479.9	51.63
17	汽车	11	387713.0	10.50
18	光学、医疗仪器	31	277004.4	7.50
19	武器		11.9	0.00
20	杂项	2	9350.8	0.25
21	收藏品	1	56.8	0.00
总计		426	3692831.2	100.00

资料来源：根据联合国商品贸易数据库加工而成。

仪器、塑料。这显示中国现在资本密集型产业的技术水平和能力已有很大提高，足以构成对欧盟相关产业的竞争。但这部分贸易额在中国整体对欧盟贸易中占比并不高，产业内贸易指数大于等于0.8的贸易额占比不到10%。

3. 中国对欧盟贸易优势较大

从市场占有率来看，2015年，欧盟从中国进口产品总计96章，其中

40 章产品在欧盟进口市场份额排名第一，市场份额位居前三的产品共计 65 章，占欧盟从中国进口全部产品类别的 67.7%（见表 1 – 8）。当年，欧盟从中国进口占欧盟域外进口市场份额约 20%。这一比重远高于欧盟在中国进口市场平均 13% 的份额。与 2010 年相比，2015 年中国在欧盟进口市场上有 48 章产品的市场份额有不同程度的提高，占欧盟从中国进口产品类别的一半以上。

表 1 – 8   2015 年中国占欧盟进口市场的份额 （%）

HS编码	产品类别	2015 年 EU 进口额（亿美元）	2015 年中国市场份额	2010 年中国市场份额	2015 年排名
05	其他动物产品	14.31	44	48	1
13	植物汁液提取物	10.6	18.93	12.4	1
14	其他植物产品	2.54	29.9	28.8	1
32	染料、涂料	53.57	17.72	15.89	1
36	炸药	5.8	54.9	54.7	1
39	塑料	416.09	23.58	20.56	1
40	橡胶	181.63	21.47	14.89	1
42	皮革制品、旅行用品	129.91	58.29	65.28	1
43	毛皮人造毛皮制品	6.26	31.93	45.17	1
44	木及木制品	130.97	20.83	21.12	1
46	草编制品	4.98	68.58	72.33	1
48	纸制品	86.09	26.5	19.65	1
50	丝及丝织品	4.09	78.77	72.12	1
51	动物毛及制品	16.25	34.21	34.76	1
53	植物纤维	4.11	30	35	1
54	化纤长丝	42.43	35	24.81	1
55	化学短纤	33.7	23.9	20.96	1
56	无纺织物、绳索	19.18	25	20.55	1
58	特种机织物、装饰带	9.09	45.15	40.04	1
59	工业用纺织品	15.66	36.5	26.81	1

HS编码	产品类别	2015年EU进口额（亿美元）	2015年中国市场份额	2010年中国市场份额	2015年排名
61	针织服装	451.12	34.45	41.94	1
62	梭织服装	450.34	39.4	48.75	1
63	杂项纺织品	105.1	41.6	42	1
64	鞋	223.22	45.89	49	1
65	帽子	16.48	76.28	76.81	1
66	雨伞、鞭子	7.19	89.67	88	1
67	羽绒及制品人造花	8.24	76.55	77.25	1
68	石料水泥	45.29	30.95	34.27	1
69	陶瓷	38.27	45.41	56.17	1
70	玻璃	58.91	39.93	42.9	1
72	钢铁	287.83	17.25	9.77	1
73	钢铁制品	248.49	35.75	35.79	1
82	碱金属工具餐具	82.9	40.76	44.25	1
83	碱金属杂项	64.73	57	54.25	1
84	机器、机械器具	2264.09	34.41	34.88	1
85	电机、电气设备	2361.8	46.64	43.26	1
92	乐器及零件	12.14	37.5	40.1	1
94	家具、灯具	273.31	65	62.16	1
95	玩具、运动用品	194.25	79.5	81.38	1
96	杂项制品	44.7	57.7	57.9	1
03	水产品	197.94	8.1	9.8	2
04	乳品蛋蜂蜜	12.85	14.65	7.3	2
07	蔬菜	47.51	12.5	14	2
11	谷物粉	2.31	7.9	6.2	2
19	烘培食品	17.07	10.14	12.2	2
34	洗漱用品	29.52	16.8	17	2
38	杂项化工	145.59	7.52	8.9	2

续表

HS编码	产品类别	2015年EU进口额（亿美元）	2015年中国市场份额	2010年中国市场份额	2015年排名
49	书籍报纸	37.18	30.22	30.6	2
60	针织物	17.33	36.4	34.4	2
76	铝及制品	220.45	13.63	9.1	2
81	其他碱金属、金属陶瓷及制品	37.56	26.58	37.14	2
86	铁道、机车及零件	17.72	18.4	13.94	2
90	光学仪器	673.54	14.5	11	2
91	钟表及零件	95.24	19	23.8	2
20	蔬菜水果坚果制品	68.82	8.6	13.9	3
21	杂项食品	34.24	7.55	4	3
28	无机化学品	177.76	9.99	8.99	3
29	有机化学	599.67	15.42	12.77	3
33	香水化妆品	81.46	11.5	10.61	3
35	蛋白类物质	19.31	12	9	3
37	照相影像用品	10.54	4.47	4.56	3
45	软木	0.14	19.89	19.16	3
57	地毯	16.37	23.09	18.19	3
74	铜及制品	110.96	6.59	4.51	3
79	锌及制品	9.39	11.48	6.22	3
25	盐、硫、土、石	46.23	8.9	11.7	4
52	棉纱	35.23	13.9	16.76	4
80	锡及制品	8.72	5.59	4	5
87	车辆及零件	781.67	8.9	8.7	5
93	武器	11.63	5.2	3.2	5
12	含油子仁、果仁	109.82	5.8	5.5	6
88	航空器及零件	422.13	1.2	0.4	6
89	船舶	125.09	5.4	33.2	6

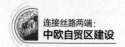

HS编码	产品类别	2015年EU进口额（亿美元）	2015年中国市场份额	2010年中国市场份额	2015年排名
16	鱼、肉加工制品	64.15	4.3	4.4	7
23	食物残渣	119.15	2.37	1.5	7
30	药品	688.74	1.99	2.5	7
75	镍及制品	46.62	4.04	0.23	7
97	艺术品	43.8	0.97	2.1	7
01	活动物	3.27	2.55	4.3	8
06	活树和植物	18.88	2.9	3.4	8
09	香料咖啡茶	122.1	3.97	3.2	8
71	贵金属及制品	641.74	3.53	3.57	8
24	烟草	33.15	2.9	4.7	10
17	糖	23.05	3.14	2.83	11
18	可可	77.53	0.98	0.69	11
78	铅及制品	7.23	0.94	0.32	11
08	水果坚果	214.34	2	2.3	12
31	化肥	53.74	1.97	0.26	12
47	木浆	59.86	0.74	0.6	12
22	饮料	65.28	0.85	0.87	14
02	肉	47.34	0.5	0.66	15
41	生皮、皮革	39.77	2	4.27	17
15	油脂	101.8	1	0.5	19
26	矿砂	218.75	0.42	0.96	24
10	谷物	58.52	0.16	1.43	29
27	矿物燃料	3638.2	0.1	0.07	44

资料来源：WORLD TRADE ATLAS，中国海关。

　　根据六位码计算的中国在欧盟进口市场的份额表明，中国产品占欧盟市场20%以上份额的贸易额占欧盟进口中国产品的70%以上（见表1-9）。

表1-9　中国产品占欧盟进口市场份额

市场份额（%）	六位码个数	贸易额（亿美元）	占欧盟进口的中国产品比重（%）
≥50	197	835.28	19.55
≥30	556	2090.03	48.93
≥20	1002	2980.73	69.77
<20	3914	1291	30.22

资料来源：联合国商品贸易数据库。

从中国贸易对世界的显示性比较优势和中国欧盟双边比较优势指数来看，中国贸易竞争力显著提高。对2015年中国六位码贸易数据进行统计分析（见表1-10），显示性竞争力指数大于1（表示一国这类产品具有显示性比较优势）的六位码2154个，2015年出口值19419.8亿美元，占当年中国出口总额的85.1%，占世界同类产品出口的38.0%。显示性竞争力指数大于2.5（表示一国这类产品有极强的比较优势）的六位码906个，2015年出口额11858.1亿美元，占中国总出口的52.0%，占世界同类产品出口的58.0%。

表1-10　2015年中国对世界、对欧盟出口的比较优势（RCA，BRCA）

BRCA	六位码个数		贸易额（亿美元）		占出口总额比重（%）	
	世界	欧盟	世界	欧盟	世界	欧盟
>1	2154	1657	19419.8	2514.2	85.1	70.5
>2.5	906	266	11858.1	167.7	52.0	4.7

资料来源：联合国商品贸易数据库。双边比较优势指数：BRCA＝（中国对欧盟i产品出口/中国对欧盟出口总值）/（中国对世界i产品出口/中国对世界出口总额）。

根据六位码计算的2015年中国和欧盟贸易的双边比较优势指数显示，2015年中国对欧盟贸易双边比较优势指数大于1的六位码1657个，贸易额2514.2亿美元，占中国对欧盟出口总额的70.5%。中国对欧盟贸易双边比较优势指数大于2.5的六位码266个，贸易额167.7亿美元，占中国对欧盟出口总额的4.7%。[1] 由此得出这样的结论：中国对欧盟出口的优势

①　中国对欧盟贸易双边比较优势指数小于1的六位码2579个，贸易额1051.9亿美元，占中国对欧盟出口总额的29.5%。

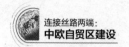

产品覆盖了绝大多数中国对欧盟的出口。

4. 贸易不平衡长期存在

多年来，中国对欧盟享有巨额贸易顺差。1995 年之后，中国对欧盟的贸易就摆脱了逆差的困扰，持续顺差。2008 年顺差额达到最大值 1611 亿美元，之后有收窄的趋势，2015 年仍保持在 1400 亿美元以上（见图 1－2）。这也是近年双边贸易摩擦增加的主要原因。

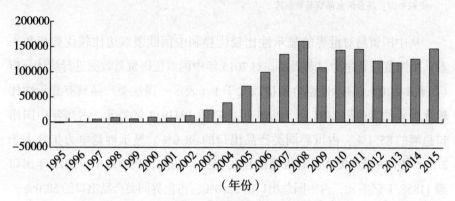

图 1－2　1995—2015 年中国对欧盟贸易差额（亿美元）
资料来源：中国海关。

（四）中国欧盟贸易自由化的部门比较

中国对欧盟贸易具有较大优势，这不仅反映了中国贸易竞争力的增强、中欧产业内合作的深化，而且也是当前欧盟市场相对中国市场来说较低的关税壁垒的结果。对中国对欧盟出口具有比较优势①的其中 14 个产业部门的双方关税比较发现，这些部门中方的关税水平都高于欧方（见表 1－11）。这意味着，如果双方致力于双边贸易自由化，中方降税的压力比较大。在同等关税水平下，中方的贸易优势能否持续面临挑战。

以下根据上述指标简要梳理中国与欧盟实行货物贸易自由化的部门意义。这里首先将中国与欧盟贸易的全部 96 章产品按照双边比较优势指数大于或小于中国对世界的显性比较优势指数分为两大类，然后在此基础上区

---

① 中国对欧盟出口具有比较优势的产业有 42 个，2015 年双边比较优势指数结果≥1。

分出目前中国产品在欧盟的市场份额大于20％的产品类，以此估计不同部门在贸易自由化后面临的机会（见第14页表1-12）。

表1-11　2015年欧盟和中国部分实施关税水平对比

HS2 编码	产品类别	简单平均关税（％）		最低—最高关税范围（％）	
		欧盟	中国	欧盟	中国
61	针织服装	11.6	16.16	8-12	14-25
62	编织服装	11.56	15.86	6.3-12	14-20
64	鞋	9.95	18.00	3-17	10-24
84	机械器具	1.92	7.76	1.2-9.7	1-35
85	电气设备	3.03	9.20	1.4-14	1.5-35
86	铁道机车及零件	1.76	5.02	1.7-3.7	3-10.5
87	车辆及零件	6.29	16.13	1.7-22.0	3-45
88	航空器	3.07	2.14	1.7-7.7	1-5
89	船舶	1.11	7.16	1.7-2.7	3-10.5
90	光学仪器	2.01	7.83	1.4-6.7	1.5-25
91	钟表	4.14	15.69	2.7-6.0	3-23
92	乐器	3.21	19.48	1.7-4.0	17.5-30
94	家具及照明设备	2.38	7.18	1.7-5.7	10-20
95	玩具及运动器材	2.17	6.98	1.7-4.7	12-21

资料来源：世界银行，World Integrated Trade Solution。

二、中欧农产品贸易

中国与欧盟①均为世界主要农产品出口市场，根据联合国商品贸易统计数据库（UNCOMTRADE）的统计数据，2015年中国与欧盟双方农产品出口额分别为863.2亿美元和1464.0亿美元，分别占世界农产品出口总额的6.0％和10.3％。另据WTO统计，2015年欧盟农产品出口1580.0亿美元

---

① 欧盟：文中欧盟均指28国。

表 1-12 贸易自由化：中国对欧盟 28 国的出口部门分析

产品类别	指标描述	优势分析	市场份额	FTA 前景	典型部门
优势类	BRCA > RCA	我对贸易伙伴的优势已充分发挥	>20%	谨慎扩大出口规模，向投资领域拓展	塑料（39 章）、橡胶（40 章）、木及制品（44 章）、动物毛及制品（51 章）、其他动物产品（05 章）、其他植物产品（14 章）
			<20%	继续发挥优势，扩大出口	汽车（87 章）、有机化学品（29 章）、生皮皮革（41 章）、染料（32 章）、杂项化学品（38 章）、药品（30）、蜂蜜（04）、含油果仁（12 章）、肉及杂碎（02 章）、镍制品（75 章）、锡制品（80 章）、铜制品（74 章）、化妆盥洗用品（33 章）、杂项食品（21 章）、饮料（22 章）、光学仪器（90 章）、照相电影用品（37 章）
潜力类	BRCA < RCA	我对贸易伙伴潜在优势未得到充分发挥	>20%	谨慎扩大出口规模	机电（82、83、84、85 章）纺织服装（50、58、59、61、62、63 章）、化纤（54、55 章）、羽绒制品（67 章）、钢铁制品（73 章）、乐器（92 章）、玻璃（70 章）、玩具（95 章）、鞋帽（64、65 章）、雨伞（66 章）、家具灯具（94 章）、毛皮、皮革制品（41、42 章）
			<20%	挖掘潜力，积极扩大出口	钟表（91 章）、无机化学品（28 章）、贵金属及制品（71 章）、船舶（89 章）、铁道及电车道机车（86 章）、肉、鱼加工制品（16 章）、蔬果制品（20 章）、蔬菜（7 章）、钢铁（72 章）

资料来源：联合国商品贸易数据库。

（域外），仅次于美国（1630.0亿美元，占比10.4%），位居世界第二，占比为10.0%，中国农产品出口730.0亿美元，排名第四，占比为4.6%。①中欧农产品贸易互补性较强，未来发展潜力大，建立中欧自贸协定，可促进中欧农产品贸易规模扩大，贸易地位提升。

（一）中欧农产品贸易现状

随着中欧经贸关系的深入发展，自2000年以来中欧农产品贸易保持平稳增长。中国与欧盟农业在资源禀赋、科技水平、政府支持等方面存在较大差异，中欧农产品出口各具比较优势，中国以出口劳动密集型产品为主，欧盟则以出口技术密集型产品为主，双方农产品互补性较强，增长潜力很大。根据联合国商品贸易统计数据库（UNCOMTRADE）的统计数据，2015年欧盟是中国农产品第四大出口市场，中国是欧盟农产品第二大出口市场。

1. 中欧农产品贸易规模

2000—2015年，中欧双边农产品贸易总额虽有波动，但总体上呈平稳上升趋势，从2000年的31.1亿美元增加到2015的186.0亿美元（见表1-13），16年增加了近5倍，年均增长率达到12.7%，这说明双方日益成为彼此重要的农产品贸易伙伴。

表1-13　2000—2015年中国与欧盟农产品贸易规模变化（亿美元）

年份	出口额	进口额	贸易总额	贸易差额
2000	24.06	7.01	31.07	17.05
2001	25.16	6.25	31.41	18.91
2002	23.07	7.06	30.13	16.01
2003	29.53	9.13	38.66	20.4
2004	37.40	11.83	49.23	25.57
2005	46.60	14.64	61.24	31.96
2006	55.75	16.78	72.53	38.97

---

① World Trade Statistical Review 2016.

年份	出口额	进口额	贸易总额	贸易差额
2007	70.24	23	93.24	47.24
2008	80.58	26.89	107.47	53.69
2009	68.46	28.87	97.33	39.59
2010	80.05	38.21	118.26	41.84
2011	95.95	53.58	149.53	42.37
2012	85.65	68.44	154.09	17.21
2013	91.89	82.69	174.58	9.20
2014	93.00	94.34	187.34	−1.34
2015	80.15	105.85	186.00	−25.7

资料来源：根据 UNCOMTRADE 数据库数据整理计算。

说明：本文数据采用商品编码及协调制度（HS）二位编码对货物贸易农产品进行界定和分类，具体包括01章至24章及51章和52章，共26个类别农产品。欧盟为28国。（全文资料来源及农产品分类相同，以下不再说明。）

从中国对欧盟出口来看，2000—2015年的年均增长率为8.4%。其中：2000—2011年，中国农产品对欧盟出口额波动上升。从2000年的24.1亿美元增加到2011年96.0亿美元，为16年来的最高水平。此后波动下降，2015年降至80.2亿美元；从进口来看，2000—2015年，中国农产品自欧盟进口额总体上呈快速增长趋势，从2000年的7.0亿美元增加到2015年的105.9亿美元，年均增长率为19.8%。

从贸易差额来看，2000—2013年，中国在中欧农产品贸易往来中一直处于顺差地位，但由于中国农产品对欧盟进口增速显著快于出口增速，使得中国的贸易顺差额自2008年起呈逐年下降趋势，从2008年的53.7亿美元降至2013年的9.2亿美元（见图1-3）。2014年和2015年甚至出现逆差，且逆差额从2014年1.3亿美元扩大至2015年25.7亿美元。

2. 中欧农产品贸易地位

自2000年以来，中欧农产品贸易虽然实现了平稳增长，但农产品贸易总额占双边贸易总额的比重不高，且2010前的10年间呈逐年下降趋势。从2000年的4.8%降至2010年的2.6%（见表1-14）。虽然2011年后有所提高，但近年在3%左右徘徊。这意味着中欧双边贸易在过去的16年里

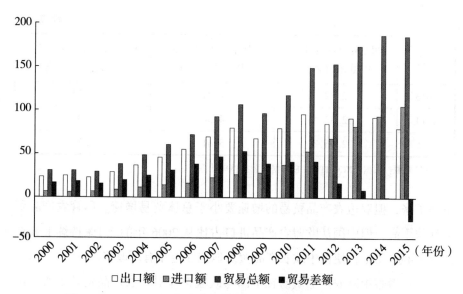

图1-3　2000—2015年中国与欧盟农产品贸易规模变化（亿美元）

资料来源：根据 UNCOMTRADE 数据库数据绘制。

表1-14　中欧农产品贸易在双边对外贸易中的地位变化（%）

年份	中欧农产品出口额/ 中欧出口总额	中欧农产品进口额/ 中欧进口总额	中欧农产品进出口额/ 中欧进出口总额
2000	5.86	3.00	4.82
2001	5.65	2.31	4.39
2002	4.36	2.14	3.51
2003	3.74	1.96	3.08
2004	3.44	1.98	2.92
2005	3.20	2.32	2.93
2006	2.93	2.09	2.68
2007	2.86	2.33	2.71
2008	2.75	2.34	2.63
2009	2.90	2.53	2.78
2010	2.57	2.54	2.56
2011	2.69	2.82	2.74
2012	2.56	3.70	2.97

续表

年份	中欧农产品出口额/ 中欧出口总额	中欧农产品进口额/ 中欧进口总额	中欧农产品进出口额/ 中欧进出口总额
2013	2.72	4.21	3.27
2014	2.32	4.34	3.03
2015	2.06	5.61	3.22

资料来源：根据 UNCOMTRADE 数据库数据整理计算。

不断扩张，但双边农产品贸易的增速要小于总体贸易增速。尽管农产品贸易地位不高，但中国从欧盟农产品进口占比从 2006 年的 2.1%持续上升至 2015 年的 5.6%，使得中欧农产品贸易地位在近年有所改善。

通过考察中欧农产品贸易在中国与欧盟整体对外农产品贸易中所占份额，可以更深入地探究中欧农产品在各自农产品贸易中的重要地位。从中国的角度看（见图 1-4），2000—2015 年，中国对欧盟农产品出口占中国农产品出口总额的比重在 2008 年达到 20.0%的高点，此后逐年下降，2015 年降至 11.4%的低点；同期，中国从欧盟农产品进口占中国农产品进口总额的比重在 2001—2010 年间保持在 5%左右的水平，自 2011 年以来逐年上升，从 2011 年的 5.7%升至 2015 年的 9.1%。

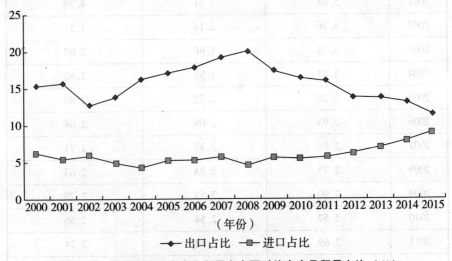

图 1-4　中国对欧盟农产品贸易占中国对外农产品贸易之比（%）

资料来源：根据 UNCOMTRADE 数据库、中国商务部农产品进出口数据整理计算。

从欧盟的角度看，2000—2015 年，欧盟对中国农产品出口占欧盟农产品出口总额的比重相对平稳，自 2005 年以后基本在 3%~4% 徘徊，期间 2008 年、2010 年和 2015 年略高于 4%；同期，欧盟从中国农产品进口占欧盟农产品进口总额的比重在 2008 年之后逐年攀升，2011 年首次超过 5.0%，2015 年则达到 8.6% 的最高水平（见图 1 – 5）。

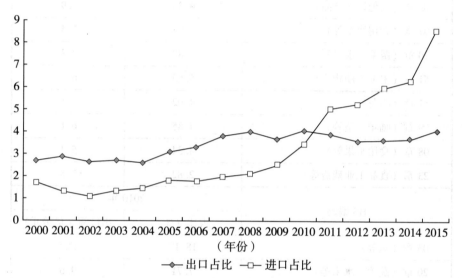

图 1 – 5　欧盟与中国农产品贸易占欧盟对外农产品贸易之比（%）
资料来源：根据 UNCOMTRADE 数据库数据整理计算。

（二）中欧农产品贸易结构

通过分析 2000 年、2010 年和 2015 年中国对欧盟出口和进口排名前十位农产品的变化，可看出中欧农产品出口结构和进口结构的特点和变化趋势。总体来看，中国对欧盟出口的农产品主要是动物产品、植物产品、加工制品和纺织原料。受欧盟绿色贸易壁垒的阻碍，近年中国对欧盟加工制品出口占比呈下降趋势；中国从欧盟进口的农产品主要是加工制品和动物产品，其中加工制品出口占比高，且出口额呈不断扩大趋势。

1. 中国对欧盟农产品出口结构

根据中国对欧盟出口额排名前十位农产品的变化（见表 1 – 15），中国对欧盟农产品出口主要包括四大类产品：动物产品（鱼等）、植物产品

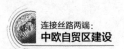
表1-15　中国对欧盟出口额排名前十位农产品

HS 编码	2015 年	
	出口额（亿美元）	占比（%）
03 章（鱼等）	16.02	20.0
12 章（油籽等）	6.48	8.1
05 章（其他动物产品）	6.35	7.9
07 章（食用蔬菜等）	6.01	7.5
20 章（蔬菜、水果等）	5.83	7.3
51 章（羊毛等动物毛）	5.55	6.9
52 章（棉花）	4.92	6.1
09 章（咖啡、茶等）	4.85	6.1
08 章（食用水果等）	4.34	5.4
23 章（食品工业残渣等）	2.82	3.5
HS 编码	2010 年	
	占比（%）	出口额（亿美元）
03 章（鱼等）	18.12	22.6
20 章（蔬菜、水果等）	7.71	9.6
52 章（棉花）	7.0	8.7
07 章（食用蔬菜等）	6.72	8.4
05 章（其他动物产品）	6.63	8.3
51 章（羊毛等动物毛）	5.87	7.3
12 章（油籽等）	5.37	6.7
08 章（食用水果等）	3.94	4.9
09 章（咖啡、茶等）	3.35	4.2
16 章（肉、鱼等制品）	2.76	3.4
HS 编码	2000 年	
	出口额（亿美元）	占比（%）
03 章（鱼等）	3.68	15.3
20 章（蔬菜、水果等）	2.82	11.7
05 章（其他动物产品）	2.62	10.9

HS 编码	2000 年	
	出口额（亿美元）	占比（%）
07 章（食用蔬菜等）	2.27	9.4
12 章（油籽等）	2.19	9.1
51 章（羊毛等动物毛）	1.30	5.4
09 章（咖啡、茶等）	0.78	3.2
22 章（饮料、酒等）	0.76	3.2
16 章（肉、鱼等制品）	0.60	2.5
19 章（谷物、粮食粉等）	0.49	1.0

资料来源：根据 UNCOMTRADE 数据库数据整理计算。

（蔬菜、水果、茶等）、纺织原料（羊毛、棉花等），加工制品（食品、饮料、酒等），上述农产品占中国对欧盟农产品总出口额的比重为 80% 左右。其中，动物产品（鱼等）占比达 30% 左右，是中国对欧盟农产品出口第一大类产品，其次是植物产品（蔬菜、水果、茶等），占比在 20% 左右；近年纺织原料（羊毛、棉花等）超越加工制品（食品、饮料、酒等），位居第三，占比从 2000 年的 5.4% 上升至 13.0%；而加工制品（食品、饮料、酒等）则呈不断下降趋势。

2. 中国从欧盟农产品进口结构

根据中国从欧盟进口额排名前十位农产品的变化（见表 1-16），近年中国从欧盟进口农产品主要包括两大类产品：加工制品（饮料、酒等，谷物、粮食粉等，杂项食品）和动物产品（肉及食用杂碎，乳品，鱼等），上述两大类产品占中国从欧盟进口农产品总额比重为 70% 左右。其中，加工制品（饮料、酒等，谷物、粮食粉等，杂项食品）进口占比达 40% 左右，且进口额呈不断扩大趋势；动物产品（肉及食用杂碎，乳品，鱼等）进口占比从 2010 年 20.5% 上升至 2015 年的 34.9%，提升 14.4 个百分点，进口额增长近 4 倍。

3. 中欧农产品贸易互补性

中欧农产品出口各具比较优势，互补性较强。本文运用显示性比较优

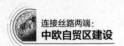

表1-16 中国从欧盟进口额排名前十位农产品

HS 编码	2015 年	
	进口额（亿美元）	占比（%）
02 章（肉及食用杂碎）	20.0	18.9
22 章（饮料、酒等）	19.0	17.9
19 章（谷物、粮食粉等）	15.82	14.9
04 章（乳品等）	10.02	9.5
10 章（谷物）	9.05	8.5
03 章（鱼等）	4.27	4.0
51 章（羊毛等动物毛等）	3.31	3.1
21 章（杂项食品）	3.16	3.0
15 章（动、植物油、脂等）	3.08	2.9
05 章（其他动物产品）	2.67	2.5
22 章（饮料、酒等）	10.74	28.1
19 章（谷物、粮食粉等）	3.40	8.9
04 章（乳品等）	3.02	7.9
03 章（鱼等）	2.98	7.8
51 章（羊毛等动物毛等）	2.70	7.1
02 章（肉及食用杂碎）	2.65	6.9
21 章（杂项食品）	1.98	5.2
05 章（其他动物产品）	1.82	4.8
18 章（可可及可可制品）	1.16	3.0
15 章（动、植物油、脂等）	1.16	3.0
HS 编码	2000 年	
	进口额（亿美元）	占比（%）
51 章（羊毛等动物毛等）	1.30	18.5
22 章（饮料、酒等）	0.76	10.8
03 章（鱼等）	0.72	10.3
12 章（油籽等）	0.60	8.6
04 章（乳品等）	0.58	8.3

HS 编码	2000 年	
	进口额（亿美元）	占比（%）
10 章（谷物）	0.57	8.1
02 章（肉及食用杂碎）	0.48	6.8
05 章（其他动物产品）	0.43	6.1
21 章（杂项食品）	0.30	4.3
15 章（动、植物油、脂等）	0.22	

资料来源：根据 UNCOMTRADE 数据库数据整理计算。

势指数（RCA）分析方法，研究中国与欧盟农产品出口的比较优势及其变化趋势；也利用综合贸易互补性指数来进一步研究中国与欧盟之间一方农产品出口结构和另一方农产品进口结构能在多大程度上相匹配，即双方农产品贸易的互补性。

（1）显示性比较优势指数分析

运用显示性比较优势指数（RCA）分析方法得出的结果显示（见表 1－17），近年来，中国对欧盟具有很强出口比较优势的农产品为肠衣、猪鬃等动物产品[1]，银杏液、增稠剂等植物产品（HS130219，HS130232），肉、鱼等加工制品，以及细山羊毛（HS510211）、棉花等纺织原料；具有较强出口比较优势的农产品为鱼、食用蔬菜、竹子、藤等编结用植物材料（HS1401）、蔬菜、水果等加工食品；具有一定出口比较优势的产品为食用水果，咖啡、茶，蜂王浆、浓缩蛋白质等杂项食品（HS2106903010，HS21061000）。总体来看，中国出口优势产品以劳动密集型为主，附加值高的深加工产品少。

[1] 根据 UNCOMTRADE 统计，我国对欧盟出口的其他动物产品（HS05）主要是动物（鱼除外）的肠等（HS0504）、猪鬃等（HS0502）。据我国商务部 2016 年农产品贸易报告：肠衣（HS050400）和猪鬃（05021010）均为我国重点大宗出口产品，2016年肠衣出口总金额为 10.73 亿美元，同比增长 5.8%，其中出口德国 2.28 亿美元，同比增长 13%，出口荷兰 1.03 亿美元，同比下降 9.1%，德国和荷兰位居中国肠衣出口第一和第三位。同期，我国猪鬃出口 3122 万美元，同比增长 5.4%，德国和意大利为第一和第二大出口市场。

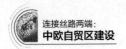

表1-17　中国对欧盟出口具有比较优势产品（RCA）

优势程度	2000 年	2005 年	2010 年	2013 年	2015 年
很强优势					
其他动物产品（HS05）	5.64	4.33	3.79	3.96	3.34
树胶（HS13）①	0.59	0.70	2.24	2.31	3.05
肉、鱼等加工制品（HS16）	2.94	3.48	2.94	3.43	3.03
羊毛等动物毛（HS51）②	2.47	2.99	3.64	3.34	2.91
棉花（HS52）	2.82	3.52	4.54	4.96	4.85
较强优势					
鱼等（HS03）	1.40	1.67	2.17	2.43	2.30
食用蔬菜等（HS07）	1.91	1.99	2.57	2.26	2.35
编结用植物材料等（HS14）③	2.38	2.11	1.38	2.17	2.42
蔬菜、水果等制品（HS20）	1.64	2.08	2.26	2.34	2.13
一定优势					
食用水果等（HS08）	0.36	0.46	0.69	0.82	0.87
咖啡、茶等（HS09）	0.82	1.04	0.90	1.09	0.93
杂项食品（HS21）④	0.54	0.50	0.64	0.72	0.80

资料来源：根据 UNCOMTRADE 数据库数据整理计算。

表1-18　中国农产品出口显示性比较优势指数（RCA）⑤

HS 编码	2000 年	2005 年	2010 年	2013 年	2015 年
01 章（活动物）	1.07	0.54	0.49	0.48	0.49
02 章（肉及食用杂碎）	0.47	0.25	0.20	0.14	0.15
03 章（鱼等）	1.40	1.67	2.17	2.43	2.30
04 章（乳品等）	0.17	0.13	0.11	0.10	0.13

---

① 主要为银杏液（HS130219），增稠剂（HS130232）。

② 细山羊毛（HS510211）。

③ 竹子、藤等（HS1401）。

④ 蜂王浆（HS2106903010）、浓缩蛋白质（HS21061000）。

⑤ 显示性比较优势指数（RCA）是指一国某类产品出口额占该国出口总额的比重与世界出口总额中该类产品出口额所占比重的比值，即（中国 01 类对世界出口/中国总出口）/（世界 01 类出口/世界总出口）。当 RCA≥2.5 时，表明该国某类产品具有很强的出口比较优势；当 1.25≤RCA<2.5 时，表明该国某类产品具有较强的比较优势；当 0.8≤RCA<1.25 时，表明该国某类产品具有一定的出口比较优势；当 RCA<0.8 时，表明该国某类产品不具有出口比较优势。

HS 编码	2000 年	2005 年	2010 年	2013 年	2015 年
05 章（其他动物产品）	5.64	4.33	3.79	3.96	3.34
06 章（活植物等）	0.09	0.12	0.22	0.24	0.26
07 章（食用蔬菜等）	1.91	1.99	2.57	2.26	2.35
08 章（食用水果等）	0.36	0.46	0.69	0.82	0.87
09 章（咖啡、茶等）	0.82	1.04	0.90	1.09	0.93
10 章（谷物）	1.22	0.67	0.12	0.08	0.05
11 章（制粉产品）	0.33	0.41	0.64	0.60	0.55
12 章（油籽等）	1.10	0.97	0.58	0.53	0.55
13 章（树胶等）	0.59	0.70	2.24	2.31	3.05
14 章（编结用植物材料等）	2.38	2.11	1.38	2.17	2.42
15 章（动植物油脂）	0.16	0.16	0.09	0.11	0.13
16 章（肉、鱼等制品）	2.94	3.48	2.94	3.43	3.03
17 章（糖及糖食）	0.30	0.37	0.47	0.52	0.66
18 章（可可及可可制品）	0.07	0.11	0.11	0.16	0.17
19 章（谷物、粮食粉等）	0.55	0.53	0.47	0.43	0.40
20 章（蔬菜、水果等）	1.64	2.08	2.26	2.34	2.13
21 章（杂项食品）	0.54	0.50	0.64	0.72	0.80
22 章（饮料、酒等）	0.34	0.26	0.22	0.22	0.32
23 章（食品工业残渣等）	0.32	0.35	0.68	0.61	0.62
24 章（烟草及其制品	0.34	0.45	0.57	0.60	0.57
51 章（羊毛等动物毛）	2.47	2.99	3.64	3.34	2.91
52 章（棉花）	2.82	3.52	4.54	4.96	4.85

资料来源：根据 UNCOMTRADE 数据库数据整理计算。

近年来，欧盟对中国出口具有很强出口比较优势的农产品为酒类产品（见表 1-19、表 1-20），主要包括葡萄酒（HS220421）、啤酒（HS220300）、威士忌酒（HS220830）和利口酒（HS220870）；具有较强比较优势的农产品为鸡、鸭等活动物（HS010511，HS010639）、浓缩乳及奶油等（HS0402）、马铃薯淀粉（HS110813）、果胶、增稠剂（HS130220，HS130232）、婴幼儿食品、

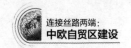

饼干、糕点等（HS190110，HS1905）、特殊婴幼儿奶粉、冰淇淋、咖啡、茶等食品（HS210690，HS2105，HS2101）、烟草及其制品（HS24）、未梳羊毛、精梳羊毛（HS5101，HS5112）；具有一定出口比较优势的产品为猪肉及各种肉类杂碎（HS0203，HS0206）①、动物肠衣及内脏（HS050400）、花卉球茎鳞茎（HS060110）、大麦、玉米（HS100390，HS100590）、蔬菜、水果（HS20）。

表1–19　欧盟对中国出口具有比较优势产品（RCA）

优势程度	2000 年	2005 年	2010 年	2013 年	2015 年
很强优势					
饮料、酒（HS22）	2.8	2.76	2.89	2.85	2.89
较强优势					
活动物（HS01）	0.98	0.95	1.05	1.06	1.28
乳品等 HS04）	1.61	1.36	1.45	1.34	1.47
制粉产品（HS11）	1.95	1.72	1.54	1.66	1.68
树胶等（HS13）	2.36	2.22	1.74	1.32	1.78
谷物、粮食粉等（HS19）	1.56	1.43	1.61	1.72	1.84
杂项食品（HS21）	1.42	1.56	1.57	1.51	1.38
烟草及其制品（HS24）	0.96	1.77	1.6	1.86	1.62
羊毛等动物毛（HS51）	1.48	1.57	1.5	1.32	1.35
一定优势					
肉及食用杂碎（HS02）	0.8	0.65	0.81	0.83	0.81
其他动物产品（HS05）	0.92	1.07	1.28	1.11	1.16
活植物等（HS06）	1.2	1.2	1.32	1.26	1.21
谷物（HS10）	0.77	0.55	0.82	0.88	1.00
蔬菜、水果等制品（HS20）	0.88	0.91	0.95	0.91	0.92

资料来源：根据 UNCOMTRADE 数据库数据整理计算。

---

① 根据我国商务部 2016 年农产品贸易报告，猪肉及其副产品为我国重点进口大宗农产品，2016 年总进口金额 56.5 亿美元，同比增长 109.1%，自德国进口 10.3 亿美元，同比增长 71.7%，自西班牙进口 7 亿美元，同比增长 80.5%。

表 1-20　欧盟农产品出口显示性比较优势指数（RCA）

HS 编码	2000 年	2005 年	2010 年	2013 年	2015 年
01 章（活动物）	0.98	0.95	1.05	1.06	1.28
02 章（肉及食用杂碎）	0.8	0.65	0.81	0.83	0.81
03 章（鱼等）	0.33	0.4	0.44	0.46	0.41
04 章（乳品等）	1.61	1.36	1.45	1.34	1.47
05 章（其他动物产品）	0.92	1.07	1.28	1.11	1.16
06 章（活植物等）	1.2	1.2	1.32	1.26	1.21
07 章（食用蔬菜等）	0.45	0.49	0.58	0.61	0.49
08 章（食用水果等）	0.33	0.39	0.51	0.54	0.38
09 章（咖啡、茶等）	0.39	0.55	0.49	0.59	0.47
10 章（谷物）	0.77	0.55	0.82	0.88	1.00
11 章（制粉产品）	1.95	1.72	1.54	1.66	1.68
12 章（油籽等）	0.38	0.42	0.37	0.34	0.35
13 章（树胶等）	2.36	2.22	1.74	1.32	1.78
14 章（编结用植物材料等）	0.31	0.25	0.17	0.24	0.18
15 章（动植物油脂）	1.08	0.78	0.54	0.63	0.68
16 章（肉、鱼等制品）	0.48	0.42	0.41	0.44	0.38
17 章（糖及糖食）	1.37	1.1	0.64	0.54	0.66
18 章（可可及可可制品）	1.09	1.04	1.3	1.26	1.24
19 章（谷物、粮食粉等）	1.56	1.43	1.61	1.72	1.84
20 章（蔬菜、水果等）	0.88	0.91	0.95	0.91	0.92
21 章（杂项食品）	1.42	1.56	1.57	1.51	1.38
22 章（饮料、酒等）	2.8	2.76	2.89	2.85	2.89
23 章（食品工业残渣等）	0.59	0.65	0.71	0.64	0.71
24 章（烟草及其制品	0.96	1.77	1.6	1.86	1.62
51 章（羊毛等动物毛）	1.48	1.57	1.5	1.32	1.35
52 章（棉花）	0.78	0.78	0.65	0.49	0.45

资料来源：根据 UNCOMTRADE 数据库数据整理计算。

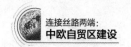

对比分析中国和欧盟上述具有比较优势的农产品，中欧各自具有比较优势的农产品类别存在较大差异，双方农产品贸易具有较强的互补性，这是未来中欧农产品贸易进一步发展的重要基础。

（2）贸易互补性指数分析

为了进一步研究中国与欧盟之间一方农产品出口结构和另一方农产品进口结构能在多大程度上相匹配，即双方农产品贸易的互补性，本文利用综合贸易互补性指数①来进行分析。表1-21数据显示，2000—2015年中国农产品出口与欧盟农产品进口的综合贸易互补性指数（C_{ij}）一直大于1，近年保持在1.2左右，这表明中国农产品出口与欧盟农产品进口总体上存在较强互补性。同期，欧盟农产品出口与中国农产品进口的综合贸易互补性指数（C_{ij}）一直小于1，且近年徘徊在0.7左右，这表明欧盟农产品出口与中国农产品进口的互补性总体较弱。

表1-21　综合贸易互补性指数（C_{ij}）

出口国—进口国	2000 年	2005 年	2010 年	2013 年	2015 年
中国—欧盟	1.07	1.1	1.18	1.20	1.18
欧盟—中国	0.81	0.75	0.69	0.69	0.76

资料来源：根据 UNCOMTRADE 数据库数据整理计算。

说明：综合贸易互补性指数：为了研究两国间一国出口产品结构和另一国进口产品结构能在多大程度上相互匹配，即两国贸易互补性，学者于津平提出了综合贸易互补性指数，其计算公式为：$C_{ij} = \sum_{K} \left[C_{ij}^k \times \left(\frac{Wk}{W} \right) \right]$

式中：C_{ij} 表示 i 国出口与 j 国进口的综合贸易互补性指数，C_{ij}^k 表示 i 国出口与 j 国进口在 k 产品上的贸易互补性指数；$C_{ij}^k = RCA_{xik} \times RCA_{mik}$，$RCA_{xik}$ 表示用出口衡量的 i 国 k 产品贸易比较优势，且 $RCA_{xik} = (X_{ik}/X_i) / (W_k/W)$，$RCA_{mik}$ 表示用进口衡量的 j 国 k 产品贸易比较优势，且 $RCA_{mik} = (M_{ik}/M_i) / (W_k/W)$，$X_{ik}$ 表示 i 国 k 产品出口额，X 表示 i 国所有产品出口总额，M_{jk} 表示 j 国 k 产品进口额，M_j 表示 j 国所有产品进口总额，W_k 表示世界 k 产品贸易额，W 表示世界所有产品贸易总额。当 $C_{ij} > 1$ 时，表明 i 国产品相对出口份额和 j 国产品相对进口份额匹配程度较高，两国产品贸易存在互补性，且 C_{ij} 值越大，两国产品贸易互补性也越强；反之，两国产品贸易互补性较弱。

从具体农产品种类来看，近年来，中国出口与欧盟进口互补性强的农产品主要包括（见表1-22）：鱼（HS03）、其他动物产品（HS05）、食用

---

① 于津平 2003 年提出。

— 28 —

蔬菜（HS07）、食用水果（HS08）、咖啡、茶（HS09）、树胶（HS13）、编结用植物材料等（HS14）、肉、鱼等制品（HS16）、蔬菜、水果等制品（HS20）、羊毛（HS51）和棉花（HS52），显示上述农产品中国均具有出口比较优势。欧盟农产品出口与中国农产品进口互补性强的农产品主要包括：谷物（HS10）、制粉产品（马铃薯粉HS11）、油籽等（HS12）、谷物、粮食粉（HS19）、饮料、酒（HS22）、羊毛（HS51）、棉花（HS52），显示上述农产品欧盟均具有出口比较优势。

表 1-22　中欧农产品贸易互补性的主要产品（C_{ij}）

产品类别	2000 年	2005 年	2010 年	2013 年	2015 年
中国—欧盟					
鱼（HS03）	1.99	2.9	4.2	4.52	4.38
其他动物产品（HS05）	8.28	7.48	6.49	6.54	5.21
食用蔬菜（HS07）	1.54	1.56	1.94	1.58	1.60
食用水果（HS08）	0.63	0.95	1.26	1.48	1.56
咖啡、茶（HS09）	2.07	2.42	2.34	2.83	2.28
树胶（HS13）	0.8	1	3.56	2.86	4.45
编结用植物材料等（HS14）	3.9	3.59	2.99	4.98	5.18
肉、鱼等制品（HS16）	3.69	4.74	4.59	5.35	4.35
蔬菜、水果等制品（HS20）	1.85	2.29	2.39	2.48	2.51
羊毛（IIS51）	3.19	3.44	4.66	4.4	3.55
棉花（HS52）	2.55	2.51	3.46	3.75	3.78
欧盟—中国					
谷物（HS10）	0.46	0.41	0.24	0.5	1.12
制粉产品（HS11）	0.86	1.02	0.84	1.01	1.14
油籽等（HS12）	1.99	2.52	2.24	1.72	1.77
谷物、粮食粉（HS19）	0.26	0.29	0.71	0.93	1.40
饮料、酒（HS22）	0.46	0.47	0.91	0.98	1.44
羊毛（HS51）	8.41	6.66	5.88	4.48	4.41
棉花（HS52）	2.27	3.18	2.31	2.03	1.30

资料来源：根据 UNCOMTRADE 数据库数据整理计算。

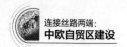

4. 中欧农产品贸易的竞争性

（1）主要出口市场结构

2015 年，中国农产品出口前五大市场分别是东盟、日本、中国香港、欧盟和美国，占中国农产品出口总额的比重合计高达 70.2%；同年，欧盟农产品出口前五大市场分别为美国、中国、瑞士、东盟和日本，占欧盟农产品出口总额合计为 37.9%。东盟、日本、美国均是中国和欧盟农产品共同出口市场，双方农产品出口市场结构具有一定的相似性（见表 1-23）。

表 1-23　2015 年中欧农产品主要出口市场

中国		欧盟	
出口市场	占比（%）	出口市场	占比（%）
东盟	21.0	美国	14.8
日本	14.5	中国	7.2
中国香港	12.6	瑞士	6.2
欧盟	11.6	东盟	5.3
美国	10.5	日本	4.2

资料来源：联合国商品贸易数据库，更新时间 2017 年 8 月 17 日。

根据欧委会 2016 年 7 月发布的《2015 年农产品贸易：中国推动欧盟出口》的农产品贸易年度报告，2015 年欧盟农产品前五大出口目的地依次为美国（15%）、中国（8%）、瑞士（6%）、俄罗斯（4%）和日本（4%）。欧盟农产品对中国出口增长 39%，远超对美国出口 19% 的增速，中国成为欧盟农产品出口的第一推动力。欧盟对中国出口主要集中在婴幼儿食品、牛奶、面粉，猪肉、葡萄酒等领域。2016 年欧委会农产品贸易报告，中国占比进一步上升至 8.7%，同比增 10.3%，排名第二；美国占比15.8%，同比增 6.5%，排名第一。

（2）出口相似性指数分析

为了研究中国与欧盟农产品出口在世界市场上的竞争关系，并且消除双方经济规模差异的影响，本书运用修正的产品出口相似性指数来分析中国与欧盟农产品出口产品结构的相似程度。

图 1-6 显示，2000—2015 年中国与欧盟农产品修正的出口相似性指数一直小于 50，并且总体上还呈现出不断下降的趋势，从 2000 年的 47.0 减少

至 2015 年的 39.8，表明中国与欧盟在世界市场农产品出口结构的相似程度不高，且还在进一步下降。意味着中欧农产品出口方面的竞争逐步减小，专业化分工程度正在提高。因此，双方农产品在世界市场上互补性为主。

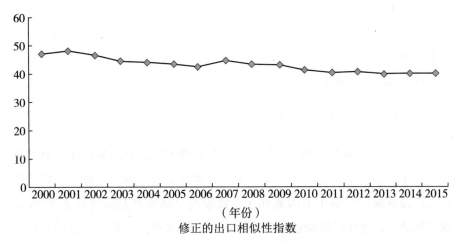

（年份）

修正的出口相似性指数

图 1 - 6　2000—2015 年中国与欧盟农产品修正的出口相似性指数

说明：修正的出口相似性指数：为了衡量两国出口产品在第三市场或世界市场上的相似程度和直接竞争状况，并尽量消除其经济规模差异的影响，Glick 等提出了修正的出口相似性指数，其计算公式为：$S_{(ij,k)}^{p} =$

$$\sum^{k} \left\{ \left[\frac{(X_{iw}^{k}/X_{iw}^{t}) + (X_{jw}^{k}/X_{jw}^{t})}{2} \right] \times \left[1 - \left| \frac{(X_{iw}^{k}/X_{iw}^{t}) - (X_{jw}^{k}/X_{jw}^{t})}{(X_{iw}^{k}/X_{iw}^{t}) + (X_{jw}^{k}/X_{jw}^{t})} \right| \right] \right\} \times 100$$

式中：X_{iw}^{k} 和 X_{jw}^{k} 分别表示 i 国和 j 国的 k 产品出口额，X_{iw}^{t} 和 X_{jw}^{t} 分别表示 i 国和 j 国的产品出口总额。一般认为，当 $S_{(ij,k)}^{p} = 100$ 时，表明两国在第三市场或世界市场上的出口产品结构完全相同；当 $S_{(ij,k)}^{p} = 0$ 时，表明两国在第三市场或世界市场上的出口产品结构完全不同如果随着时间推移，当 $S_{(ij,k)}^{p}$ 逐渐增加时，表明两国出口产品结构趋同，两国在第三市场或世界市场上的竞争越来越激烈；当 $S_{(ij,k)}^{p}$ 逐渐减少时，表明两国出口产品结构趋于差异化，两国在第三市场或世界市场上的竞争趋于缓和。

（3）主要出口市场竞争

中国与欧盟的农产品出口市场结构虽然具有一定相似性，但双方在相同的主要出口市场上的多数农产品类别存在较大差异，只在部分类别的农产品上存在竞争关系。

具体来看，在东盟市场上，中国与欧盟主要在鱼（HS03）、制粉产品（HS11）、糖及糖食（HS17）、谷物粉等（HS19）、蔬菜、水果等的制品（HS20）、杂项食品（HS21）、食品工业残渣等（HS23）、烟草等（HS24）等类别农产品上存在竞争关系；在日本市场上，中国与欧盟主要在鱼

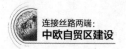

（HS03）、树胶等（HS13）、谷物粉等（HS19）、蔬菜、水果等的制品（HS20）、杂项食品（HS21）、食品工业残渣等（HS23）、羊毛等动物毛（HS51）等类别农产品上存在竞争关系；在美国市场上，中国与欧盟主要在鱼等（HS03）、食用蔬菜等（HS07）、食用水果等（HS08）、咖啡等（HS09）、油籽等（HS12）、树胶等（HS13）、肉、鱼等的制品（HS16）、蔬菜、水果等的制品（HS20）、杂项食品（HS21）、食品工业残渣等（HS23）、棉花（HS52）等类别农产品上存在竞争关系。

（三）中欧农产品贸易影响因素

中国与欧盟同为农产品贸易的生产和消费大国，农产品贸易互补性远大于竞争性，但中欧农产品贸易额在双方贸易总额中的比重较低。影响中欧农产品贸易发展的主要因素在于，欧盟是全球农产品高度保护的WTO成员国之一，近年经济低迷促使欧盟加强贸易保护，尤其是绿色贸易壁垒日趋严重，极大地抑制了中国以劳动密集型为主的农产品出口。此外，近年欧盟推行FTA政策，其组建的环中国自贸圈所带来的贸易转移效应，对中欧农产品贸易构成重要影响。

1. 传统贸易壁垒

（1）中国关税水平低且管理简单

入世后，中国一直注重农产品贸易政策方面的改革，而且履行了入世承诺要求的实施关税率与约束关税率相近的诺言。虽然对部分重要产品实施了关税配额管理制度，但从实际效果来看，中国的市场准入门槛相当之低。按照加入WTO时的承诺，中国采取逐步开放的方式，在农产品削减关税方面较好执行了加入WTO的承诺，将农产品的平均税率削减至2010年的15.3%，总体关税水平较低，同时农产品的关税税率范围0~65%，高关税的税目很少，而高关税税率的农产品大多只针对配额之外的农产品，这说明中国的农产品进口中具有进口禁止性作用的关税高峰并不存在。中国农产品进口调控手段仅有配额和关税，且配额量大，关税水平低，食糖和棉花配额外关税进口已成为现实，进口价格"天花板"效应显著。在开放条件下，由于我国农产品生产成本高企，农业发展面临巨大挑战。

（2）欧盟关税水平高且结构复杂

随着 WTO 谈判的不断深入和欧盟自贸区范围的不断拓展，欧盟农产品市场开放程度不断提高，农业贸易政策自由化程度提高，但欧盟仍然是全球对农产品市场高度保护的 WTO 成员之一。由于欧盟 28 国是发达成员，在 WTO 谈判中拥有很强的话语权，在谈判中最大限度地维护了自己的利益。除了高关税和复杂的关税结构外，欧盟还保留了大量的关税配额和特保措施（SSG）等，这使欧盟具备足够的调控政策手段，能够有效地保护欧盟农产品市场不受进口冲击。

中国农产品进入欧盟依然面临复杂的关税结构，不同农产品关税差异巨大。根据保护程度不同，关税的形式也不同。其特点主要有以下几个方面：

其一，普遍采用高关税。WTO 通常将超过 15% 的关税水平称之为"关税高峰"，但实际考虑农产品自身特点，国际上通常是将关税税率等于或高于 100% 的农产品的关税定义为"关税高峰"。根据 WTO 提供的欧盟 2014 年贸易政策审议报告，欧盟关税高峰涉及的产品主要包括：乳清粉和改性乳清粉为 635%、禽肉 288.9%、蘑菇 183.5%、活禽 156.4%、代用糖 119.7% 和葡萄汁 116.2%。此外，欧盟对部分肉类、鱼类、水果蔬菜类商品以及部分食品、饮料、烟草等农产品也维持了"关税高峰"（见表 1-24）。

表 1-24 欧盟实施农产品关税情况（2014 年）（个,%）

类别	税目	简单平均	税率范围	0 税率比例	非从价税比例	关税配额比例
HS01-24	2444	14.4	0-635.4	15.3	38.4	18.6
WTO 农产品	2069	14.4	0-635.4	19.2	46.5	19.2
动物及其产品	351	20.2	0-288.9	15.1	68.7	35.3
乳品	152	36.1	1-635.4	0	98.7	31.6
果蔬和植物	503	13.1	0-183.5	11.9	17.1	13
咖啡茶喝可可	47	12.5	0-65.2	14.9	51.1	42.6
谷物及制品	230	15.7	0-75.8	8.7	80	28.7
油脂油料	174	6.4	0-117.1	35.6	6.9	0
糖类	44	25.7	0-119.7	4.5	88.6	22.7

类别	税目	简单平均	税率范围	0税率比例	非从价税比例	关税配额比例
酒类和烟草	303	13.6	0－116.2	18.2	55.8	14.2
棉花	6	0	0	100	0	0
其他	259	5.2	0－85.8	51	22	7.7
水产品	494	12	0－26	8.1	0	12

资料来源：WTO，转引自刘武兵．欧盟共同农业贸易政策研究［M］．中国农业科学出版社，2016.

其二，对深加工产品提高关税。国际上对这种做法称之为"关税升级"。具有高附加值的产品，关税水平会因此明显增加。欧盟对原料型产品的进口一般采取零关税或很低的关税政策，而辅之以高的关税阻止深加工产品流入区内。欧盟在谷物、肉类产品以及水果蔬菜等产品上存在明显的关税升级（见表1－25）。

表1－25　中欧农产品最高约束关税的国际比较（2014年）（%）

类别	中国	欧盟	日本	美国
简单平均	15.2	22.8	41.8	11.3
谷物	65	93.7	827.6	11.2
粮食制品	30	100.8	583.3	38.6
棉麻丝	40	0	428.1	32.3
油籽	20	12.8	736.8	163.8
植物油	30	118.7	20.8	19.1
糖及糖料	50	218.1	346	185
肉类	25	407.8	387.8	26.4
乳制品	20	264.3	660.7	139.1
水果	30	117.1	46.8	38.9
薯类	13	217.4	1085.3	29.8
蔬菜	30	118.9	20	11.3
饮品	65	136.8	278.8	104.4
坚果	25	16.2	1705.9	22.4
其他	57	174.9	444.5	439.9

资料来源：WTO，转引自刘武兵．欧盟共同农业贸易政策研究［M］．中国农业科学出版社，2016.

其三，大量使用非从价税。非从价税包括从量税和复合关税（从量税加从价税），非从价税在国际市场价格走低时，对本国农产品的保护程度提高。据世界贸易组织统计，2014年欧盟6位税号农产品使用非从价税的税目比率高达46.5%，而美国和日本分别为41.8%和18.5%，中国仅为0.4%，在主要经济体中欧盟这一比率是最高的。

其四，采用季节性和选择性关税。为了保护欧盟农产品不受国际市场冲击，欧盟对果蔬等农产品实行季节性关税，对一些农产品实行选择性关税。欧盟规定，新鲜果蔬、加工果蔬和葡萄汁进口，其进入欧盟市场的价格必须等于根据欧盟（EC）No2913/92和（EC）No2454/93计算的海关完税价格，这意味着通过季节税或选择性关税，使其进入欧盟市场的价格基本等于欧盟内部市场的价格。

2. 欧盟绿色贸易壁垒

随着人们对环保、健康和安全的重视，绿色发展成为普遍共识。WTO为了更加有效地促进贸易与环境的可持续发展，在限制关税、出口补贴等传统贸易政策工具肆意使用的同时，也允许成员在贸易自由化的基础上对危害环境保护的贸易采取相应的限制措施。

近年在WTO和FTA框架下，绿色贸易壁垒日益兴起，正逐步取代关税、补贴等传统贸易壁垒，成为影响国际贸易的重要因素。而农产品是全球实施绿色贸易保护最严重的领域。我国商务部数据显示，每年绿色技术性贸易壁垒给中国农产品出口造成的损失近百亿美元。欧盟农业科技水平发达，为保护区内农业市场，已建立起完备的绿色贸易壁垒体系，基本上覆盖了中国对其农产品出口中所具备比较优势的农产品。作为欧盟最大的贸易国，中国的农产品出口贸易受到其绿色贸易壁垒的严重影响。

欧盟绿色贸易壁垒是最严厉的一种非关税壁垒，涵盖整个经济活动链条，涉及初级产品、中间产品和制成品所有产品类别，技术标准包括药物残留、食品包装标识规范、动植物产品检疫检测和食品营养标准。欧盟对食品的安全卫生指标十分敏感，尤其对农药残留、放射性残留、重金属含量的要求日趋严格。近年来，欧盟绿色贸易壁垒覆盖的内容和范围呈现出日趋广泛和不断扩大的趋势，成为限制中国等发展中国家市场准入的重要手段。随着中欧农产品贸易的不断深入，欧盟日趋严格的绿色标准削弱了

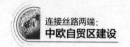

中国农产品的比较优势和国际竞争力。

有学者针对 2005—2014 年欧盟关于植物源和动物源食品和饲料中或表面的最大残留限量条例（EC）396/2005 中涵盖的 32 类农产品，基于贸易引力模型进行实证分析，分别检验我国农产品出口欧盟 5 个主要贸易国（德国、法国、意大利、荷兰、比利时）受欧盟农药残留限量标准的影响是否显著。结果表明，欧盟法规中以氟草胺、啶虫脒、活化酯和己唑醇为代表农药的最大残留限量标准对我国农产品出口具有明显的抑制作用，说明欧盟绿色贸易壁垒是限制我国农产品对欧盟出口的重要因素之一。[①] 由此可见，前述我国农产品对欧盟出口从 2011 年之前的总体上升转而波动下降，从 96.0 亿美元峰值降至 2015 年的 80.2 亿美元与欧盟日益严厉的绿色贸易壁垒有着重要的关系。

3. 欧盟 FTA 政策

近年来，受欧债危机的影响，欧盟各国经济发展整体下滑，国内消费持续低迷。在这种形势下，欧盟把其战略导向转移到国际市场，通过扩大出口来带动经济增长。与此同时，在当前以 WTO 为代表的全球多边贸易体系推进相对滞后的环境下，欧盟在其贸易政策取向上也进行了调整，积极推动双边贸易体系建设。强调通过自由贸易协定谈判大力推进与贸易伙伴的双边贸易关系。欧盟在其 2010 年公布的贸易政策文件《贸易、增长与全球事务》就明确将加大力度与贸易伙伴签署自由贸易协定作为推进其经济和贸易增长的新举措。欧盟的自贸区伙伴分布在亚、欧、非和美洲。就亚洲的发展而言，欧盟一直倾向于与中国周边国家建立自贸区，迄今为止，与印度、日本、韩国、新加坡和马来西亚等国家或者已经签署了自贸协定或者正在谈判，推动一个环中国的"欧盟—亚洲自由贸易圈"出现。

从谈判的国家来看，印度、越南、马来西亚等国的资源禀赋都与中国相似，在对欧盟出口结构上存在同质性和竞争关系，由于贸易转移效应的存在，中国和欧盟的贸易将会受到影响，贸易条件甚至可能出现恶化。据

---

① 杨冬媛. 欧盟环境规制对中国农产品出口的绿色壁垒效应. 东华大学 2016 年硕士论文.

欧盟公布的数据来看，以2011年7月1日欧盟与韩国自由贸易协定正式生效为比照，欧盟和韩国贸易额在其贸易份额占比上升了近3%。在这种情况下，随着欧盟环中国自贸圈的组建，对于中国而言，如果不能很好地应对欧盟当前在自贸区建设方面的取向，那么其势必会对未来中欧农产品贸易发展产生消极影响。

自由贸易区所产生的经济效应主要包括贸易创造和贸易转移效应，贸易创造效应是将贸易从低效率的本国生产者向高效率的区域性内成员国转移。而贸易转移则是指自贸区组建后，由于成员国之间的关税被取消但保留了对非成员国的关税，从而出现了低效率的成员国生产取代高效率的非成员的生产。欧盟是中国最重要的农产品贸易伙伴之一，有关分析表明，欧盟的贸易政策取向势必对中国对欧农产品出口产生重要影响。

欧委会2016年11月发布"未来贸易协定对农业的影响"报告，该报告分析了欧盟农产品出口潜力，并阐述具体农产品的敏感性。报告覆盖12个贸易协定，其中2个已结束谈判（加拿大和越南）、6个在谈判中（美国、南方共同市场、日本、泰国、印度尼西亚和菲律宾）、2个待谈判（澳大利亚和新西兰）和2个升级版（土耳其和墨西哥）；包括占欧盟农产品出口金额30%的部分重点产品，如肉类、乳制品、粮食、糖、大米和植物油；重点分析欧盟及有关贸易伙伴实施关税互惠产生的影响，但没有考虑消除非关税措施（特别是SPS措施）和关税配额的经济影响。报告认为，未来贸易协定对欧盟农业的影响总体平衡，但不同领域各异，部分农产品增加出口潜力较大，而其他农产品可能面临压力。在具体产品方面，乳制品（特别是奶酪和脱脂奶粉）和猪肉的前景较好，其出口、生产和生产者价格或有较大增幅；小麦等粮食产品、葡萄酒和酒精饮料等高价值产品会从贸易开放中受益。另外，报告阐述了具体农业领域因开放市场增加进口而面临的脆弱性，特别是牛肉、大米、禽肉和糖。总之，欧盟力求未来自由贸易协定在扩大市场开放和敏感产品保护之间实现平衡，提升农产品贸易地位。

（四）中欧农产品贸易增长潜力

中欧多数农产品双向贸易关系紧密，增长潜力较大。随着中国"一带

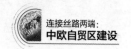

一路"倡议推进,有关中欧基础设施互联互通建设已取得积极进展,提升了双方贸易效率,促进中欧农产品贸易发展,未来"一带一路"的积极促进作用将不断增强。有关学者的实证研究表明,中欧 FTA 对双方农产品贸易有一定推动作用,对中国进出口的影响大于对欧盟的影响。

1. 增长潜力分析

贸易强度指数(Trade Intensity Index,TII)用于衡量两国之间贸易联系紧密程度与贸易增长潜力。根据表 1-26 及表 1-27,近年来,中欧农产品贸易强度指数,无论是中国对欧盟出口还是欧盟对中国出口,均大于 1 的农产品有 4 类,包括 04 章(乳品等)、05 章(其他动物产品)、06 章(活植物等)、21 章(杂项食品),表明在这 4 类农产品上,中欧各自出口水平都要高于同期对方从世界市场上的进口份额,因而存在着紧密的双向贸易关系。中欧在大多数类别农产品上均存在着紧密的贸易联系,这也为双方农产品贸易往来的进一步扩大奠定了坚实的基础。

表 1-26　中欧农产品贸易强度指数 (TII)①
(中国农产品对欧盟出口)

HS 编码	2000 年	2005 年	2010 年	2013 年	2015 年
01 章(活动物)	0.37	0.41	1.79	0.28	0.91
02 章(肉及食用杂碎)	0.32	0.14	0.58	0.6	0.47
03 章(鱼等)	0.85	0.96	0.88	0.66	0.54
04 章(乳品等)	4.49	1.44	11.26	15.79	17.12
05 章(其他动物产品)	1.71	1.87	2.34	1.53	2.01
06 章(活植物等)	3.73	6.87	2.88	1.52	1.72
07 章(食用蔬菜等)	1.4	1.24	1.01	1.04	0.87
08 章(食用水果等)	0.45	0.78	0.68	0.43	0.41
09 章(咖啡、茶等)	0.47	0.51	0.67	0.56	0.71
10 章(谷物)	0.27	0.12	0.66	0.19	0.45

---

① 贸易强度指数 TII:当 TII > 1 时,表示一国某类产品对另一国的出口水平高于同期另一国在世界同类产品进口市场中所占份额,说明两国某类产品贸易关系紧密程度较高;反之,则说明两国某类产品贸易关系紧密程度较低。

HS 编码	2000 年	2005 年	2010 年	2013 年	2015 年
11 章（制粉产品）	1.01	1.05	1.41	3.34	2.20
12 章（油籽等）	0.91	1.22	1.17	1.06	1.08
13 章（树胶等）	1.73	2.74	0.95	1.37	0.96
14 章（编结用植物材料等）	2.1	2.8	3.01	1.03	2.17
15 章（动植物油脂）	1.16	1.09	0.9	1.21	1.12
16 章（肉、鱼等制品）	0.2	0.14	0.26	0.3	0.22
17 章（糖及糖食）	1.43	1.56	1.07	0.61	0.69
18 章（可可及可可制品）	0.28	0.83	1.24	1.72	0.99
19 章（谷物、粮食粉等）	4.02	3.71	4.55	2.89	3.76
20 章（蔬菜、水果等）	1.46	1.28	1.13	1.03	0.61
21 章（杂项食品）	0.84	1.25	1.5	1.23	1.47
22 章（（饮料、酒等）	0.58	0.51	0.71	0.53	0.41
23 章（食品工业残渣等）	0.85	0.34	0.43	0.81	0.60
24 章（烟草及其制品	0.61	1.12	1.65	1.86	0.81
51 章（羊毛等动物毛）	1.44	1.43	1.28	1.19	1.33
52 章（棉花）	0.37	0.43	0.47	0.31	0.28

资料来源：根据 UNCOMTRADE 数据库数据整理计算。

说明：贸易强度指数：本文利用 Kojima 提出的衡量经济体之间贸易联系紧密程度与贸易增长潜力的贸易强度指数来分析中欧农产品贸易的增长潜力，其计算公式为：

$$TII_{ij}^k = \frac{X_{ij}^k / X_{iw}^k}{M_{jw}^k / (M_{ww}^k - M_{iw}^k)}。$$ 式中：TII_{ij}^k 表示 i 国与 j 国 k 产品的贸易强度指数，X_{ij}^k 表示 i 国 k 产品对 j 国出口额，X_{iw}^k 表示 i 国 k 产品出口额，M_{jw}^k 表示 j 国 k 产品进口额，M_{ww}^k 表示世界 k 产品进口总额，M_{iw}^k 表示 i 国 k 产品进口额。当 $TII_{ij}^k > 1$ 时，表示 i 国 k 产品对 j 国的出口水平高于同期 j 国在世界 k 产品进口市场中所占份额，说明两国 k 产品贸易关系紧密程度较高；反之，则说明两国 k 产品贸易关系紧密程度较低，一般来说，TII_{ij}^k 的值越高，说明 i 国和 j 国在 k 产品上的贸易互补性也越强。

表 1-27 中欧农产品贸易强度指数（TII）
（欧盟农产品对中国出口）

HS 编码	2000 年	2005 年	2010 年	2013 年	2015 年
01 章（活动物）	1.26	0.97	0.69	0.77	0.84
02 章（肉及食用杂碎）	0.81	1.43	1.32	1.9	3.16
03 章（鱼等）	1.58	1.76	1.32	1.17	1.28
04 章（乳品等）	1.42	1.46	0.98	1.1	1.92

续表

HS 编码	2000 年	2005 年	2010 年	2013 年	2015 年
05 章（其他动物产品）	2.66	3.16	2.85	3.41	3.86
06 章（活植物等）	5.32	4.25	4.05	3.71	4.01
07 章（食用蔬菜等）	0.88	0.11	0.03	0.05	0.07
08 章（食用水果等）	0.11	0.67	0.55	0.38	0.32
09 章（咖啡、茶等）	0.56	1.08	1.46	1.39	1.71
10 章（谷物）	1.17	1.21	0.68	0.12	0.85
11 章（制粉产品）	0.48	0.54	0.82	0.38	0.29
12 章（油籽等）	0.39	0.05	0.05	0.04	0.09
13 章（树胶等）	0.57	1.24	0.88	1.1	1.41
14 章（编结用植物材料等）	0.03	0.03	0.05	0.38	0.13
15 章（动植物油脂）	0.16	0.11	0.2	0.69	0.47
16 章（肉、鱼等制品）	1.44	1.5	0.7	0.7	0.63
17 章（糖及糖食）	0.22	0.34	0.43	0.27	0.31
18 章（可可及可可制品）	0.72	0.51	1.71	1.62	1.99
19 章（谷物、粮食粉等）	0.72	1.3	1.6	1.96	2.02
20 章（蔬菜、水果等）	0.47	0.55	0.91	0.88	1.05
21 章（杂项食品）	1.24	1.05	1.82	1.51	1.14
22 章（（饮料、酒等）	1.41	1.81	2.06	1.6	1.38
23 章（食品工业残渣等）	0.16	0.22	0.23	0.36	0.34
24 章（烟草及其制品）	0.13	0.22	0.15	0.11	0.06
51 章（羊毛等动物毛）	0.35	0.38	0.51	0.57	0.58
52 章（棉花）	0.07	0.11	0.1	0.11	0.11

资料来源：根据 UNCOMTRADE 数据库数据整理计算。

2. "一带一路"的促进作用

欧盟中有 11 个中东欧国家①，均为我国"一带一路"倡议的沿线国家

---

① 11 个中东欧国家：波兰、匈牙利、捷克、斯洛伐克、斯洛文尼亚、爱沙尼亚、拉脱维亚、立陶宛、罗马尼亚、保加利亚、克罗地亚。

（3个内陆，8个临海），在中欧农产品贸易中，这11个中东欧国家所占比重不足5%（2016年，占4.6%），贸易增长潜力巨大。随着"一带一路"倡议的推进，有关基础设施的互联互通建设，能带来运输成本的降低，有效提高双方贸易效率，促进中国与中东欧农产品贸易的发展。

有学者通过随机变量引力模型和基于一步法建立的贸易非效率模型，对中国与中东欧国家的贸易潜力进行测算（根据联合国商品贸易2000—2014年数据）。结果显示，中国与中东欧农产品总体贸易效率较低，平均效率仅为0.36[①]，表明双方贸易潜力巨大。关税水平、欧盟一体化（3次东扩）对中国与中东欧国家的农产品贸易效率产生了显著负向影响；而贸易互补性、海运基础设施、"一带一路"则对中国与中东欧农产品贸易效率有显著的正向影响。

需要指出的是，近两年，随着"一带一路"的深入推进，中国与中东欧贸易便利化水平正逐步提升，基础设施的互联互通建设也取得积极进展，有效地促进了双方贸易效率的提高。

"一带一路"倡议提出以来，中欧班列开行数量迅猛增长。2017年1—5月，中欧班列开行1000列，同比增158%。[②] 中欧班列比海运时间缩短一半，比空运成本低，适合农产品，尤其奶制品、肉类等需要运输周期短又不能承受空运高昂成本的产品装运，因而会有效促进中欧双向贸易扩大。2016年，中欧班列南线（成都—伊斯坦布尔）开通，有力地提升了中欧农产品跨国贸易效率。以波兰（欧洲农业大国，也是中东欧国家中与中国农产品贸易额最大的国家）为例，中欧班列原有的北线和中线都必须经过俄罗斯，而俄罗斯禁止进口欧盟的生鲜果蔬和肉类等食品，该类产品无法搭乘铁路班列过境，只能通过海运或空运进入中国市场。南线班列的开行，将波兰农产品到中国的时间缩短至两周，成本较空运节约一半以上。

---

① 贸易效率 TE_{ijt}（0，1），数值越高代表贸易效率越高，反之则越低，而数值越低则说明贸易潜力越大。

② 万淑艳. 中欧在"一带一路"建设上合作空间巨大 ［J］. 欧洲时报，2017－05－17.

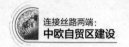

3. 中欧 FTA 可能产生的效应

国内学者在分析中欧贸易现状的基础上，基于一般均衡模型（GTAP）对中欧自贸区建立可能产生的经济、贸易等影响进行了实证研究。

根据武汉大学陈红、马永健"中国—欧盟自贸区经济效应的前瞻性研究"[①]，到 2020 年中欧自贸区建立，在进口关税降至零的理想情形下，中欧自贸区建立将改善双边经济发展，对进出口贸易起到一定推动作用。对中国的进出口贸易影响比较显著；而对欧盟的进出口影响相对较弱。从农林牧渔业、食品加工业的出口和进口来看，中国的增幅都远超欧盟。其中，中国食品加工业的出口增幅达到 14.83%，而农林牧渔业进口增幅达 6.42%（见表 1-28）。可见，中欧自贸区的建立将进一步加强双边国际分工格局，使双方致力于生产具有比较优势产品、而增加对比较劣势产品进口；中国在农林牧渔业、食品加工业等传统优势行业的贸易环境得到改善。

表 1-28 中欧建立 FTA 的贸易效应 （%）

行业	出口		进口	
	中国	欧盟	中国	欧盟
农林牧渔业	4.93	-0.84	6.42	0.49
食品加工业	14.83	-1.20	3.51	0.87
纺织业	23.53	-9.94	11.63	4.57
化学制品	20.55	11.84	40.73	2.0
金属制品	9.94	-2.26	0.91	0.17
汽车及运输设备	13.86	-0.02	9.53	0.69
电子设备	9.79	-5.46	2.67	0.76
总计	13.36	0.47	6.92	1.49

资料来源：陈红，马永健. 中国—欧盟自贸区经济效应的前瞻性研究 [J]. 世界经济研究，2015 (8)：96~97.

---

① 陈红，马永健. 中国—欧盟自贸区经济效应的前瞻性研究 [J]. 世界经济研究，2015 (8)：94~98.

根据本书第八章"中欧自贸区经济影响测算"，到 2020 年中欧自贸区建立，在进口关税全部削减至零的情形下，中国、欧盟总出口增长率分别为 2.09%、0.64%，总进口增长率分别为 3.97%、0.94%。从 FTA 对中国农产品进出口的影响来看，中国对欧盟出口糖、牛羊肉、奶制品显著增长，增幅分别为 696.2%、152.9%、131.7%，而羊毛、油籽为负增长，分别为 −4.3%、−2.4%；中国自欧盟进口增长最为显著的有奶制品、糖、牛羊肉、猪肉，增幅分别为 1098.8%、258.4%、112.8%、99.8%。

三、中欧关税比较

中国与欧盟都是 WTO 成员。自 2001 年加入 WTO 以来，中国积极履行承诺，逐年削减关税和非关税壁垒，放松管制，至 2010 年，所承诺的关税减让义务已全部履行完毕。目前中国依照 2003 年颁布的《中华人民共和国进出口关税条例》制定进口税则和税率。进出口税则每年更新。进口关税设置最惠国税率、协定税率、特惠税率、普通税率、关税配额税率等税率，在一定期限内还实行暂定税率。中国对绝大部分产品实行从价税，对少量禽产品、化工产品、电气设备实行从量税或复合税。

欧盟实行共同贸易政策。进口管理法规为 1994 年制定的《关于对进口实施共同规则的（EC）3285/94 号法规》以及《关于对某些第三国实施共同进口规则的（EC）519/94 号法规》（适用于欧盟定义的"国有贸易国家"）。鉴于纺织品和农产品在多边贸易框架中的特殊安排，欧盟分别制定了纺织品和农产品的进口管理法规。

欧盟每年更新税率表并对外发布。欧盟的关税征收方式较为复杂。除对大多数产品适用从价税税率，欧盟对部分农产品、化工品，以及盐类、玻璃、钟表零部件等产品适用混合税或其他技术性关税的非从价税税率。在混合税中，欧盟又使用了 7 种不同的征税方式。此外，欧盟对部分农产品设置了包括季节性关税在内的多种技术性关税。另外，欧盟还实行自主关税暂停征收和配额制度。该制度对某些进口产品全部或部分免征正常关

税。如该制度适用于数量有限的货物，则属于配额；如其适用货物数量没有限制，则属关税暂停征收。

（一）关税概述

中国的平均关税水平高于欧盟，其中非农产品的差距更大。无论是中国还是欧盟，贸易加权税率都大幅低于简单平均税率（见表1-29）。也就是说，低税率产品的贸易权重远远大于高税率产品。这在一定程度上反映出关税的保护作用，或者说高税率对贸易的确有抑制作用。

表1-29　中国与欧盟适用最惠国税率比较（%）

国家/地区	简单平均税率（2015）		
	总水平	农产品	非农产品
中国	9.9	15.6	9.0
欧盟	5.1	10.7	4.2
	贸易加权平均税率（2014）		
	总水平	农产品	非农产品
中国	4.5	9.2	4.2
欧盟	2.7	8.5	2.3

资料来源：WTO.

从关税分布来看，无论是农产品还是非农产品，中国的零关税和低关税产品比例都大大低于欧盟（见表1-30）。中国农产品中零税产品占7.2%，非农产品中零税产品占6.9%，而欧盟的农产品和非农产品零税产品比例分别为31.7%和26.5%。税率不大于5%的农产品和非农产品比例，中国为6.9%和18.8%，欧盟为11.2%和37.5%。但从高关税产品的分布来看，欧盟农产品的高关税比例大于中国，非农产品则相差无几。关税在50%或以上的商品，欧盟农产品比例为11.1%，非农产品为0.1%，中国分别为9.4%和1.2%。这一关税分布格局表明，中国的保护程度普遍高于欧盟，但欧盟对于特定商品、特别是农产品，通过关税措施实施相当高水平的保护。

表 1 - 30　中国与欧盟 2015 年适用最惠国税率的关税分布（%）

国家/地区	0	≤5	≤10	≤15	≤25	≤50	≤100	>100
	农产品							
中国	7.2	6.9	26.3	24.4	25.7	6.7	2.7	0
欧盟	31.7	11.2	17.8	14.1	10.6	8.4	2.4	0.3
	非农产品							
中国	6.9	18.8	47.0	15.0	11.1	1.2	0	0
欧盟	26.5	37.5	27.1	7.3	1.5	0.1	0	0

资料来源：WTO.

（二）工业品关税比较

非农产品占中国货物贸易进出口总额的 95%。中国的工业品市场开放程度不断扩大，关税不断降低，但与发达国家相比，依然处于较高水平。目前中国非农产品的平均最惠国适用税率为 9%。欧盟的非农产品平均最惠国适用税率为 4.2%（见表 1 - 31）。

表 1 - 31　中国与欧盟非农产品关税比较（1）（%）

产品	中国			欧盟		
	最终约束税率	最惠国适用税率		最终约束税率	最惠国适用税率	
	平均	平均	零税占比	平均	平均	零税占比
非农产品平均	9.2	9.0	6.9	3.9	4.2	26.5
矿产品、金属	8.0	7.8	5.9	2.0	2.0	50.2
石油	5.0	5.3	16.7	2.0	2.5	33.7
化学品	6.9	6.7	0.4	4.6	4.5	22.3
木材、纸张等	5.0	4.5	36.0	0.9	0.9	81.1
纺织品	9.8	9.6	0	6.5	6.5	2.1
服装	16.1	16.0	0	11.5	11.4	0.3

产品	中国			欧盟		
	最终约束税率	最惠国适用税率		最终约束税率	最惠国适用税率	
	平均	平均	零税占比	平均	平均	零税占比
皮革、鞋等	13.7	13.5	0.6	4.2	4.1	26.3
非电气机械	8.5	8.2	9.2	1.7	1.9	21.3
电气机械	9.0	9.0	24.0	2.4	2.8	20.8
运输设备	11.4	11.4	0.8	4.1	4.3	12.8
未列名制成品	12.2	12.1	10.0	2.5	2.6	20.9

资料来源:WTO.

按照 WTO 的分类统计,在非农产品的各个产品类别上,中国关税均高于欧盟。相对而言,化学品、纺织品、服装的差距较小,税率差小于1倍,其余产品类别上,中国的关税税率均数倍于欧盟。

若从海关协调制编码 6 位税号来看,除了航空航天器及零件(第 88 章)欧盟平均关税高于中国,木浆(47 章)中、欧均为零税率外,其余所有 2 位税号下的平均最惠国税率,中国都要高于欧盟,且大部分都有很明显差距。特别是化妆品(33 章)、橡胶及制品(40 章)、皮革及制品(41 –43 章)、稻草及其他编结材料制品(46 章)、纸及纸板(48 章)、羊毛(51 章)、鞋帽伞杖等轻工产品(64 – 67 章)、石料、水泥、陶瓷、玻璃等建筑材料(68 – 70 章)、宝石、贵金属及首饰(71 章)、五金工具、制品(82 – 83 章)、机电产品(84 – 85 章)、汽车(87 章)、钟表(91 章)、乐器(92 章)、杂项制品(96 章),中国的平均关税税率大幅高于欧盟。反映出中国对这些特定产业存在较高程度的关税保护。但同时也应注意到,欧盟一些税目的关税水平也较高,例如纺织服装(61 – 63 章)、鞋靴(64 章)的平均税率在 10% 以上,染料等化学品(32 – 38 章)、塑料(39 章)、棉花(52 章)、纤维及纺织品(54 – 60 章)、铝(76 章)、汽车(87 章)的平均税率超过 5%。

关税高峰是另一个反映关税保护程度的指标。从 6 位税号看，中国非农产品关税税率大于或等于 15% 的 6 位税号总计 563 个，而欧盟仅 15 个，差异明显。中国的关税高峰主要分布在橡胶（40 章，21 个 6 位税目）、皮革制品（42 章，11 个）、服装（61 及 62 章，151 个）、纺织制成品（63 章，19 个）、鞋靴（64 章，20 个）、水泥、石料（68 章，15 个）、玻璃及制品（70 章，15 个）、宝石、贵金属及首饰（71 章，11 个）、钢铁制品（73 章，16 个）、机电产品（8 及 85 章，60 个）、汽车（87 章，26 个）、光学及精密仪器设备（90 章，12 个）、钟表（91 章，29 个）、乐器（92 章，13 个）、杂项制品（96 章，43 个）。而欧盟的关税高峰主要分布在鞋靴（64 章，11 个）和汽车（87 章，4 个）（见表 1 – 32）。

表 1 – 32　中国与欧盟非农产品关税比较（2）（个，%）

HS 编码	中国				欧盟			
	最低	最高	平均	关税高峰税目	最低	最高	平均	关税高峰税目
25 章	0	8	2.71	0	0	1.7	0.22	0
26 章	0	4	1.39	0	0	0	0.00	0
27 章	0	11	4.03	0	0	8	0.82	0
28 章	0	12	4.95	0	0	5.5	4.55	0
29 章	1	14	5.57	0	0	6.5	4.27	0
30 章	0	10	4.48	0	0	0	0.00	0
31 章	1	50	5.64	3	0	6.5	4.80	0
32 章	5	15	7.46	1	0	6.5	5.49	0
33 章	5	20	11.91	8	0	12.8	2.40	0
34 章	6.5	10	8.94	0	0	6.5	1.96	0
35 章	3	20	9.55	1	0	9	4.57	0
36 章	6	10	8.00	0	5.7	6.5	6.35	0
37 章	0	35	11.62	5	0	6.5	5.52	0
38 章	0	16	7.03	2	0	6.5	5.37	0
39 章	3	14	7.91	0	0	6.5	5.99	0

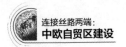

续表

HS 编码	中国				欧盟			
	最低	最高	平均	关税高峰税目	最低	最高	平均	关税高峰税目
40 章	0	25	11.15	21	0	6.5	2.65	0
41 章	3	14	9.65	0	0	6.5	2.04	0
42 章	8	20	15.67	11	1.7	9.7	4.59	0
43 章	10	23	17.07	9	0	3.7	1.18	0
44 章	0	20	3.78	3	0	10	2.21	0
45 章	0	10.5	5.13	0	0	4.7	2.69	0
46 章	9	10	9.05	0	0	4.7	2.98	0
47 章	0	0	0.00	0	0	0	0.00	0
48 章	1	7.5	6.49	0	0	0	0.00	0
49 章	0	7.5	2.59	0	0	0	0.00	0
50 章	6	10	8.00	0	0	7.5	3.09	0
51 章	1	38	10.56	8	0	8	3.46	0
52 章	0	40	8.15	1	0	8	6.11	0
53 章	1	12	6.63	0	0	8	2.76	0
54 章	5	12	7.46	0	3.8	8	5.96	0
55 章	2	18	8.43	9	4	8	6.21	0
56 章	5	12	8.38	0	3.2	12	5.96	0
57 章	10	16	13.05	2	3	8	7.34	0
58 章	10	14	10.24	0	5	8	7.32	0
59 章	8	14	9.67	0	4	6	6.12	0
60 章	10	12	10.23	0	6.5	8	7.93	0
61 章	14	25	16.19	70	8	12	11.68	0
62 章	14	20	15.86	81	6.3	12	11.31	0
63 章	10	17.5	14.69	19	0	12	10.12	0
64 章	10	24	19.32	20	3	17	11.06	11
65 章	10	24	17.10	5	0	5.7	2.34	0

续表

HS 编码	中国				欧盟			
	最低	最高	平均	关税高峰税目	最低	最高	平均	关税高峰税目
66 章	10	14	12.00	0	2.7	5.2	4.32	0
67 章	15	25	21.45	8	1.7	4.7	2.83	0
68 章	1	28	12.67	15	0	3.7	1.37	0
69 章	8	24.5	11.64	9	0	12	4.59	0
70 章	0	24.5	12.06	15	0	11	5.00	0
71 章	0	35	9.07	11	0	4	0.59	0
72 章	0	10	4.94	0	0	7	0.27	0
73 章	3	23	9.35	16	0	3.7	1.71	0
74 章	0	20	5.83	2	0	5.2	3.29	0
75 章	0	6	4.37	0	0	3.3	0.68	0
76 章	0	30	8.48	3	0	10	6.42	0
78 章	1.5	6	4.31	0	0	5	2.35	0
79 章	1	6	3.78	0	0	5	3.06	0
80 章	1.5	8	4.70	0	0	0	0.00	0
81 章	0	8.4	4.88	0	0	9	3.04	0
82 章	4	18	10.23	6	1.7	8.5	3.12	0
83 章	8	18	11.12	2	0	3.7	2.49	0
84 章	0	35	7.65	25	0	9.7	1.85	0
85 章	0	35	8.26	35	0	14	2.78	0
86 章	3	10.5	3.94	0	0	3.7	1.73	0
87 章	3	45	15.86	26	0	22	5.81	4
88 章	0	5	2.03	0	1.7	7.7	3.27	0
89 章	3	10.5	7.32	0	0	2.7	1.11	0
90 章	0	25	6.63	12	0	6.7	2.17	0
91 章	3	23	15.65	29	2.7	6	4.17	0
92 章	1	30	16.65	13	1.7	4	3.21	0

续表

HS 编码	中国				欧盟			
	最低	最高	平均	关税高峰税目	最低	最高	平均	关税高峰税目
93 章	13	13	13.00	0	0	3.2	2.17	0
94 章	0	20	6.01	8	0	5.7	2.27	0
95 章	0	21	10.47	6	0	4.7	2.34	0
96 章	7.5	25	19.15	43	0	10.5	3.27	0

资料来源：根据 WTO 数据库数据整理。

注：平均关税：按照 HS6 位编码计算的简单平均最惠国关税税率；关税高峰税目：适用最惠国税率≥15%的 HS6 位税目个数。

结合较高平均关税和关税高峰的分布，可以看出中国与欧盟对纺织服装、鞋靴等的产业的关税保护高度重合。随着中国劳动力及其他生产要素成本不断提高，中国在纺织服装、轻工产品等劳动密集型产业的成本优势逐渐削弱，中国与欧盟的竞争将越来越集中在这些行业的中高端产品，正面竞争将更加突出。但是由于欧盟同样面临高保护问题，因此虽然存在一定利益冲突，但预计在自贸区谈判中不会成为焦点问题。而在化工、机电产品类别，中国产品与欧盟等发达国家在技术、质量稳定性、品牌等方面还存在差距，因此中国依然需要较高关税水平保护国内产业发展。但是随着这一差距逐步缩小，以及中国继续保持中高速增长所带来的巨大市场需求，欧盟很有可能在这些类别产品的关税减让方面对中国施加压力。

不过，应该注意到，中国的实际有效保护率远远达不到名义税率的保护程度。首先是加工贸易进口（包括工业原材料、中间产品、零部件和机械设备）约占中国外贸进口的 1/4，这些产品免征进口关税。其次，中国每年制定暂定税率，对某些重要的工农业生产原材料和机电产品关键部件实施进口鼓励措施，大幅给予关税税率优惠甚至实行零税率进口。

（三）农产品关税比较

农业一直是世界各国普遍保护的部门。无论发达国家还是发展中国家，对农业的保护力度一般都高于制造业，中国和欧盟也不例外。关税方面，中国和欧盟的农产品关税平均税率均高于非农产品。中国与欧盟都是世界上重要农产品的主产区。与欧盟相比，中国农产品关税水平依然较高（见表1－33）。而欧盟虽然是发达国家，但由于欧盟对农产品实行复杂的关税结构，正如前面第二小节"农产品贸易"部分提及的，包括大量使用非从价税、对特定农产品实施关税高峰、采用季节性和选择性关税、对深加工产品提高关税等，从而实现较高的实际保护效果，使欧盟成为对农业和农产品的保护程度最高的 WTO 成员之一。

表1－33　中国与欧盟农产品关税比较（1）（％）

产品	中国			欧盟		
	最终约束税率	适用最惠国税率		最终约束税率	适用最惠国税率	
	平均	平均	零税占比	平均	平均	零税占比
农产品平均	15.7	15.6	6.9	10.9	10.7	31.7
动物产品	14.9	14.1	13.8	16.9	15.0	28.4
乳品	12.2	12.3	0	35.5	33.5	0
水果、蔬菜	14.9	14.8	4.9	9.9	10.3	19.6
咖啡、茶	14.9	14.9	0	6.0	6.0	27.1
谷物及制品	23.7	23.0	8.8	15.7	12.4	13.0
油籽油脂	11.1	10.9	9.1	6.0	6.0	48.1
糖、糕点	27.4	28.7	0	20.6	20.2	11.8
饮料及烟草	23.2	23.5	2.1	19.0	19.4	19.2
棉花	22.0	22.0	0	0.0	0.0	100.0
其他农产品	12.1	11.9	8.5	3.1	3.2	65.5
水产品及制品	11.0	10.6	5.0	11.0	12.0	8.2

资料来源：WTO.

注：WTO 农业协定的农产品范畴为 HS 税则第1—24章扣除水产品及其制品，加上其他农产品，包括2905.43（甘露糖醇）、2905.44（山梨醇）、33.01（精油）、35.01 至 35.05（蛋白质物质、改性淀粉、胶）、3809.10（整理剂）、3823.60（2905.44 以外的山梨醇）、41.01 至 41.03（生皮）、43.01（生皮毛）、50.01 至 50.03（生丝和废丝）、51.01 至 51.03（羊毛和动物毛）、52.01 至 52.03（原棉、废棉和已梳棉）、53.01（生亚麻）、53.02（生大麻）等皮、毛、丝、棉及几种食品添加剂。但中国商务部农产品贸易统计包括水产品，故将水产品及制品列入农产品。

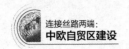

　　根据 WTO 的分类统计，在动物产品、乳产品、水产品及其制品等农产品类别，欧盟的关税水平甚至高于中国。从海关协调制编码 6 位税号看，欧盟在水产品及制品（3 章及 16 章）和烟草制品（24 章）的平均最惠国税率高于中国，其余 2 位税号下的农产品平均最惠国税率，中国都要高于欧盟，特别是肉类（02 章）、乳制品（04 章）、动物产品（05 章）、水果（08 章）、咖啡和茶（09 章）、谷物、制粉工业产品及糕点（10 章、11 章及 19 章）油籽油料油脂（12 章及 15 章）、植物产品（14 章）、糖（17 章）、杂项食品（21 章）、饮料及酒（22 章），税率差异更为明显。

　　中国和欧盟在农产品上均有较多产品的关税高峰，平均最惠国税率高于或等于 15% 的 6 位税号分别有 327 个和 141 个（见表 1 - 34）。但欧盟的关税高峰相对集中，主要集中在水产品及制品（03 章及 16 章）和蔬菜水果制品（20 章），分别为 53、30、36 个 6 位税目。而中国的关税高峰产品广泛分布在肉类（02 章，50 个 6 位税目）、水产品（03 章，16 个）、乳制品（04 章，16 个）、水果（08 章，35 个）、咖啡和茶（09 章，25 个）、制粉工业产品（11 章，22 个）、油籽油料油脂（12 章及 15 章，分别有 15 个和 11 个）、肉及水产品制品（16 章，12 个）、糖（17 章，11 个）、糕点（19 章，17 个）、蔬菜水果制品（20 章，42 个）、杂项食品（21 章，15 个）、饮料及酒（22 章，10 个）等绝大部分农产品类别。

表 1 - 34　中国与欧盟农产品关税比较（2）（个,%）

HS 编码	中国					欧盟				
	非从价税占比	最低税率	最高税率	平均税率	关税高峰税目	非从价税占比	最低税率	最高税率	平均税率	关税高峰税目
01 章	0	10	5.38	0	0	0	11.5	1.21	0	49.2
02 章	10	25	18.81	50	0	0	15.4	5.15	6	75
03 章	0	17.5	10.93	16	0	0	26	11.12	53	0
04 章	0	25	13.42	16	0	0	17.3	5.34	1	94.7
05 章	0	20	10.83	4	1.4	0	5.1	0.09	0	0
06 章	0	23	9.75	2	0	0	10.9	6.85	0	0
07 章	0	13	10.97	0	0	0	15.2	8.49	0	19.8

续表

HS 编码	中国					欧盟				
	非从价税占比	最低税率	最高税率	平均税率	关税高峰税目	非从价税占比	最低税率	最高税率	平均税率	关税高峰税目
08 章	0	30	17.58	35	0	0	20.8	5.87	4	18.5
09 章	2	30	12.45	25	0	0	12.5	2.28	0	0
10 章	0	65	12.75	9	0	0	12.8	2.15	0	75.8
11 章	5	65	21.38	22	0	7.7	19.2	12.18	1	91.5
12 章	0	30	8.68	15	0	0	8.3	1.15	0	4.1
13 章	0	20	11.43	5	0	0	19.2	2.26	1	0
14 章	4	15	8.8	0	0	0	0	0	0	0
15 章	2	30	11.95	11	0	0	16	5.38	1	8.6
16 章	5	23	9.83	12	0	0	26	18.24	30	22.5
17 章	8	50	23.56	11	0	0	13.4	6.84	0	88.6
18 章	2	22	10.45	2	0	0	9.6	6.13	0	74.1
19 章	5	30	19.21	17	0	8.5	12.8	10.65	0	96.1
20 章	5	30	19.65	42	0	0	33.6	17.47	36	24.5
21 章	3	35	21.48	15	0	0	14.7	9.23	0	35.9
22 章	0	65	21.05	10	0	0	32	3.94	1	67.7
23 章	2	15	5.2	1	0	0	12	0.76	0	50
24 章	10	57	32.45	7	0	10	74.9	44.7	7	52.4

资料来源：根据 WTO 数据库数据整理。

注：平均关税：按照 HS6 位编码计算的简单平均最惠国关税税率；关税高峰税目：最惠国税率≥15%的 HS6 位税目个数。

四、贸易管理

（一）进出口限制

许可证制度。欧盟对几乎所有农产品均实行进口许可证制度。2014—2020 年，欧盟实行进出口许可证的农产品包括谷物、糖、种子、橄榄油、

亚麻和大麻、新鲜果蔬、加工果蔬、香蕉、红酒、活植物、牛肉、牛奶和乳制品、猪肉、羊肉、禽蛋、禽肉和农业原料的生物乙醇等。

尽管WTO《纺织品与服装协议》期满，但欧盟仍维持着对纺织品进口的数量监督措施。虽然欧盟采用自动进口许可，但依然增加了进口商的负担，对贸易造成了不必要的障碍。

关税配额。欧盟大量使用关税配额，是全球使用关税配额最多的WTO成员之一。欧盟农产品关税配额分为欧盟以配额内关税从第三国进口、出口关税配额、第三国以配额内关税从欧盟进口。不同产品的关税配额管理不一样，有的全部由欧盟管理，有的部分由欧盟管理。关税配额的分配有先到先得法、比例分配法和兼顾传统与新增贸易商法。关税配额的有效期从几周到1年不等。根据WTO对欧盟2015年贸易政策审议报告，2014年欧盟实行关税配额的产品共有140个，占全部税号的5%。

特保措施。特保措施（SSG）是指当进口数量或进口价格达到触发标准时，在原关税基础上再额外征收一定的关税。在乌拉圭回合谈判中，欧盟15国保留了对谷物、糖、果蔬和加工果蔬、牛肉、牛奶和乳制品、猪肉、羊肉、禽蛋、禽肉、香蕉和葡萄汁共539个税目的农产品实行特保的权利。这是全球最多的。而中国实行特保的农产品税目数量为零。但欧盟实际使用特保的产品范围很小，根据WTO贸易政策审议报告，2015年，欧盟对15种水果蔬菜（基于数量）、19种禽类和食糖（基于价格）实行特别措施，但都没有达到触发点。

特定产品进口管理。欧盟对谷物、麻类、红酒、啤酒花、原糖等实行特定产品进口管理措施。

（二）补贴

欧盟长期实行农业补贴。1962年欧盟开始实施共同农业政策（CAP），推动农业市场一体化，对内实行以统一价格、农业补贴为核心的支持政策，对外实行关税壁垒。根据内外部环境变化，共同农业政策经历了若干次调整。2003年的改革重点是降低支持价格，将补贴与生产脱钩，意味着欧盟在以市场为导向、增强农业竞争力方面迈出了一大步。2013年的改革通过了CAP2020，计划通过7年时间（2014—2020年），调整农业补贴的直接支付水平，并且明确下一步目标是调低农业补贴预算，深化欧盟农业生产的市场化改革，提高农产品国际竞争力，同时加强对农民收入保障、自然资源保护等的政策性支持，实现农业可持续发展。总体而言，随着共同农业政策改革的逐步推进，欧盟有望继续减少补贴政策（蓝箱及黄箱政策）对贸易产生的扭曲，进一步提高农业和农产品的贸易自由化和全球一体化程度。

欧盟共同农业政策的实施，使欧盟从世界上最大的农产品净进口地区转变为农产品出口地区，奶制品、糖以及禽肉的出口量居世界首位或前列。

中国从 2004 年开始实行农业补贴，对提高农业综合生产能力和农民收入、推动农业结构调整等起到了积极作用，但在支持的目标、结构、方式方面依然存在不足，支持力度还需进一步提高。

此外，欧盟还对飞机和船舶制造、渔业、烟草、酿酒等行业实行补贴。

（三）贸易救济

反倾销是欧盟最主要的贸易救济手段。中国是欧盟两反的重要对象。近年欧盟委员会降低了发起贸易救济调查的难度。2017 年，欧盟发起反倾销 9 起，其中对华 3 起；反补贴 2 起，对华 2 起；两反 11 起，对华 5 起。

根据欧盟非食品类消费品快速预警系统（RAPEX）发布的统计，2016 年，中国共被通报 1069 例，占总数的 53%。

近年来，双边贸易协定越来越多地在解决缔约伙伴之间贸易争端方面发挥关键作用。实践中，已经有不少双边协定放弃或者限制采取贸易救济措施的做法。例如，加拿大与智利、新加坡的贸易协定限制使用反倾销措施；欧盟与智利协定，新西兰与新加坡、中国和泰国的协定，美国与以色列、韩国和新加坡的协定，都限制使用保障措施。

五、中欧货物贸易前景

（一）高水平产业内贸易发展仍有空间

欧盟是中国最大的贸易伙伴、进口来源地和第二大出口市场。2016

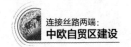

年，中国与欧盟贸易总额5470.2亿美元，占中国对外贸易总额的14.8%。1995—2015年的20年间，中国对欧盟出口年均增长15.4%，比同期中国总出口增速快0.8个百分点，中国从欧盟进口年均增速12.0%，略低于中国总进口增速。但中国从欧盟进口的消费类产品高速增长。1995—2015年，按照HS两位码分类的98章中有25章的进口产品年均增长速度超过20%，其中烘焙制品、食用坚果、皮革制品、肉、可可和化妆品的年均增速都超过30%。

近20年，中国和欧盟的贸易结构稳定。以HS两位码分类为基准，2015年中国对欧盟出口的前10大类别与1995年高度重合。除皮革制品被光学仪器取代，其他9大类产品仍然在列，分别是电气设备、机械、服装、家具床上用品、鞋、玩具运动器材、有机化学品、塑料、钢铁产品；前十大产品的出口集中程度显著提高，从1995年占中国对欧盟出口总额的59.8%，提高到2015年占比74.7%，增加近15个百分点；从进口看，除谷物、船舶类产品被药品和铜制品取代外，中国从欧盟进口的其他8大类产品保持不变，分别是机械、汽车、电器、光学仪器、飞机、塑料、有机化学品、钢铁。前10大进口产品占总进口的比重从1995年的81%降到2015年的75%。

中欧高水平产业内贸易分布较广。2015年，中国与欧盟产业内贸易有426个行业（HS六位码）达到了高水平的程度。在22个大类（HS分类）中，除第12大类鞋帽伞产业外，其余21个产业分类都存在高水平的产业内贸易分布，但主要集中在电子机械领域（84和85章），2015年这部分贸易额占高水平产业内贸易总额的51%，其次是汽车、贱金属、化学品、光学仪器和塑料。但高水平产业内贸易额在中国整体对欧盟贸易中仅占6.5%。

（二）农产品贸易受限于欧盟的关税与非关税壁垒

中欧农产品贸易在中欧整体贸易中所占比重不高，近年来在3%左右徘徊。相比较而言，中国从欧盟的农产品进口近年来增长较快，2015年占比上升到5.6%。中欧农产品贸易结构相对稳定。中国对欧盟出口的农产品主要是动物产品、植物产品、加工制品和纺织原料。中国从欧盟进口的农产品主要是加工制品和动物产品，其中加工制品进口占比高，且进口额呈不断扩大趋势。

过去16年，中欧农产品贸易额占双方贸易总额的比重较低，阻碍因素在于两个方面：一是传统贸易壁垒中的关税高峰与关税升级①，以及大量使用非从价税，该问题在欧盟方面表现明显。欧盟关税高峰涉及的产品包括：乳清及含原乳成分的产品（209.9%），牛、猪、绵羊、山羊、马、驴、骡的可食用杂碎（192.2%），绵羊及山羊肉（鲜的、冷藏及冷冻的，172.9%），冷冻牛肉（149.9%），蘑菇（134.5%），牛奶及乳酪（103.3%），稻米的粗粉及细粉（101.1%）等。此外，部分肉类、鱼类、水果蔬菜类商品以及部分食品、饮料、烟草等农产品也维持了"关税高峰"。欧盟在谷物、肉类产品以及水果蔬菜等产品上存在明显的关税升级。据世界贸易组织统计，2014年欧盟6位税号农产品使用非从价税的税目比率高达46.5%，而美国和日本分别为41.8%和18.5%，中国仅为0.4%。二是欧盟方面的绿色壁垒，尤其是涵盖在生产、消费和回收环节的产品环境标准成为中国农产品扩大向欧盟出口的制约因素。如欧盟法规中以氟草胺、啶虫脒、活化酯和己唑醇为代表的农药最大残留限量标准对我国农产品出口具有明显的抑制作用，也造成2011年后中国农产品对欧盟出口整体呈现下降趋势。

（三）中方在关税减让方面需承受更多压力

自2001年加入WTO以来，中国积极履行承诺，逐年削减关税和非关税壁垒，放松管制，至2010年所承诺的关税减让义务已全部履行完毕。按简单平均税率计算，中国的关税整体水平2016年为9.9%，其中农产品为15.5%，非农产品为9.0%。欧盟的平均关税水平整体低于中国，2016年简单平均税率为5.2%，其中农产品为11.1%，非农产品为4.2%。

---

① WTO通常将超过15%的关税水平称之为"关税高峰"，但实际考虑农产品自身特点，国际上通常将关税税率等于或高于100%的农产品的关税定义为"关税高峰"。依据不同的加工程度征收不同的关税是国际通行的做法，欧盟根据加工度的深入而不断提高关税，这一做法被称之为"关税升级"。

从关税的分布情况看，中国的零关税和低关税产品①所占比例远低于欧盟。中国农产品中零税产品占 7.2%，非农产品中零税产品占 6.9%，而欧盟的农产品和非农产品零税产品比例分别为 31.7% 和 26.4%；税率不大于 5% 的农产品和非农产品比例，中国为 6.9% 和 18.8%，欧盟为 10.7% 和 37.6%；从高关税产品的分布来看，欧盟高关税农产品所占比例明显大于中国。关税在 25% 或以上的商品，欧盟农产品比例为 11.0%，中国为 9.3%；而非农产品方面中国的高关税产品所占比例高于欧盟，分别是 1.2% 和 0.1%

中国与欧盟非农产品中都存在关税高峰。从 6 位税号看，中国非农产品关税税率大于或等于 15% 的 6 位税号产品总计 563 个，分散在 17 大类别之中②；而欧盟仅 15 个，分布在鞋靴（64 章，11 个）和汽车（87 章，4 个）2 大类。

与非农产品关税高峰仅仅分布在两大类产品上不同，欧盟农产品的关税高峰分布稍广，平均最惠国税率高于或等于 15% 的 6 位税号达到 141 个，涉及 11 类产品，主要集中在水产品及制品（03 章及 16 章）和蔬菜水果制品（20 章），分别为 53、30、36 个 6 位税目。而中国的关税高峰农产品，除了 01 章、07 章与 14 章外，剩余的 21 类农产品中都有分布，尤以肉类（02 章，50 个 6 位税目）、水果（08 章，35 个）、咖啡和茶（09 章，25 个）、制粉工业产品（11 章，22 个）、蔬菜水果制品（20 章，42 个）5 类农产品居多，平均最惠国税率高于或等于 15% 的 6 位税号达到 327 个。

结合高关税税率与关税高峰的分布，可以看出：

工业品领域，中国与欧盟对纺织服装、鞋靴、汽车等产业的关税保护

---

① 小于 5% 的。

② 主要分布在橡胶（40 章，21 个 6 位税目）、皮革制品（42 章，11 个）、服装（61 及 62 章，151 个）、纺织制成品（63 章，19 个）、鞋靴（64 章，20 个）、水泥、石料（68 章，15 个）、玻璃及制品（70 章，15 个）、宝石、贵金属及首饰（71 章，11 个）、钢铁制品（73 章，16 个）、机电产品（84 及 85 章，60 个）、汽车（87 章，26 个）、光学及精密仪器设备（90 章，12 个）、钟表（91 章，29 个）、乐器（92 章，13 个）、杂项制品（96 章，43 个）。

高度重合，由于都需要保护，因此未来谈判中上述 3 个产业成为焦点的可能性不大。而在化工、机电产品，由于中国产品在技术、质量稳定性、品牌等方面与欧盟还存在差距，未来面临欧盟产品竞争，一方面中国可能需要较高关税水平保护国内产业发展，另一方面，欧盟则渴望获得中国经济高速增长所蕴含的巨大商业机会，因而中国在这些类别产品的关税减让问题上面临压力。

农产品领域，发达国家与发展中国家普遍对农业的保护力度高于制造业，因而中欧建设自由贸易区都面临农产品关税成本降低的压力。根据WTO 的分类统计，在 11 大类农产品①统计中，动物产品、乳产品、水产品及其制品 3 大类产品，欧盟的关税水平高于中国。从海关协调制度编码6 位税号看②，欧盟水产品及制品（3 章及 16 章）和烟草制品（24 章）的平均最惠国税率高于中国，其余 2 位税号的农产品平均最惠国税率中国都高于欧盟。因此在上述农产品领域，如致力于达成高水平自由贸易协定，则中国与欧盟均面临调整。对于欧盟而言，除了降低关税，其对农产品关税所实施的复杂管理同样面临调整的任务，包括大量使用非从价税、采用季节性和选择性关税、对深加工产品提高关税等。

（四）零关税模式下中欧建成自贸区的收益

GTAP 模型测算显示，零关税情况下，与未建成自由贸易区比较，2030 年，中国与欧盟③的农产品产业产出分别增长 0.30% 和 0.11%；非农产品领域，中国的加工食品、纺织服装皮革、自然资源、其他制造业的产出同期分别增长 0.23%、5.03%、0.37% 和 0.44%，欧盟的金属与机械设备、交通工具的产出分别增长 0.99% 与 3.75%。中国与欧盟产业产出的增长基本体现了中欧双方当前的产业竞争比较优势所在，中欧自贸区的建成有助于双方的优势产业进一步发挥比较优势。与产业产出增长相关联，2030 年，中国的纺织服装皮革和加工食品行业的出口增长最为明显，分别

---

① 包括水产品在内。
② 涉及海关协调编码的 1 – 24 章。
③ 指欧盟 28 个成员国。

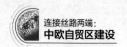

达到 12.53% 和 4.24%，同时，交通工具行业尽管产出降低，但其出口仍然增长达到 4.11%，反映了自贸区的建成有助于加强中欧产业内垂直分工，通过向欧盟国家出口更多交通工具类中间投入品，中国的交通工具出口实现增长；而欧盟的农产品、金属与机械设备、交通工具行业的出口增长显著，分别达到 0.83%、1.99% 和 5.83%。

第二章　服务业市场准入

欧盟是全球服务贸易第一大实体。而从单一国别来说，中国仅次于美国，在全球服务贸易中排名第二。目前，中欧双边服务贸易额不到1000亿美元，中国是欧盟第三大服务贸易伙伴，位列美国和瑞士之后。未来中国对欧盟服务贸易在建筑、金融、运输、商贸等优先行业领域具有较大潜力。

一、中欧服务贸易发展与服务业开放对比

(一) 中欧双边服务贸易发展现状

根据 OECD 统计数据库显示，欧盟最主要的服务贸易伙伴是美国，2013 年占到欧盟域外出口的 26.2%，进口占到 30.3%；2014 年服务出口占欧盟总服务出口的 27.5%，进口占 31.9%。2015 年欧盟向美国服务出口达到 2504.0 亿美元；进口为 2359.6 亿美元（见表 2 - 1）。

表 2 - 1　欧盟服务贸易进出口统计（百万美元）

国家/地区	出口			进口		
	2013 年	2014 年	2015 年	2013 年	2014 年	2015 年
世界	930155	1000182	911547	726396	786328	748455
日本	32308	34613	31016	19594	19939	17543
美国	243644	264266	250397	220355	251139	235955
中国	36466	39300	41402	27936	30339	29264
越南	2190	2123	1871	2028	2262	2003
新加坡	22540	27286	28441	19574	21443	23797
加拿大	23440	21712	19960	15466	14884	13370

资料来源：OECD 服务贸易双边数据库。欧盟对世界的服务贸易指的是域外。

相比之下，2013 年欧盟对中国的服务贸易出口占总出口的 3.9%，进口占 3.8%；2015 年中国向欧盟出口仅有 292.6 亿美元，进口为 414.0 亿美元。从 2015 年的整体占比来看，中国占欧盟服务贸易出口的 4.5%，占欧盟服务贸易进口的 3.9%。

2013 年，欧盟最大的服务贸易项目是"其他商业服务"，总共占到出口服务的 25% 和进口的 28%。其中，专业服务和技术服务①、与未说明的其他商业服务占到出口的 10.9% 和进口的 9.6%，其 2013 年贸易盈余为 260 亿欧元。而金融服务，包括保险服务与养老服务，产生了最大的贸易盈余，达到 640 亿欧元，占欧盟域外服务贸易盈余的 35%。

（二）中欧服务业开放指标体系

由于服务贸易的无形性、异质性和多样性，长期以来，服务贸易壁垒难以像货物贸易一样量化。OECD 建立了衡量各国服务贸易壁垒的服务贸易限制指数（Service Trade Restrictiveness Index，STRI），将服务贸易壁垒分为五类：外贸所有权和其他市场准入限制、人员流动限制、其他歧视性措施和国际标准、竞争和国有壁垒、监管透明度和管理要求。

1. 中国

2015 年，中国服务贸易进出口总额达 6497.7 亿美元，中国是全球第二大服务贸易国，其中出口 2164.9 亿美元，排名全球第五，占比 4.5%；进口 4332.9 亿美元，排名全球第二，占比 9.3%。

中国服务贸易限制指数介于 0.861~0.243，其中：快递服务限制指数最高（0.861），计算机服务限制指数最低（0.243）。中国所有 22 个领域的服务贸易限制性指数均高于世界平均值和 OECD 平均值，19 个领域的服务贸易限制性指数高于非 OECD 国家平均水平，与其他 7 个非 OECD 国家相比，中国开放程度较高的服务行业是仓储、建筑设计和计算机服务。2015 年版的中国《外商投资产业指导目录》分为鼓励、限制、禁止和允许

---

① 法律服务、会计服务、建筑服务、工程服务等。

四类①，但该目录与 EBOPS 或《国际标准行业分类法》（ISIC）②存在分类上的差异，因而在计算服务贸易限制性指数时，各领域不能和目录列表准确匹配。在服务贸易限制性指数所包含的服务中，建筑领域的一些服务、某些计算机服务、某些工程活动、铁路基础设施管理、公路运输、一部分海运服务、分销和会计的一些服务是受到鼓励的；大多数电影和广播领域以及邮政和国内快递服务是被禁止的；其他领域则视不同条件而被允许。所有拟议的外国投资项目必须接受审核和批准。其他横向管理措施还包括资本转移的条件、对跨境兼并和收购的限制、针对临时服务提供方的劳动力市场测试以及缺少进入公共采购市场的机会。

中国服务贸易限制指数分值最低的三个领域分别为计算机、工程和建筑设计服务。许多计算机服务和工程服务都属于受鼓励的外国直接投资类别，建筑业属于允许类别。某些服务，尤其是住宅设计，对外国注册建筑师设置了要求，建筑业没有外国股权限制，外国人可以成立建筑公司并雇用注册建筑师。

中国服务贸易限制性指数分值最高的领域分别为快递、电视广播和空运服务。只要涉及外国投资，快递服务和广播行业都在禁止领域之列。但是，快递服务和广播行业并非完全排斥国际贸易，外国速递公司可以参与跨境贸易，提供从中国境外向国内的速递服务。在广播行业，中国允许外国和当地公司成立契约式合资企业制作电视节目。在航空运输行业，主要的运输公司为中国的国有企业，外商最高可拥有运输公司49%的股权。

2. 英国

2015 年，英国服务贸易进出口总额为 5469.0 亿美元，英国是全球第四大服务贸易国，其中：出口 3404.9 亿美元，全球占比 7.1%，居全球第二位；进口 2064.1 亿美元，全球占比 4.4%，居全球第五位。

英国服务贸易限制指数介于 0.336~0.088，其中：空运限制指数最高（0.336），物流服务中的货物配送服务限制指数最低（0.088）。在 22 个领

① 外商投资产业指导目录分为鼓励、限制和禁止三大类。其他目录中没有涵盖的均为允许类。

② EBOPS：Extended Balance of Payments Services classification，经合组织采用的服务业分类标准；ISIC 是联合国采用的行业分类标准。

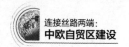

域中，英国有 19 个领域的服务贸易限制性指数的分值低于世界平均值，17
个领域的服务贸易限制性指数的分值低于 OECD 平均值，是 OECD 国家中
市场最为开放的。英国没有设置针对外商投资的一般限制条件，在规则制
定过程以及在注册公司和获得执照等相关行政要求方面，英国是全球保持
最佳透明度的国家之一。英国对于临时提供服务的外国工人没有设置任何
限额或执行劳动力市场测试。但是，英国限制了自然人停留的时间，在一
年内，合同服务提供方和单独的专业人员在英国的停留时间不得超过 6 个
月。公司内部调任人员第一次获得入境许可证时，根据其薪资水平，可在
该国停留 12 至 24 个月。

英国服务贸易限制指数分值最低的三个领域分别为货物配送服务、分
销和海关报关服务。在这三个领域，英国并未针对外国经营者、零售商和
批发商的准入和经营设置任何重要限制。

英国服务贸易限制性指数分值最高的服务领域分别为航空运输、会计
和建筑设计服务，其中会计和建筑设计服务分值均高于世界平均水平和
OECD 平均水平。航空运输是英国唯一设置外资股权限制的服务领域，且
欧盟（EU）监管措施适用于航空服务，非欧盟国家公民在英国航空公司
中的权益股限定在 49% 以内。在专业服务领域，英国对于来自欧盟的专业
从业人员的资格认可遵从于欧盟内部指令，但对于欧盟以外人员，需满足
附加条件方可认可资格，其中包括专业资格考试和当地专业培训。

3. 德国

2015 年，德国服务贸易进出口总额达 5571.9 亿美元，德国是全球第
三大服务贸易国，其中：出口 2595.6 亿美元，全球占比 5.4%，居全球第
三位；进口 2976.3 亿美元，全球占比 6.4%，居全球第三位。

德国服务贸易限制指数介于 0.356～0.087，其中：空运限制指数最高
（0.356），分销服务限制指数最低（0.087）。在 22 个领域中，德国有 20
个领域的服务贸易限制性指数的分值低于世界平均值，16 个领域的服务贸
易限制性指数的分值低于 OECD 平均值，在 OECD 国家中开放程度较高。
德国对服务业市场的准入门槛主要体现在对自然人临时流动的限制，要求
服务提供方要进行劳动力市场测试，合同制服务提供方的人员临时流动也
同样受到限制。

德国服务贸易限制指数分值最低的三个领域分别为分销、建筑和货物配送服务。德国针对批发和零售业务的准入几乎没有限制，仅对开始营业的时间有所规定，建筑和货物配送领域也没有特别的限制。

德国服务贸易限制性指数分值最高的领域分别为航空运输、法律和工程服务，其中：工程服务分值高于世界平均水平和 OECD 平均水平。航空运输也是德国唯一设置外资股权限制的服务领域。在法律服务领域，德国要求有限责任合伙公司的大部分股份和表决权必须由拥有德国或欧盟成员国本地执照的律师持有。原则上，外国律师只要通过本地考试即可获得执照，与资格互认相关的欧盟指令适用于德国。

4. 法国

2015 年，法国服务贸易进出口总额达 4725.1 亿美元，法国是全球第五大服务贸易国，其中：出口 2407.7 亿美元，全球占比 5.0%，居全球第四位；进口 2317.4 亿美元，全球占比 5.0%，居全球第四位。

法国服务贸易限制指数介于 0.497 ~ 0.060，其中：会计服务限制指数最高（0.497），货物配送服务限制指数最低（0.060）。在 22 个领域中，法国有 18 个领域的服务贸易限制性指数的分值低于世界平均值，17 个领域的服务贸易限制性指数的分值低于 OECD 平均值，在 OECD 国家中开放程度较高。法国不存在适用于所有领域的横向投资障碍，但对自然人的流动有一些特别规定，如劳动力市场检查、在国家的停留时长等。

法国服务贸易限制指数分值最低的三个领域分别为货物配送、海关报关和工程服务。在物流服务的货物配送和海关报关领域内，法国没有设置过多的投资障碍以及妨碍经营者之间开展竞争的监管措施，工程服务除了与人员流动相关的横向措施以外，也并未设置任何具体障碍。

法国服务贸易限制性指数分值最高的领域分别为会计、法律和空运服务，其中会计和法律服务分值均高于世界平均水平和 OECD 平均水平。在航空运输领域，法国对非欧盟提供方进入该国有外商投资股权限制（设定为 49%），航空公司空位分配方式也受到管制，阻碍了市场的开放。在专业服务领域，法国通过要求参与当地资格考试以及限制公司董事会席位，来严格监管法律和会计职业。

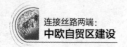

二、中国服务业市场开放与外资准入

（一）WTO 对中国服务业开放相关的政策审议

1. 第一次贸易政策审议

2006 年，WTO 对中国进行了第一次贸易政策审议，肯定了中国加入世贸组织做出的努力。自 2001 年加入 WTO 以来，中国政府坚定不移地实行了改革开放政策，进一步健全了市场经济体制，切实维护了多边贸易体制。在法律和透明度方面，根据 WTO 规则和所作的承诺，从 1999 年底至 2005 年底，中国政府制定、修改和废除了 2000 余件法律、法规和章程。关税制度也进行了积极改革，平均关税水平从 2001 年的 15.6% 降为 2005 年的 9.7%，非关税贸易措施也迅速减少，中国在货物、服务等领域所作的承诺逐步落实，对外开放水平进一步提升。

2. 第二次贸易政策审议

2008 年，WTO 对中国进行了第二次贸易政策审议。政策审议报告认为：中国经济贸易及投资方面的改革使得其更快地融入了世界经济，在贸易政策方面，关税仍是中国主要的贸易政策工具，同时中国保留了一些对出口的主要限制措施包括征收出口税、减少出口增值税退税、许可和配额等。

3. 第三次贸易政策审议

2010 年，WTO 对中国进行了第三次贸易政策审议。中国在世界经济和多边贸易体制中的地位不断加强，在贸易保护主义抬头的背景下，成员国既肯定了中国为全球经济走出困境所做的贡献，也针对中国的贸易政策透明度、技术贸易措施、出口退税和补贴、出口限制、知识产权执法、产业政策、政府采购以及服务业进一步开放等提出了问题。

4. 第四次贸易政策审议

2012 年，WTO 对中国进行了第四次贸易政策审议。WTO 成员普遍认为，在全球金融和经济危机影响持续、经济形式持续恶化的背景下，中国政府为保持本国经济增长进一步深化了改革，扩大了内需，加速了经济结构调整和经济增长模式的转变，并抵制了贸易保护主义的压力，保持了市场开放，为全球经济的复苏做出了贡献。与此同时，WTO 成员对中国的要求越来越高，希望中国能保持更加开放和透明的贸易政策，尤其在服务业领域。

5. 第五次贸易政策审议

2014 年，WTO 对中国进行了第五次贸易政策审议。总的来看，各成员积极评价了中国在经贸领域取得的巨大成就和在世界经济体系中的地位，充分肯定了十八大以来，中国全面深化改革，扩大开放取得积极成果，并对上海自由贸易试验区推进的务实开放实践更是给予了高度评价，对电信、金融服务、建筑工程服务、教育、运输服务及自然人流动等服务业开放给予了正面评价。

6. 第六次贸易政策审议

2016 年，WTO 对中国开展了第六次贸易政策审议。WTO 成员对中国进一步深化改革和扩大对外开放表示充分肯定，对中国经济保持快速增长并为其他成员带来市场机遇给予积极评价，对中国坚持多边贸易体制表示赞赏，对中国支持最不发达国家贸易发展、促进南南合作、积极发挥负责任大国作用表示感谢。同时，也对中国贸易政策透明度、国有企业和补贴、知识产权保护、产能过剩、进口非关税措施、外资环境及制度安排、中国参与多边贸易体制等方面表示关注，提出了问题和建议。

综上所述，WTO 的审议比较全面，既考虑开放对经济发展的影响、积极的促进作用，同时对贸易投资制度的改进完善、贸易政策及其实施措施对推动开放的效果进行具体评价，又分行业，特别是对服务业的细分行业开放的进展及问题进行客观评价。这种以各国加入承诺水平为基础，重视定性评价，又重视动态进展描述性评价的方法显示了其客观公正性。尽管在历次审议中，美欧等发达经济体也不断提出各种质疑，但并无碍审议正面评估结果。

(二) 中国服务业领域的外商投资政策

利用外资是中国对外开放基本国策和开放型经济体制的重要组成部分，在经济发展和深化改革进程中发挥了积极作用。改革开放以来，中国

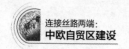

主动作为，持续修订外商投资指导目录，制定吸引外资的政策举措，不断提升对外开放水平，以开放促改革、促发展。随着产业结构调整和服务经济的发展，自2011年以来，中国服务业吸收外资超过制造业，成为吸收外资的第一产业。在新修订的外商投资产业指导目录和积极利用外资的政策举措中，进一步扩大服务业开放受到充分重视。

1. 利用外资政策的变化

面临新形势新任务，2017年中国公布了《国务院关于扩大对外开放积极利用外资若干措施的通知》（国发〔2017〕5号），明确提出要进一步积极利用外资，继续深化简政放权、放管结合、优化服务改革，创造更加开放、便利、透明的营商环境，降低制度性交易成本，实现互利共赢。其中，对服务业开放做出了重要部署。

（1）进一步扩大服务业开放

放宽服务业等领域外资准入限制。支持外资参与创新驱动发展战略实施、制造业转型升级和海外人才在华创业发展。服务业重点放宽银行类金融机构、证券公司、证券投资基金管理公司、期货公司、保险机构、保险中介机构外资准入限制，放开会计审计、建筑设计、评级服务等领域外资准入限制，推进电信、互联网、文化、教育、交通运输等领域有序开放。

（2）服务业相关的政策举措

外商投资企业和内资企业同等适用"中国制造2025"战略政策措施。鼓励外商投资高端制造、智能制造、绿色制造等，以及工业设计和创意、工程咨询、现代物流、检验检测认证等生产性服务业，改造提升传统产业。

支持内外资企业、科研机构开展研发合作。支持外商投资企业建设研发中心、企业技术中心，申报设立博士后科研工作站。根据对等原则，允许外商投资企业参与承担国家科技计划项目。外商投资企业同等适用研发费用加计扣除、高新技术企业、研发中心等优惠政策。

支持海外高层次人才在华创业发展。对持有外国人永久居留证的外籍高层次人才创办科技型企业，给予中国籍公民同等待遇。对外籍高层次人才及其外籍配偶、子女申请办理多次签证或者居留证件的，依法依规提供便利。

（3）进一步创造公平竞争环境

除法律法规有明确规定或确需境外投资者提供信息外，有关部门要按照内外资企业统一标准、统一时限的原则，审核外商投资企业业务牌照和资质申请，促进内外资企业一视同仁、公平竞争。

促进内外资企业公平参与中国标准化工作。进一步深化标准化工作改革，提高标准制修订的透明度和开放度。推进标准制修订全过程信息公开，强化标准制修订过程中的信息共享和社会监督。

深化政府采购改革，坚持公开透明、公平竞争原则，依法依规对外商投资企业在中国境内生产的产品一视同仁、平等对待，促进内外资企业公平参与政府采购招投标。

依法依规严格保护外商投资企业知识产权。健全知识产权执法机制，加强知识产权执法、维权援助和仲裁调解工作。加强知识产权对外合作机制建设，推动相关国际组织在中国设立知识产权仲裁和调解分中心。

支持外商投资企业拓宽融资渠道。外商投资企业可以依法依规在主板、中小企业板、创业板上市，在新三板挂牌，以及发行企业债券、公司债券、可转换债券和运用非金融企业债务融资工具进行融资。深化外商投资企业注册资本制度改革。

（4）进一步加强吸引外资工作

允许地方政府在法定权限范围内制定出台招商引资优惠政策，支持对就业、经济发展、技术创新贡献大的项目，降低企业投资和运营成本，依法保护外商投资企业及其投资者权益，营造良好的投资环境。支持中西部地区、东北地区承接外资产业转移。推进外资跨国公司本外币资金集中运营管理改革。积极吸引跨国公司在中国设立地区总部和采购中心、结算中心等功能性机构，允许外资跨国公司开展本外币资金集中运营，促进资金双向流动，提高资金使用效率和投资便利化水平。

深化外商投资管理体制改革。推进对外商投资全面实施准入前国民待遇加负面清单管理模式，简化外商投资项目管理程序和外商投资企业设立、变更管理程序。推进审批环节并联办理，缩短海关登记、申领发票等环节办理时间。加大电子政务建设力度，推行一口受理、限时办结、进度可查询，提升外商投资管理信息化水平。推进自由贸易试验区建设，在更

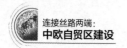

大范围推广复制经验。

2. 外商投资产业指导目录

2016 年，中国对《外商投资产业指导目录》进行了第 7 次修订。在以往开放的基础上，服务业重点放开公路旅客运输、外轮理货、资信调查与评级服务等领域。对于原限制类中的博彩业（含赌博类跑马场）、色情业等，按照内外资一致原则管理。保持鼓励类政策稳定，继续鼓励外资投向现代服务业等领域。

（三）对外签署的自贸协定中的服务业开放

通过对外签署自由贸易协定是深化改革、扩大开放的重要路径。自2002 年中国与东盟签署《中国—东盟全面经济合作框架协议》并决定在2010 年建成中国—东盟自贸区以来，陆续签署了 12 个自贸协定①，服务业开放或服务贸易也成为协定的基本内容之一。鉴于中国服务业发展水平，2015 年以前签署的 FTA 承诺中，中国往往采用"正面清单 + 准入后国民待遇"的模式。在全面深化改革、扩大开放的新形势下，2015 年以来中国开始在 FTA 中对未来利用准入前国民待遇和负面清单开展服务贸易和投资谈判做出承诺，成为中国进一步扩大服务业开放的重要标志。

1. 对外签署的自贸协定

2010 年 1 月 1 日，中国—东盟自由贸易区正式成立，成为发展中国家间最大的自贸区。为了促进双边服务贸易进一步开放，2011 年双方签署了《关于实施中国—东盟自贸区〈服务贸易协议〉第二批具体承诺的议定书》，对服务业开放做出更加细致的安排。中国—巴基斯坦、中国—智利自由贸易区也是发展水平较高的 FTA。2008 年 12 月，中巴双方就服务贸易协定的内容和市场开放达成了一致；同年，中智两国签署的《中智自贸区服务贸易协定》当中，中国对于环境服务、计算机服务及管理咨询等 23个部门和分部门，智利对于建筑设计、工程等 37 个部门和分部门承诺将进一步向对方开放。此外，中国与新加坡、秘鲁等国也通过 FTA 协定推动了双边服务业市场的进一步开放，增进优势互补，加强双边合作关系。

---

① 截至 2016 年底，未包括中国与香港、澳门、台湾地区签署的自贸协定。

2013 年 7 月，中国与瑞士签署自由贸易协定，这是中国与欧洲国家签署的第一个自贸协定，也是近年来，中国对外达成的开放水平最高的自贸区协定之一。中国在服务贸易条款中新增加了最惠国待遇条款，同时在服务贸易章节的附件中对金融服务进行了单独规定，此外，中国根据形势发展，对证券、医院服务等行业做出了进一步的开放承诺。

2015 年 6 月，中国与韩国签署自由贸易协定，这是东北亚地区第一个自由贸易协定，有助于促进区域经济一体化和产业链的全面融合。在中韩自贸协定中，中国承诺未来采用准入前国民待遇和负面清单开展服务贸易和投资谈判，设立了电子商务章节，并增加了地方经济合作相关内容。

2015 年 6 月，中国与澳大利亚签署了自由贸易协定，这是中国首次与经济总量较大的主要发达经济体谈判达成的自贸协定，是一个全面、高质量的自贸协定。在货物贸易领域自由化水平较高，在服务贸易领域澳大利亚成为首个对中国以负面清单方式作出服务贸易承诺的国家，在中医"走出去"、双方人员往来等方面实现重大突破。在双方未来商定的时间，以负面清单方式开展服务贸易谈判，推动实现更高的相互开放水平。

2015 年 11 月，中国与东盟签署了自由贸易协定"升级版"，这是中国在现有自贸区基础上完成的第一个升级协议。其中，在服务贸易方面双方完成了第三批服务贸易具体减让谈判，累计在建筑、旅游、金融、通讯等近 70 个分部门作出更高水平的开放承诺，并把跨境电子商务作为新议题纳入合作范畴。

目前，中国对外签署的 12 个 FTA 协定，除了中国—冰岛 FTA 还没有具体的承诺外，与在 GATS 中的承诺相比，在 11 个 FTA 中（中国—东盟 FTA、中国—巴基斯坦 FTA、中国—智利 FTA、中国—新加坡 FTA、中国—新西兰 FTA、中国—秘鲁 FTA、中国—哥斯达黎加 FTA、中国—瑞士 FTA、中国—韩国 FTA、中国—澳大利亚 FTA、中国—东盟 FTA "升级版"）都有一定的新增承诺部门和高于 GATS 承诺水平的部门，并逐渐开始突破传统服务业开放模式和领域，顺应国际贸易新规则和新议题发展开展了新探索。

2. 2015 年以前对外签署 FTA 的服务业开放承诺

鉴于中国服务业发展水平，在 FTA 承诺中，中国并未像发达国家以及

部分发展中国家一样，积极引入更高水平的服务业开放承诺模式，而是依旧使用"正面清单＋准入后国民待遇"模式。服务业扩大开放主要体现为两个方面，一是新增服务部门开放承诺，二是深化服务部门承诺。

（1）新增了服务部门开放承诺

8个FTA（见表2-2）中都新增了娱乐服务大类开放承诺，使得FTA中中国服务业开放承诺部门由对WTO的9大领域增加为10大领域，同时各个FTA中，相比GATS都有新增承诺开放子部门。在中国与东盟、巴基斯坦、智利、新加坡、新西兰、秘鲁、哥斯达黎加和瑞士的FTA中，服务业新增子部门分别为11、12、10、9、3、9、2和8。与管理咨询相关的服务、市场调研服务、机动车保养和维修服务、城市间定期旅客运输等是相对比较集中的新增子部门。

表2-2　中国在FTA中新增的服务部门

FTA	服务业新增承诺部门
中国—东盟FTA	市场调研服务；除建筑外的项目管理服务；与管理咨询相关的服务；人员安置和提供服务；建筑物清洁服务；在费用或合同基础上的印刷与装订服务；体育和其他娱乐服务（视听服务除外）；机动车的保养和维修服务（第1次承诺有，第2次承诺没有）；城乡定期旅客运输；城乡特殊旅客运输；城市间定期旅客运输；城市间特殊旅客运输
中国—巴基斯坦FTA	研究和开发服务；市场调研服务；与管理咨询相关的服务；与采矿相关的服务（只包括石油和天然气）；与科学技术相关的咨询服务；人员安置和提供服务；建筑物清洁服务；在费用或合同基础上的印刷与装订服务；医院服务；体育和其他娱乐服务；机动车的保养和维修服务；城市间定期旅客运输
中国—智利FTA	市场调研服务；与管理咨询相关的服务；人员安置和提供服务；建筑物清洁服务；与偶发性采矿相关的服务（只包括石油和天然气）；体育和其他娱乐服务（仅限于CPC96411、96412和96413，不包括高尔夫）；航空服务的销售与营销；机场运作服务；地勤服务；特别航空服务

— 72 —

续表

FTA	服务业新增承诺部门
中国—新加坡 FTA	医院服务；市场调研服务；与管理咨询相关的服务；人员安置和提供服务；建筑物清洁服务；在费用或合同基础上的印刷与装订服务；体育和其他娱乐服务；机动车的保养和维修服务；城市间定期旅客运输
中国—新西兰 FTA	与管理咨询相关的服务；体育和其他娱乐服务（视听服务除外）；机动车的保养和维修服务
中国—秘鲁 FTA	研究和开发服务；市场调研服务；与管理咨询相关的服务；与采矿相关的服务（只包括石油和天然气）；人员安置和提供服务；建筑清洁服务；在收费或合同基础包装材料的印刷；体育和其他娱乐服务（仅限于 CPC96411、96412 和 96413，不包括高尔夫）；城市间定期旅客运输
中国—哥斯达黎加 FTA	与采矿相关的服务（只包括石油和天然气）；体育和其他娱乐服务（仅限于 CPC96411、96412 和 96413，不包括高尔夫）
中国—瑞士 FTA	研发服务；市场调研服务；与管理咨询相关的服务；与采矿相关的服务；建筑清洁服务；在费用或合同基础上的印刷和装订服务；体育和其他娱乐服务（仅限于 CPC96411、96412 和 96413，不包括高尔夫）；机场地面服务

资料来源：根据中国世界贸易组织服务贸易具体承诺减让表和中国与东盟 FTA 服务贸易第一批具体承诺减让表、第二批具体承诺减让表以及中国与巴基斯坦、智利、新加坡、新西兰、秘鲁、哥斯达黎加、瑞士 FTA 服务贸易具体承诺减让表。

（2）深化了服务部门承诺

在中国与东盟、巴基斯坦、智利、新加坡、新西兰、秘鲁、哥斯达黎加和瑞士的 FTA 中，各有 18、17、18、18、9、10、3 和 18 个具体部门高于 GATS 中承诺水平（见表 2-3）。从部门看，中国对软件、房地产、环境、航空器维修服务、笔译和口译服务、计算机订座系统服务、饭店和餐馆的承诺水平不断深化，主要体现在市场准入方面不断放宽外资的持股比例等，也有部门体现在免除经营需求测试，如航空器的维修服务。

表2-3　中国在FTA中高于WTO承诺水平的服务部门

FTA	服务业高于WTO承诺的部门
中国—东盟FTA	系统和软件咨询服务；系统分析服务；系统设计服务；编程服务；系统维护服务；数据输入准备服务；涉及自有或租赁资产的房地产服务；以收费或合同为基础的房地产服务；笔译和口译服务；排污服务；固定废弃物处理服务；废气清理服务；降低噪声服务；自然和风景保护服务；其他环境保护服务；卫生服务；航空器的维修服务（删除了设立合资企业的营业许可需进行经营需求测试）；计算机订座系统
中国—巴基斯坦FTA	系统和软件咨询服务；系统分析服务；系统设计服务；编程服务；系统维护服务；数据输入准备服务；涉及自有或租赁资产的房地产服务；以收费或合同为基础的房地产服务；笔译和口译服务；排污服务；固定废弃物处理服务；废气清理服务；降低噪声服务；自然和风景保护服务；其他环境保护服务；卫生服务；饭店（包括公寓楼）和餐馆
中国—智利FTA	系统和软件咨询服务；系统分析服务；系统设计服务；编程服务；系统维护服务；数据输入准备服务；涉及自有或租赁资产的房地产服务；以收费或合同为基础的房地产服务；相关科学技术咨询服务；笔译和口译服务；排污服务；固定废弃物处理服务；废气清理服务；降低噪声服务；自然和风景保护服务；其他环境保护服务；卫生服务；计算机订座系统
中国—新加坡FTA	系统和软件咨询服务；系统分析服务；系统设计服务；编程服务；系统维护服务；数据输入准备服务；涉及自有或租赁资产的房地产服务；以收费或合同为基础的房地产服务；陆上石油服务；笔译和口译服务；排污服务；固定废弃物处理服务；废气清理服务；降低噪声服务；自然和风景保护服务；其他环境保护服务；卫生服务；计算机订做系统
中国—新西兰FTA	系统和软件咨询服务；系统分析服务；系统设计服务；编程服务；系统维护服务；数据输入准备服务；教育服务；航空器维修服务；计算机订做系统服务

FTA	服务业高于 WTO 承诺的部门
中国—秘鲁 FTA	系统和软件咨询服务；系统分析服务；系统设计服务；编程服务；系统维护服务；数据输入准备服务；涉及自有或租赁资产的房地产服务；以收费或合同为基础的房地产服务；笔译和口译服务；饭店（包括公寓楼）和餐馆
中国—哥斯达黎加 FTA	涉及自有或租赁资产的房地产服务；以收费或合同为基础的房地产服务；饭店（包括公寓楼）和餐馆
中国—瑞士 FTA	系统和软件咨询服务；系统分析服务；系统设计服务；编程服务；系统维护服务；数据输入准备服务；涉及自有或租赁资产的房地产服务；以收费或合同为基础的房地产服务；佣金代理业务；批发服务；排污服务；固定废弃物处理；废弃清理服务；降低噪声服务；证券服务（证券公司外资股比由三分之一上升为 49%）；海运报关服务；航空器的维修服务（删除设立合资企业的营业许可经营需求测试）；计算机订座系统服务（市场准入放开）

资料来源：根据中国世界贸易组织服务贸易具体承诺减让表和中国与东盟 FTA 服务贸易第一批具体承诺减让表、第二批具体承诺减让表以及中国与巴基斯坦、智利、新加坡、新西兰、秘鲁、哥斯达黎加、瑞士 FTA 服务贸易具体承诺减让表。

3. 2015 年以后对外签署 FTA 的服务业开放承诺

2015 年以后，中国对外签署了中国—韩国自贸协定、中国—澳大利亚自贸协定、中国—东盟自贸协定"升级版"，服务业开放的广度和深度进一步拓展。此外，中国与韩国、澳大利亚的自贸协定还在服务业开放模式和国际贸易新规则、新议题等方面作出了新探索。在中国与韩国、澳大利亚签署的自贸协定中，均作出了未来运用准入前国民待遇和负面清单开展进一步谈判的承诺。在中韩自贸协定中还首次纳入了地方经济合作相关内容，在中澳自贸协定中，首次就中医药服务"走出去"做出了具有法律约束力的承诺。

（1）中国—韩国自由贸易协定下的服务业开放

①实现了较高水平的服务贸易自由化

双方以各自在世贸组织多哈回合谈判的改进出价为参照，进一步解决

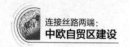
了彼此的重要利益关注。韩国在中国关注的速递和建筑服务领域，首次作出超出其所有现有自贸协定水平的承诺。中国也在韩国关注的法律、建筑、环境、体育、娱乐服务和证券领域，根据现行法律法规作出进一步开放承诺。同时，双方还就电影、电视合拍及出境游作出相应安排。关于法律服务，韩国律师事务所只能以代表处的形式提供法律服务。代表处可从事营利性活动。代表处可从事本国、第三国及国际法律事务，但不得从事中国法律事务。在中国上海、福建、广东、天津自由贸易试验区中，允许在自贸区设立代表处的韩国律师事务所，与中国律师事务所以协议方式相互派驻律师担任法律顾问并实行联营。联营期间，双方的法律地位、名称和财务保持独立，各自独立承担民事责任。联营组织的外国律师不得办理中国法律事务。关于建筑和相关工程服务，韩国建筑企业在中国申请建筑企业资质时更为便利。此外，在上海自由贸易试验区内设立的韩国建筑企业可以承揽位于上海市的中外联合建设项目。在这种情况下，将不受此类项目中的外资投资比例限制。由此，两国建筑产业交流将更加密切。关于环境服务，韩国环保企业可以在中国成立独资企业，从事城镇污水（不含50万人口以上城市排水管网的建设经营）、垃圾处理、公共卫生、废气清理和降低噪声服务，有利于两国产业加强环保技术交流，提升中国的环境保护能力和水平。关于娱乐服务，韩国企业可以通过合资、合作的形式在中国开展演出经纪、演出场所经营等业务，有利于扩大两国娱乐文化交流。关于体育和其他娱乐服务，韩国企业可以在中国设立独资企业，从事除高尔夫和电子竞技外的体育活动宣传、组织及设施经营业务，两国的体育文化交流得以深化。关于证券服务，韩国证券企业可以拓展与中国的合格境内机构投资者合作领域，有利于其深度参与中国的合格境内机构投资者发起的各类理财产品，也有利于中国的境内投资者参与韩国资本市场投资。

②设立过金融服务和电信单独章节

设立独立章节，专门处理这两个与服务贸易密切相关，关系到国计民生，同时又相对复杂的议题。这是中国首次在对外商签的自贸协定中单独设立金融服务章节，具体条款内容在我国加入世贸组织承诺和其他协定承诺水平基础上，依法依规做出了进一步开放承诺，体现了中国的开放态度。例如，在透明度方面，依照各自的国内法律法规要求，双方承诺将提高金融服务领域的监管透明度，为两国的金融服务提供者进入彼此市场并开展运营提供了政策确定性。又如在投资者与国家的投资争端解决方面，专门设置了事前磋商机制，可以通过两国金融主管部门就争议开展磋商，有助于以协商的方式解决分歧。这些安排都为密切和深化两国在金融领域的合作打造了良好的政策框架。

双方在电信章节达成了18项高承诺水平的条款。双方承诺加强主管部门间沟通，深化在电信领域国际标准化方面的合作，并将推动降低两国移动通信国际漫游资费水平等。这是中国首次在自贸协定中单独设立电信章节，为中国未来与其他发达国家商谈高标准的自贸协定奠定了扎实基础。同时，利于推动和深化两国电信产业的交流、合作与发展，并将进一步惠及两国民众。

③关于电子商务等新议题的承诺

中韩自贸协定还包括电子商务、环境等新议题。在中韩自贸协定中首次纳入电子商务等"21世纪经贸议题"，设立电子商务专章，是将致力于打造全面高标准自贸协定的具体体现。在电子商务专章共9个条款，包括总则、与其他章节关系、关税、电子认证和签名、电子商务中个人信息保护、无纸贸易、电子商务合作、定义及争端解决不适用条款。双方主要承诺：保持目前世贸组织WTO做法，不对电子传输征收关税；电子签名法律不得否认电子签名的法律效力，允许交易双方共同确定电子签名和认证方法，认证机构可向司法或行政部门证明其电子认证符合法律要求，鼓励数字证书在商业中应用，努力实现数字证书和电子签名互认；采取措施保护电子商务用户的个人信息，并就此交流信息和经验；努力向公众提供电子贸易管理文件，探索使电子贸易管理文件与纸质文件具有同等法律效力；就电子商务法律法规、规则标准和最佳实践等交流信息和经验，鼓励研究和培训等能力建设合作，鼓励企业间交流合作；双方还承诺在地区和多边论坛中加强合作。

④服务业开放的新探索

一是作出未来负面清单模式开展谈判的承诺。中韩自贸协定谈判分为两个阶段，目前达成的协定是第一阶段谈判成果。双方商定，在协定生效

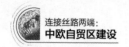

后两年内，以负面清单模式启动服务贸易的第二阶段谈判，争取实现更高的自由化水平。二是拓展地方经济合作、共同建设中韩产业园。双方在自贸协定中纳入地方经济合作内容，一方面是因为中韩两国地理相邻、人文相近，通过自贸区建设进一步加强两国地方合作，有利于促进地方经济发展，同时从地方层面促进两国经济实现深度融合；另一方面是让两国地方更多地参与中韩自贸区建设，有利于充分发挥地方的积极性，促进两国企业更好地利用《中韩自贸协定》，提升协定的实施效果。

（2）中国—澳大利亚自由贸易协定下的服务业开放

①服务业开放水平较高

在服务领域方面，双方在众多服务部门作出的开放承诺均达到各自自贸协定的较高水平。澳方对中方承诺的开放水平高于新近达成的澳韩、澳日自贸协定，中方承诺水平也高于我方已商签的其他自贸协定（CEPA和ECFA除外）。从协定结构上看，主要包括服务章节、金融附件、自然人移动章节、自然人移动具体承诺附件、中方具体承诺减让表、澳方不符措施负面清单、五个领域合作换文和两个谅解备忘录。

从协定内容上看，中方在入世承诺基础上，以正面清单方式承诺对澳进一步开放部分服务部门，在中澳自贸协定服务贸易领域，纳入了电信、法律、建筑和海运等部门在上海自由贸易试验区的一些自主开放举措。允许澳大利亚服务提供者在华设立外资独资的盈利性养老机构。在双方未来商定的时间，中方将按照准入前国民待遇加负面清单的模式与澳方开展并尽快完成服务贸易谈判，进一步提升投资自由化和便利化水平；纳入投资者—东道国争端解决机制，为中澳双方投资者提供充分的权利保障和救济途径。

②中医药服务"走出去"取得重要进展

澳方首次在其对外商签的自贸协定中，给予中方每年1800名特色职业人员（中医师、中文教师、中国厨师和武术教练）的入境配额，上述配额可在这四类人员之间调配；澳方同意以协定条款的形式，就与中国开展中医服务贸易合作作出具有法律约束力的承诺；澳方同意以协定条款的形式，明确鼓励澳方相关机构与我方就中医的资格互认开展合作；此外，作为中澳自贸协定一揽子成果的重要组成部分，双方还决定签署换文，旨在提高两国中医服务合作和中医药贸易合作的可操作性，鼓励和支持开展中医研发合作，促进两国有关专业机构和注册部门加强沟通，并推动双方就与中医相关的政策、法规和举措进行信息交流。

（四）"一国两制"下对港澳台的服务业开放

在 WTO 多边贸易体系中，除中国大陆外，中国台湾、中国香港和中国澳门作为单独的特别关税区也具有缔约方的地位。但上述协议均应看作是我方自主开放的重要组成部分，不能与一般的国际协议作简单比较，彼此间的开放并不适用于与其他国家签署的国际协议。

1. CEPA 下服务业的开放

为促进内地和港澳地区的共同繁荣与发展，2003 年，内地与香港、澳门特区政府分别签署了《关于建立更紧密经贸关系的安排》（以下简称 CEPA），之后又连续签订了 10 个补充协议（见表 2 - 4）。CEPA 及系列补充协议的签署和实施，大大降低了内地与港澳之间在贸易、投资方面的制度性壁垒，加速了双方资本、货物、人员、信息等要素的自由流动，服务业的开放也是 CEPA 及其补充协议当中最为核心的特点。

表 2 - 4　CEPA 补充协议当中新开放和放宽市场准入的领域一览表

补充协议	生效时间	新开放或放宽市场准入的领域
一	2005 年 1 月	在法律、会计、医疗、视听、建筑、分销、银行、证券、运输、货运代理等领域进一步放宽市场准入的条件，扩大港澳永久性居民中的中国公民在内地设立个体工商户的地域和营业范围。在专利代理、商标代理、机场服务、文化娱乐、信息技术、职业介绍、人才中介和专业资格考试等领域开放或放宽市场准入的条件
二	2006 年 1 月	在法律、会计、视听、建筑、分销、银行、旅游、运输和个体工商户等领域进一步放宽市场准入的条件
三	2007 年 1 月	在法律、建筑、信息技术、会展、视听、分销、旅游、运输和个体工商户等领域进一步放宽市场准入的条件

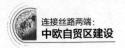

补充协议	生效时间	新开放或放宽市场准入的领域
四	2008 年 1 月	在法律、医疗、计算机及其相关服务、房地产、市场调研、与管理咨询相关的服务、公用事业、人才中介、建筑物清洁、摄影、印刷、笔译和口译、会展、电信、视听、分销、环境、保险、银行、证券、社会服务、旅游、文娱、体育、海运、航空运输、公路运输、个体工商户等 28 个领域进一步放宽市场准入的条件
五	2009 年 1 月	在会计、建筑、医疗、与采矿相关服务、人员提供与安排、与科学技术相关的咨询服务、印刷、会展、分销、环境、银行、社会服务、旅游、海运、航空运输、公路运输、个体工商户等 17 个领域进一步放宽市场准入的条件
六	2009 年 10 月	在法律、建筑、医疗、研究和开发、房地产、人员提供与安排、印刷、会展、公用事业、电信、视听、分销、银行、证券、旅游、文娱、海运、航空运输、铁路运输、个体工商户等 20 个领域进一步放宽市场准入的条件
七	2011 年 1 月	在建筑、医疗、技术检验分析与货物检验、专业设计、视听、分销、银行、证券、社会服务、旅游、文娱、航空运输、专业技术人员资格考试和个体工商户等 14 个领域进一步放宽市场准入的条件
八	2012 年 4 月	在法律、建筑、技术检验分析与货物检验、人员提供与安排、分销、保险、银行、证券、医院、旅游、公路运输、专业技术人员资格考试和个体工商户等 13 个领域进一步放宽市场准入的条件，并在跨学科的研究与实验开发服务、与制造业有关的服务、图书馆、档案馆、博物馆和其他文化服务 3 个新领域增加开放措施
九	2013 年 1 月	在法律、会计、建筑、医疗、计算机及其相关服务、技术检验和分析、人员提供与安排、印刷、会展、其他商业服务、电信、视听、分销、环境、银行、证券、社会服务、旅游、文娱、铁路运输、个体工商户等 21 个领域进一步放宽市场准入的条件，新增加教育领域的开放措施

续表

补充协议	生效时间	新开放或放宽市场准入的领域
十	2014 年 1 月	在法律、建筑、计算机及其相关服务、房地产、市场调研、技术检验和分析、人员提供与安排、建筑物清洁、摄影、印刷、会展、笔译和口译、电信、视听、分销、环境、银行、证券、医院服务、社会服务、旅游、文娱、体育、海运、航空运输、公路运输、货代、商标代理等 28 个领域进一步放宽市场准入的条件，新增加复制服务和殡葬设施的开放措施

资料来源：商务部台港澳司网站。

内地在商业性服务（如法律、会计、计算机及其相关服务等），通讯（如电信、视听等），建筑，销售（如分销），环境，教育金融，旅游，文化娱乐，交通运输，健康与社会等各领域，均对港澳地区的服务及服务提供者提供更加广泛和深入的市场准入条件。内地对于港澳的服务业市场开放涉及众多行业，港澳地区具有显著竞争优势的服务业领域也涵盖其中。例如，在金融方面，CEPA 及诸补充协议承诺持续扩大银行、证券等核心业务的开放程度；在法律服务方面，则从扩大港澳永久性居民中的中国公民在内地设立个体工商户的地域和营业范围，到放宽港澳律师事务所与内地律师事务所的联营条件，扩大其业务范围；分销服务方面，港澳服务提供者对出版物、农产品和农资等零售行业的投资准入条件也在放宽。

2014 年以来，随着 CEPA 项下的广东协议及服务贸易、投资、经济技术合作协议的实施，内地与港澳基本实现了服务贸易自由化，内地与港澳在投资、经济技术等领域的经贸交流合作更加紧密。

2. ECFA 下服务业的开放

2010 年 6 月 29 日，中国大陆海协会与台湾海基会领导人正式签署《海峡两岸经济合作框架协议》（以下简称 ECFA）。为尽快推动两岸服务贸易的发展，ECFA 以"服务贸易早期收获计划"的方式率先推动了服务业市场准入。

2013 年 6 月，两岸两会领导人签署《海峡两岸服务贸易协议》。根据该协议的"服务贸易具体承诺表"，双方开放承诺共 144 条，涵盖几乎所

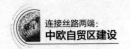
有服务贸易领域的 100 多个服务行业，内容包括放宽市场准入条件、取消股权限制、放宽经营范围和经营地域、下放审批权限及为市场准入提供便利等等。大陆方面开放承诺 80 条（非金融领域 65 条，金融领域 15 条）；台湾方面开放承诺 64 条（非金融领域 55 条，金融领域 9 条）。

该协议涵盖领域之多、力度之大，在大陆已签署的多双边经贸协议殊不多见。例如，根据协议，台湾医疗从业人员可在大陆以合资、合作形式设立医院，还可在所有省会城市和直辖市开设独资医院；台湾建筑从业人员可在大陆设立建筑设计和工程企业，可参与工程投标；台湾人在大陆开设的旅行社不受年度旅游经营总额的限制，在营业场所、设施和最低注册资本等方面享有与大陆同等待遇；台湾银行在大陆的营业性机构经批准经营台资企业人民币业务时，服务对象可包括视同台湾投资者的第三地投资者在大陆设立的企业等。

两岸服务贸易协议签署以后，双方还将适时根据两岸服务业的发展，市场需求变化等因素，就扩大和深化两岸服务业的开放进行磋商。为此，双方在协议中列入了逐步减少服务贸易限制的条款，为双方持续推动服务贸易市场开放提供依据。同时也就双方联系机制和审议条款，为下一步的磋商作出了制度化的安排。

（五）中国国内服务业自主开放

中国国内服务业的自主开放基本上是在特定的区域，选择特定的产业扩大开放，以此提升服务贸易、投资等领域的自由化和便利化水平。目前，集中体现中国服务业自主开放水平的区域主要包括以上海为引领的自由贸易试验区和北京服务业扩大开放综合试点。

1. 上海自贸试验区的服务业开放

建立中国（上海）自由贸易试验区是党中央、国务院作出的重大决策，是在新形势下推进改革开放的重大举措。经过两至三年的改革试验，加快转变政府职能，积极推进服务业扩大开放和外商投资管理体制改革，大力发展总部经济和新型贸易业态，加快探索资本项目可兑换和金融服务业全面开放，探索建立货物状态分类监管模式，努力形成促进投资和创新的政策支持体系，着力培育国际化和法治化的营商环境，力争建设成为具有国际水准的投资贸易便利、货币兑换自由、监管高效便捷、法制环境规范的自由贸易试验区，为中国扩大开放和深化改革探索新思路和新途径。

(1) 扩大投资领域的开放

扩大服务业开放。选择金融服务、航运服务、商贸服务、专业服务、文化服务以及社会服务领域扩大开放（具体开放清单见附件），暂停或取消投资者资质要求、股比限制、经营范围限制等准入限制措施（银行业机构、信息通信服务除外），营造有利于各类投资者平等准入的市场环境。

探索建立负面清单管理模式。借鉴国际通行规则，对外商投资试行准入前国民待遇，研究制订试验区外商投资与国民待遇等不符的负面清单，改革外商投资管理模式。对负面清单之外的领域，按照内外资一致的原则，将外商投资项目由核准制改为备案制（国务院规定对国内投资项目保留核准的除外），由上海市负责办理；将外商投资企业合同章程审批改为由上海市负责备案管理，备案后按国家有关规定办理相关手续；工商登记与商事登记制度改革相衔接，逐步优化登记流程；完善国家安全审查制度，在试验区内试点开展涉及外资的国家安全审查，构建安全高效的开放型经济体系。在总结试点经验的基础上，逐步形成与国际接轨的外商投资管理制度。

构筑对外投资服务促进体系。改革境外投资管理方式，对境外投资开办企业实行以备案制为主的管理方式，对境外投资一般项目实行备案制，由上海市负责备案管理，提高境外投资便利化程度。创新投资服务促进机制，加强境外投资事后管理和服务，形成多部门共享的信息监测平台，做好对外直接投资统计和年检工作。支持试验区内各类投资主体开展多种形式的境外投资。鼓励在试验区设立专业从事境外股权投资的项目公司，支持有条件的投资者设立境外投资股权投资母基金。

(2) 深化金融领域的开放创新

加快金融制度创新。在风险可控前提下，可在试验区内对人民币资本项目可兑换、金融市场利率市场化、人民币跨境使用等方面创造条件进行先行先试。在试验区内实现金融机构资产方价格实行市场化定价。探索面向国际的外汇管理改革试点，建立与自由贸易试验区相适应的外汇管理体制，全面实现贸易投资便利化。鼓励企业充分利用境内外两种资源、两个

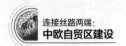
市场，实现跨境融资自由化。深化外债管理方式改革，促进跨境融资便利化。深化跨国公司总部外汇资金集中运营管理试点，促进跨国公司设立区域性或全球性资金管理中心。建立试验区金融改革创新与上海国际金融中心建设的联动机制。

增强金融服务功能。推动金融服务业对符合条件的民营资本和外资金融机构全面开放，支持在试验区内设立外资银行和中外合资银行。允许金融市场在试验区内建立面向国际的交易平台。逐步允许境外企业参与商品期货交易。鼓励金融市场产品创新。支持股权托管交易机构在试验区内建立综合金融服务平台。支持开展人民币跨境再保险业务，培育发展再保险市场。

(3) 完善法制领域的制度保障

加快形成符合试验区发展需要的高标准投资和贸易规则体系。针对试点内容，需要停止实施有关行政法规和国务院文件的部分规定的，按规定程序办理。其中，经全国人民代表大会常务委员会授权，暂时调整《中华人民共和国外资企业法》《中华人民共和国中外合资经营企业法》和《中华人民共和国中外合作经营企业法》规定的有关行政审批，自2013年10月1日起在三年内试行。

2015年底，《国务院关于印发进一步深化中国（上海）自由贸易试验区改革开放方案的通知》，扩展了上海自贸试验区的区域，要求自贸试验区率先挖掘改革潜力，破解改革难题，积极探索外商投资准入前国民待遇加负面清单管理模式，深化行政管理体制改革，提升事中事后监管能力和水平。2015年，我国也新增设立了广东、天津、福建自贸试验区。2017年，我国又设立了辽宁、浙江、河南、湖北、重庆、四川、陕西7个自贸试验区。至此，我国自贸试验区建设形成"1+3+7"的新格局。自贸试验区扩围有助于形成更加全面的经验，也有助于在全国范围内更高层次更广泛领域进行复制推广，从而推动形成全面开放新格局，促进形成更高层次的开放型经济。2017年公布的《国务院关于印发全面深化中国（上海）自由贸易试验区改革开放方案的通知》要求，对照国际最高标准、最好水平的自由贸易区，全面深化自贸试验区改革开放，加快构建开放型经济新体制，在新一轮改革开放中进一步发挥引领示范作用。习近平总书记在党的十九大报告中提出，要探索建设自由贸易港，推动形成全面开放新格局。

2. 天津自贸试验区的服务业开放

天津自贸试验区努力建设成为贸易自由、投资便利、高端产业集聚、金融服务完善、法制环境规范、监管高效便捷、辐射带动效应明显的国际一流自由贸易园区，在京津冀协同发展和中国经济转型发展中发挥示范引领作用。实施自贸试验区外商投资负面清单制度，减少和取消对外商投资准入限制，提高开放度和透明度。重点选择航运服务、商贸服务、专业服务、文化服务、社会服务等现代服务业扩大对外开放，积极有效吸引外资。金融领域，在完善相关配套措施前提下，研究适当减少对境外投资者资质要求、股权比例、业务范围等准入限制。鼓励跨国公司设立地区性总部、研发中心、销售中心、物流中心和结算中心，鼓励先进制造业延伸价值链，与现代服务业融合发展。支持外资股权投资基金规范创新发展，完善资本金结汇、投资基金管理等新模式，鼓励外资股权投资、创业投资管理机构发起管理人民币股权投资和创业投资基金。允许取得国际资质的外籍和港澳台地区专业服务人员和机构，在自贸试验区内依照有关规定开展相关业务。允许取得中国注册会计师资格的港澳专业人士，在自贸试验区试点担任合伙制事务所的合伙人。改革外商投资管理模式。探索对外商投资实行准入前国民待遇加负面清单管理模式。

3. 广东自贸试验区的服务业开放

广东旨在营造国际化、市场化、法治化营商环境，构建开放型经济新体制，实现粤港澳深度合作，形成国际经济合作竞争新优势，力争建成符合国际高标准的法制环境规范、投资贸易便利、辐射带动功能突出、监管安全高效的自由贸易园区。

进一步扩大对港澳服务业开放。在《内地与香港关于建立更紧密经贸关系的安排》《内地与澳门关于建立更紧密经贸关系的安排》及其补充协议（以下统称《安排》）框架下探索对港澳更深度的开放，进一步取消或放宽对港澳投资者的资质要求、股比限制、经营范围等准入限制，重点在金融服务、交通航运服务、商贸服务、专业服务、科技服务等领域取得突破。允许港澳服务提供者在自贸试验区设立独资国际船舶运输企业，经营国际海上船舶运输服务。允许港澳服务提供者在自贸试验区设立自费出国

留学中介服务机构。支持在自贸试验区内设立的港澳资旅行社（各限5家）经营内地居民出国（境）（不包括台湾地区）团队旅游业务。在自贸试验区内试行粤港澳认证及相关检测业务互认制度，实行"一次认证、一次检测、三地通行"，适度放开港澳认证机构进入自贸试验区开展认证检测业务，比照内地认证机构、检查机构和实验室，给予港澳服务提供者在内地设立的合资与独资认证机构、检查机构和实验室同等待遇。允许港澳服务提供者发展高端医疗服务，开展粤港澳医疗机构转诊合作试点。建设具有粤港澳特色的中医药产业基地。优化自贸试验区区域布局，规划特定区域，建设港澳现代服务业集聚发展区。

促进服务要素便捷流动。推进粤港澳服务行业管理标准和规则相衔接。结合国家关于外籍高层次人才认定以及入出境和工作生活待遇政策，研究制订自贸试验区港澳及外籍高层次人才认定办法，为高层次人才入出境、在华停居留提供便利，在项目申报、创新创业、评价激励、服务保障等方面给予特殊政策。探索通过特殊机制安排，推进粤港澳服务业人员职业资格互认。探索在自贸试验区工作、居住的港澳人士社会保障与港澳有效衔接。创新粤港澳口岸通关模式，推进建设统一高效、与港澳联动的口岸监管机制，加快推进粤港、粤澳之间信息互换、监管互认、执法互助。加快实施澳门车辆在横琴与澳门间便利进出政策，制定粤港、粤澳游艇出入境便利化措施。支持建设自贸试验区至中国国际通信业务出入口局的直达国际数据专用通道，建设互联互通的信息环境。

深化金融领域开放创新。推动跨境人民币业务创新发展，推动适应粤港澳服务贸易自由化的金融创新，推动投融资便利化，建立健全自贸试验区金融风险防控体系。

4. 福建自贸试验区的服务业开放

福建坚持扩大开放与深化改革相结合、功能培育与制度创新相结合，建立与国际投资贸易规则相适应的新体制。创新两岸合作机制，推动货物、服务、资金、人员等各类要素自由流动，增强闽台经济关联度。加快形成更高水平的对外开放新格局，拓展与21世纪海上丝绸之路沿线国家和地区交流合作的深度和广度，力争建成投资贸易便利、金融创新功能突出、服务体系健全、监管高效便捷、法制环境规范的自由贸易园区。

放宽外资准入。实施自贸试验区外商投资负面清单制度，减少和取消对外商投资准入限制，提高开放度和透明度。先行选择航运服务、商贸服务、专业服务、文化服务、社会服务等领域扩大对外开放，积极有效吸引外资。降低外商投资性公司准入条件。稳步推进外商投资商业保理、典当行试点。完善投资者权益保障机制，允许符合条件的境外投资者自由转移其合法投资收益。

构建对外投资促进体系。改革境外投资管理方式，将自贸试验区建设成为企业"走出去"的窗口和综合服务平台。对一般境外投资项目和设立企业实行备案制，属省级管理权限的，由自贸试验区负责备案管理。确立企业及个人对外投资主体地位，支持企业在境外设立股权投资企业和专业从事境外股权投资的项目公司，支持设立从事境外投资的股权投资母基金。支持自贸试验区内企业和个人使用自有金融资产进行对外直接投资、自由承揽项目。建立对外投资合作"一站式"服务平台。加强境外投资事后管理和服务，完善境外资产和人员安全风险预警和应急保障体系。

探索闽台产业合作新模式。推动台湾现代服务业等产业在自贸试验区内集聚发展，重点承接台湾地区产业转移。支持自贸试验区内品牌企业赴台湾投资，促进闽台产业链深度融合。探索闽台合作研发创新，合作打造品牌，合作参与制定标准，拓展产业价值链多环节合作，对接台湾自由经济示范区，构建双向投资促进合作新机制。

扩大对台服务贸易开放。推进服务贸易对台更深度开放，促进闽台服务要素自由流动。进一步扩大通信、运输、旅游、医疗等行业对台开放。支持自贸试验区在框架协议下，先行试点，加快实施。对符合条件的台商，投资自贸试验区内服务行业的资质、门槛要求比照大陆企业。允许持台湾地区身份证明文件的自然人到自贸试验区注册个体工商户，无须经过外资备案（不包括特许经营，具体营业范围由工商总局会同福建省发布）。探索在自贸试验区内推动两岸社会保险等方面对接，将台胞证号管理纳入公民统一社会信用代码管理范畴，方便台胞办理社会保险、理财业务等。探索台湾专业人才在自贸试验区内行政企事业单位、科研院所等机构任职。深入落实《海峡两岸共同打击犯罪及司法互助协议》，创新合作形式，加强两岸司法合作。发展知识产权服务业，扩大对台知识产权服务，开展

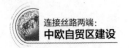
两岸知识产权经济发展试点。

电信和运输服务领域开放。允许台湾服务提供者在自贸试验区内试点设立合资或独资企业，提供离岸呼叫中心业务及大陆境内多方通信业务、存储转发类业务、呼叫中心业务、国际互联网接入服务业务（为上网用户提供国际互联网接入服务）和信息服务业务（仅限应用商店）。允许台湾服务提供者在自贸试验区内直接申请设立独资海员外派机构并仅向台湾船东所属的商船提供船员派遣服务，无须事先成立船舶管理公司。对台湾投资者在自贸试验区内设立道路客货运站（场）项目和变更的申请，以及在自贸试验区内投资的生产型企业从事货运方面的道路运输业务立项和变更的申请，委托福建省审核或审批。

商贸服务领域开放。在自贸试验区内，允许申请成为赴台游组团社的3家台资合资旅行社试点经营福建居民赴台湾地区团队旅游业务。允许台湾导游、领队经自贸试验区旅游主管部门培训认证后换发证件，在福州市、厦门市和平潭综合实验区执业。允许在自贸试验区内居住一年以上的持台湾方面身份证明文件的自然人报考导游资格证，并按规定申领导游证后在大陆执业。允许台湾服务提供者以跨境交付方式在自贸试验区内试点举办展览，委托福建省按规定审批在自贸试验区内举办的涉台经济技术展览会。

建筑业服务领域开放。在自贸试验区内，允许符合条件的台资独资建筑业企业承接福建省内建筑工程项目，不受项目双方投资比例限制。允许取得大陆一级注册建筑师或一级注册结构工程师资格的台湾专业人士作为合伙人，按相应资质标准要求在自贸试验区内设立建筑工程设计事务所并提供相应服务。台湾服务提供者在自贸试验区内设立建设工程设计企业，其在台湾和大陆的业绩可共同作为个人业绩评定依据，但在台湾完成的业绩规模标准应符合大陆建设项目规模划分标准。台湾服务提供者在自贸试验区内投资设立的独资建筑业企业承揽合营建设项目时，不受建设项目的合营方投资比例限制。台湾服务提供者在自贸试验区内设立的独资物业服务企业，在申请大陆企业资质时，可将在台湾和大陆承接的物业建筑面积共同作为评定依据。

产品认证服务领域开放。在强制性产品认证领域，允许经台湾主管机关确认并经台湾认可机构认可的、具备大陆强制性产品认证制度相关产品检测能力的台湾检测机构，在自贸试验区内与大陆指定机构开展合作承担强制性产品认证检测任务，检测范围限于两岸主管机关达成一致的产品，产品范围涉及制造商为台湾当地合法注册企业且产品在台湾设计定型、在自贸试验区内加工或生产的产品。允许经台湾认可机构认可的具备相关产品检测能力的台湾检测机构在自贸试验区设立分支机构，并依法取得资质认定，承担认证服务的范围包括食品类别和其他自愿性产品认证领域。在自愿性产品认证领域，允许经台湾认可机构认可的具备相关产品检测能力的台湾检测机构与大陆认证机构在自贸试验区内开展合作，对台湾本地或在自贸试验区内生产或加工的产品进行检测。台湾服务提供者在台湾和大陆从事环境污染治理设施运营的实践时间，可共同作为其在自贸试验区内申请企业环境污染治理设施运营资质的评定依据。

工程技术服务领域开放。允许台湾服务提供者在自贸试验区内设立的建设工程设计企业聘用台湾注册建筑师、注册工程师，并将其作为本企业申请建设工程设计资质的主要专业技术人员，在资质审查时不考核其专业技术职称条件，只考核其学历、从事工程设计实践年限、在台湾的注册资格、工程设计业绩及信誉。台湾服务提供者在自贸试验区内设立的建设工程设计企业中，出任主要技术人员且持有台湾方面身份证明文件的自然人，不受每人每年在大陆累计居住时间应当不少于 6 个月的限制。台湾服务提供者在自贸试验区内设立的建筑业企业可以聘用台湾专业技术人员作为企业经理，但须具有相应的从事工程管理工作经历；可以聘用台湾建筑业专业人员作为工程技术和经济管理人员，但须满足相应的技术职称要求。台湾服务提供者在自贸试验区内投资设立的建筑业企业申报资质应按大陆有关规定办理，取得建筑业企业资质后，可依规定在大陆参加工程投标。台湾服务提供者在自贸试验区内设立的建筑业企业中，出任工程技术人员和经济管理人员且持有台湾方面身份证明文件的自然人，不受每人每年在大陆累计居住时间应当不少于 3 个月的限制。允许台湾建筑、规划等服务机构执业人员，持台湾相关机构颁发的证书，经批准在自贸试验区内开展业务。允许通过考试取得大陆注册结构工程师、注册土木工程师（港口与航道）、注册公用设备工程师、注册电气工程师资格的台湾专业人士

在自贸试验区内执业，不受在台湾注册执业与否的限制，按照大陆有关规定作为福建省内工程设计企业申报企业资质时所要求的注册执业人员予以认定。

专业技术服务领域开放。允许台湾会计师在自贸试验区内设立的符合《代理记账管理办法》规定的中介机构从事代理记账业务。从事代理记账业务的台湾会计师应取得大陆会计从业资格，主管代理记账业务的负责人应当具有大陆会计师以上（含会计师）专业技术资格。允许取得大陆注册会计师资格的台湾专业人士担任自贸试验区内合伙制会计师事务所合伙人，具体办法由福建省制定，报财政部批准后实施。允许符合规定的持台湾方面身份证明文件的自然人参加护士执业资格考试，考试成绩合格者发给相应的资格证书，在证书许可范围内开展业务。允许台湾地区其他医疗专业技术人员比照港澳相关医疗专业人员按照大陆执业管理规定在自贸试验区内从事医疗相关活动。允许取得台湾药剂师执照的持台湾方面身份证明文件的自然人在取得大陆《执业药师资格证书》后，按照大陆《执业药师注册管理暂行办法》等相关文件规定办理注册并执业。

促进两岸往来更加便利。推动人员往来便利化，在自贸试验区实施更加便利的台湾居民入出境政策。对在自贸试验区内投资、就业的台湾企业高级管理人员、专家和技术人员，在项目申报、入出境等方面给予便利。为自贸试验区内台资企业外籍员工办理就业许可手续提供便利，放宽签证、居留许可有效期限。对自贸试验区内符合条件的外籍员工，提供入境、过境、停居留便利。自贸试验区内一般性赴台文化团组审批权下放给福建省。加快落实台湾车辆在自贸试验区与台湾之间便利进出境政策，推动实施两岸机动车辆互通和驾驶证互认，简化临时入境车辆牌照手续。推动厦门—金门和马尾—马祖游艇、帆船出入境简化手续。

扩大金融对外开放。建立与自贸试验区相适应的账户管理体系。完善人民币涉外账户管理模式，简化人民币涉外账户分类，促进跨境贸易、投融资结算便利化。自贸试验区内试行资本项目限额内可兑换，符合条件的自贸试验区内机构在限额内自主开展直接投资、并购、债务工具、金融类投资等交易。深化外汇管理改革，将直接投资外汇登记下放银行办理，外商直接投资项下外汇资本金可意愿结汇，进一步提高对外放款比例。提高

投融资便利化水平，统一内外资企业外债政策，建立健全外债宏观审慎管理制度。允许自贸试验区内企业、银行从境外借入本外币资金，企业借入的外币资金可结汇使用。探索建立境外融资与跨境资金流动宏观审慎管理政策框架，支持企业开展国际商业贷款等各类境外融资活动。放宽自贸试验区内法人金融机构和企业在境外发行人民币和外币债券的审批和规模限制，所筹资金可根据需要调回自贸试验区内使用。支持跨国公司本外币资金集中运营管理。探索在自贸试验区内设立单独领取牌照的专业金融托管服务机构，允许自贸试验区内银行和支付机构、托管机构与境外银行和支付机构开展跨境支付合作。构建跨境个人投资者保护制度，严格投资者适当性管理。强化风险防控，实施主体监管，建立合规评价体系，以大数据为依托开展事中事后管理。

推动两岸金融合作先行先试。在对台小额贸易市场设立外币兑换机构。允许自贸试验区银行业金融机构与台湾同业开展跨境人民币借款等业务。支持台湾地区的银行向自贸试验区内企业或项目发放跨境人民币贷款。对自贸试验区内的台湾金融机构向母行（公司）借用中长期外债实行外债指标单列，并按余额进行管理。在框架协议下，研究探索自贸试验区金融服务业对台资进一步开放，降低台资金融机构准入和业务门槛，适度提高参股大陆金融机构持股比例，并参照大陆金融机构监管。按照国家区域发展规划，为自贸试验区内台资法人金融机构在大陆设立分支机构开设绿色通道。支持在自贸试验区设立两岸合资银行等金融机构。探索允许台湾地区的银行及其在大陆设立的法人银行在福建省设立的分行参照大陆关于申请设立支行的规定，申请在自贸试验区内设立异地（不同于分行所在城市）支行。台湾地区的银行在大陆的营业性机构经营台资企业人民币业务时，服务对象可包括被认定为视同台湾投资者的第三地投资者在自贸试验区设立的企业。在符合相关规定前提下，支持两岸银行业在自贸试验区内进行相关股权投资合作。研究探索台湾地区的银行在自贸试验区内设立的营业性机构一经开业即可经营人民币业务。在框架协议下，允许自贸试验区内大陆的商业银行从事代客境外理财业务时，可以投资符合条件的台湾金融产品；允许台资金融机构以人民币合格境外机构投资者方式投资自贸试验区内资本市场。研究探索放宽符合条件的台资金融机构参股自贸试

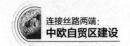

验区证券基金机构股权比例限制。研究探索允许符合条件的台资金融机构按照大陆有关规定在自贸试验区内设立合资基金管理公司，台资持股比例可达50%以上。研究探索允许符合设立外资参股证券公司条件的台资金融机构按照大陆有关规定在自贸试验区内新设立两家两岸合资的全牌照证券公司，大陆股东不限于证券公司，其中一家台资合并持股比例最高可达51%，另一家台资合并持股比例不超过49%，且取消大陆单一股东须持股49%的限制。支持符合条件的台资保险公司到自贸试验区设立经营机构。支持福建省股权交易场所拓展业务范围，为台资企业提供综合金融服务。加强两岸在金融纠纷调解、仲裁、诉讼及金融消费者维权支持方面的合作，健全多元化纠纷解决渠道。

培育平潭开放开发新优势。一是推进服务贸易自由化。赋予平潭制定相应从业规范和标准的权限，在框架协议下，允许台湾建筑、规划、医疗、旅游等服务机构执业人员，持台湾有关机构颁发的证书，按规定范围在自贸试验区内开展业务。探索在自贸试验区内行政企事业单位等机构任职的台湾同胞试行两岸同等学历、任职资历对接互认，研究探索技能等级对接互认。对台商独资或控股开发的建设项目，借鉴台湾的规划及工程管理体制。二是推动航运自由化。简化船舶进出港口手续，对国内航行船舶进出港海事实行报告制度。支持简化入区申报手续，探索试行相关电子数据自动填报。探索在自贸试验区内对台试行监管互认。对平潭片区与台湾之间进出口商品原则上不实施检验（废物原料、危险化学品及其包装、大宗散装货物以及国家另有特别规定的除外），检验检疫部门加强事后监管。三是建设国际旅游岛。加快旅游产业转型升级，推行国际通行的旅游服务标准，开发特色旅游产品，拓展文化体育竞技功能，建设休闲度假旅游目的地。研究推动平潭实施部分国家旅游团入境免签政策，对台湾居民实施更加便利的入出境制度。平潭国际旅游岛建设方案另行报批。

5. 北京服务业扩大开放综合试点的服务业开放

北京立足服务业发展特点，通过放宽市场准入、改革监管模式、优化市场环境，着力推动北京市服务业现代化和提升服务贸易发展水平，建立健全具有中国特色、首都特点、时代特征的体制机制，构建与国际规则相衔接的服务业扩大开放基本框架。

科学技术服务领域。强化首都全国科技创新中心的核心功能，聚焦中关村建设具有全球影响力的科技创新中心，大力发展基于信息技术的新兴服务业、科技服务业、电子商务、现代物流和节能环保等产业。支持中关村建设互联网金融创新中心，探索科技企业境外投资管理制度创新，简化中关村企业外汇资本金结汇手续，促进企业投资和贸易便利化。对境外科技、教育、经济类非政府组织在中关村设立代表机构，以及境外组织或个人发起设立科技、经济类民办非企业单位进行试点登记，形成国内外社会组织协同创新、相互促进的良好环境，提升中关村的国际影响力和竞争力。发挥中关村标准计量检测认证公共服务平台作用，吸引国际国内标准、计量、检测、认证服务机构入驻。支持科技服务"走出去"，鼓励知识产权服务机构开展境外服务，引导科研院所、高校和企业在境外申请专利，鼓励参与制定国际标准，推动科技服务加快融入全球化进程。降低技术服务领域外资准入门槛，取消外资工程设计（不包括工程勘察）企业首次申请资质时对投资者的工程设计业绩要求，取消外商投资飞机维修项目中方控股的限制。

互联网和信息服务领域。促进互联网和信息服务业国内外资本合作。鼓励外资进入软件及信息服务、集成电路设计等新兴产业，推动云计算、物联网、移动互联网、下一代互联网等服务模式和商业模式创新。吸引跨国公司在京设立研发中心、离岸服务中心、经营总部，通过人才引进、技术引进、合作开发等方式开展合资合作。延伸信息服务产业链，支持外资从事信息技术支持管理、财务结算等国际服务外包业务，推动服务外包高端化、国际化发展，打造全球领先接包地。开展电子发票与电子会计档案综合试点，完善跨境电子商务运行模式和管理政策，拓展国际市场渠道。

文化教育服务领域。推进文化、教育等服务业领域有序开放。拓宽文化创意产业资本运营渠道，在国家法律法规许可范围内，鼓励国内外著名文化创意、制作、经纪、营销机构与北京市文化企业合资合作。发展文化市场多元化服务模式，选择文化娱乐业聚集的特定区域，允许外商投资者独资设立演出经纪机构，在北京市市域范围内提供服务。创新文化服务海外推广新模式，支持以传统手工技艺、武术、戏曲、民族音乐和舞蹈等为

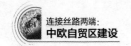

代表的非物质文化遗产与旅游、会展相结合的商业开发模式，鼓励广播影视、新闻出版等企业以项目合作方式进入国际市场，试点国外巡演的商业化运作，提升文化服务核心竞争力。扩大教育开放合作，鼓励外商投资设立外籍人员子女学校（香港特别行政区、澳门特别行政区、台湾地区的投资者参照执行），支持外商通过中外合作办学方式投资设立教育培训机构及项目，积极引进世界知名院校开展中外合作办学，实现教育资源良性互动。

金融服务领域。支持符合条件的民间资本和外资进入金融服务领域。优化金融机构股权结构，在符合相关法规的条件下，便利外资金融机构设立外资银行、民营资本与外资金融机构共同设立中外合资银行，使外资金融机构和民营资本在平等的市场环境下提供金融服务和参与市场竞争。积极发展保险业务，支持设立外资专业健康医疗保险机构，探索商业保险参与基本医疗、基本养老服务体系建设。健全多层次资本市场体系，鼓励金融创新，丰富金融市场层次和品种，拓宽企业直接融资渠道，支持在京金融机构参与信贷资产证券化试点，支持在京商业银行发行创新型资本工具补充资本。推动金融市场向国际延伸，在商业可持续、风险可控的前提下，支持有实力的金融机构通过设立境外分支机构、并购等多种渠道开展境外业务，适时引导证券等金融机构到境外开展国际业务。

商务和旅游服务领域。推进商务服务领域对社会资本开放。放开会计审计、商贸物流、电子商务等领域外资准入限制，鼓励外资投向节能环保、创业投资、知识产权服务等商务服务业，支持外资以参股、并购等方式参与国内商务服务企业改造和重组。允许外商投资资信调查公司（港澳服务提供者先行先试），逐步扩大开放范围，促进国外资信公司在京落地并开展法人化经营。允许符合条件的取得中国注册会计师资格的港澳专业人士担任合伙制会计师事务所合伙人。促进会计、咨询服务等商务服务领域发展，为国内会计师事务所设立境外分支机构、开拓国际业务、塑造品牌提供政策支持。推动本土企业在全球范围内提供对外投资、融资管理、工程建设等领域的高端咨询服务。提高人力资源市场对外开放水平，在中关村设立中外合资人才中介机构，外方合资者可拥有不超过 70% 的股权，最低注册资本金由 30 万美元降低至 12.5 万美元。深化旅游综合改革试点，进一步完善扩大旅游业开放机制。鼓励外商投资旅游业，参与商业性旅游景区景点开发建设，投资旅游商品和设施。在扩大中外合资旅行社开展出境旅游业务试点中，支持在京设立并符合条件的中外合资旅行社从事除台湾地区以外的出境旅游业务。提高中国（北京）国际服务贸易交易会、中国北京国际科技产业博览会等品牌会展国际化程度，引进国际知名的品牌会展在京落户，实现国内外会展业资源整合、优势互补，打造国际活动聚集之都。

健康医疗服务领域。加快形成医疗服务多元化发展格局。支持社会资本以出资新建、参与改制、托管、公办民营等多种形式进入医疗服务业。按照逐步开放、风险可控的原则，在符合区域医疗机构设置规划和进行外资投资风险评估的基础上，逐步放宽中外合资、合作办医条件，调整审批权限，便利投资者申报。允许外资举办非营利性医疗机构、提供基本医疗卫生服务。推动健康服务专业化发展，放开养老领域外资准入限制，引导外资投向康复护理、老年护理、家庭护理等护理服务以及母婴照料服务、心理健康服务等医疗卫生领域。新增卫生资源须按照有关规划和标准进行审批。推动建设全国中医药服务贸易示范省（市），推动特色化医疗服务开拓国际市场，建立以国际市场为导向的中医药服务贸易促进体系。发挥中医药服务贸易龙头企业示范引领作用，完善海外市场推广渠道，树立中医药服务的国际品牌。

深化对外投资管理体制改革。按照市场导向和企业自主决策原则，确立企业和个人对外投资主体地位，简化企业境外投资核准程序，实行以备案制为主的管理模式。支持中关村企业利用国际创新要素发展，鼓励其设立海外研发机构、开展海外技术收购等技术投资。鼓励投资主体发挥自身优势到境外开展投资合作，支持"走出去"开展绿地投资、并购投资、证券投资、联合投资等。加强政策支持和引导，促进各类所有制服务业企业有序开展境外投资合作，通过在境外设立研发中心、合资企业、产业投资基金等多种方式，开展研发、生产、物流、销售等方面国际化经营，创建海外分销中心、展示中心等国际化营销网络和物流服务网络，吸纳先进生产要素，培育国际知名品牌，提高市场竞争力。

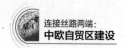

三、欧盟的服务贸易政策与服务业市场开放

（一）欧盟服务贸易政策

1. 欧盟关于服务贸易的管理机构和法律法规

欧盟是一个整体联系性很强的经济体，法律法规覆盖了大多数的成员国。虽然宏观经济和财政问题影响着部分成员，但是整体上欧盟具有开放和透明的贸易政策和投资政策。

自从2013年以后，在欧盟的贸易和投资方面没有发生重大的法律和机构框架的变化。根据欧洲联盟条款，欧盟独享共同贸易政策（the Common Commercial Policy，CCP）管辖权。欧盟委员会具有立法权和执行权等"实权"，负责处理具体多双边贸易事务，向理事会和议会提出政策建议。理事会代表欧盟各成员国，发布贸易政策指令。欧盟议会代表公民，就有关贸易政策问题接受咨询。《里斯本条约》生效后，欧洲议会权利上升，在共同贸易政策中获共决权，有权审批欧盟对外签署的贸易投资协定，并就欧盟重大贸易投资问题提出意见和建议。在欧委会内部，贸易总司（DG TRADE）专门负责欧盟贸易事务。贸易总司下设8个司，分别负责水平议题和双边经贸关系等问题。与中国经贸易关系由C司负责，贸易救济措施由H司负责。

共同贸易政策是规范欧盟成员国统一执行的、针对第三国的贸易政策、共同海关税则和法律体系，是欧盟在商业领域所采取的一系列政策的总和，包括欧盟单方面采取的内部性措施和与第三国签订协定采取的协定性措施。覆盖了货物贸易、服务贸易、知识产权的商业部分和贸易保护措施等方面。在这些领域中，成员国只有被欧盟授权后才可以独立行动。欧盟进出口政策在1995年5月生效的《阿姆斯特丹条约》之前只包括货物贸易，《阿姆斯特丹条约》将其覆盖范围扩展到大部分服务贸易，2003年2月生效的《尼斯条约》又将其扩及到所有服务贸易和与贸易相关的知识产权。

欧盟的贸易和与贸易相关的法律通过两种方式的立法制定和实施：一是一级立法（Primary Legislation），二是二级立法（Secondary Legislation）。

2014 年，欧盟已经制定了一系列的准则进行法律框架和欧盟内部国家法律的调整。这些政策目的是提高透明度、执法强度和简化程序。

欧盟对于政府采购设立了欧盟范围的统一标准。最新的关于供应商、服务和建筑工作政府采购的标准，见于 2013 年 12 月 13 日的委员会规范（Commission Regulation，EC）No. 1336/2013，和 2014 年 1 月 1 日开始实施的修订款项 2004/17/EC，2004/18/EC 和 2009/81/EC。

欧盟的出口管理法规。欧盟鼓励出口，一般产品自由出口，仅对少数产品实施出口管理措施。出口管理法规主要包括《关于实施共同出口规则的（EEC）2603/69 号法规》《关于文化产品出口的（EEC）3911/92 号法规》《关于出口信贷保险、信贷担保和融资信贷的咨询与信息程序（EEC）2455/92 号决定》《关于官方支持的出口信贷领域使用项目融资框架协议原则的（EC）77/2001 号决定》等。

2. 欧盟成员国内部差异

在欧盟成员国之间，在进出口所需要的时间和成本要求上存在着巨大的差异，与海关程序和要求相比，这主要是由于基础设施等因素造成。欧盟打算建立电子海关，包括自动进出口系统和单一窗口，可以帮助进一步减少报关程序。另外，系统被授权的经认证的经营者（AEO）进一步扩大互认协议，其中包括中国。

3. 欧盟的自由贸易协定

目前与加拿大的贸易谈判已经完成，正在和美国及日本进行贸易谈判。包括与格鲁吉亚和摩尔多瓦的"深入和全面的自由贸易协定"（Deep and Comprehensive Free Trade Agreements，DCFTA）已经从 2014 年 9 月 1 日开始实施。根据欧盟所述，DCFTA 超越了纯粹的贸易，它移除了进口和出口的关税，也消除了服务贸易中的壁垒。该协议覆盖了所有贸易相关的政策，包括公共采购、竞争和知识产权。这些协定符合欧盟法律，包括卫生和植物检疫（SPS）措施，技术要求标准，海关手续和贸易便利化等。

（二）欧盟服务行业政策措施

1. 知识产权

知识产权作为欧盟驱动经济发展的重要方面，对于欧盟经济十分重

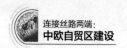

要。在《2011 年欧盟知识产权蓝图》（2011 Blueprint for Intellectual Property Rights）《研究和创新的框架计划 2012—2020》（Framework Programme for Research and Innovation for 2014 – 2020）中回顾并建立了立法，并且逐步在各个成员国家法律中得到体现。

2. 金融

金融危机之后，立法改革影响着金融行业，尤其是在审慎措施中（prudential measures），欧盟委员会在三个方面建立了许多新的规则指令，分别：第一个方面是关于全球银行（global banking）的规则；第二个方面是关于安全和促进金融行业增长的政策；第三个方面是旨在加强欧元竞争力的银行联盟。目前这些规则已经取得了一些进展。

第一个方面是为了构建新的全球金融系统而建立的新规则，包括：

第一个基本要素构成是欧盟的法规 648/2012，主要是关于金融衍生品（over – the counter）、中央对手（central counterparties）和贸易库存（trade repositories）。

第二个构成要素是法令 2014/59/EU，关于存款担保计划（deposit guarantee schemes）。它保证了存款人可以在破产后得到之前银行提前收取的破产保证金 100000 欧元。

这些新规定为欧盟成员国的民众提供了最好的储蓄保障，以此来消除他们对保护层次差别的担心。

第三个基本要素是欧盟的法规 No. 462/2013，和关于信用评级机构的指令 2013/14/EU。这些政策的出台有五个方面的目的：一是减少对信用评级的过度依赖；二是提高欧盟成员国主权债务评级质量；三是使信用评级机构可以对其行为承担责任，尤其是在信用评级机构在有意忽视或者违反信用评级机构规定的情况下；四是减少由于发行人的报酬模式而带来的冲突；五是在欧洲评级平台上公布评级，以提高在欧盟注册和授权的评级机构所评级的金融工具的评级可比性和可见度。

第四个基本要素是所谓的"单一规则手册"，对于银行资本、流动性和杠杆的审慎要求以及更严格的对于报酬和提高透明度规则。"单一手册"设定全欧洲所有银行所需要遵守的统一规则标准。

第五个基本要素是提高市场安全的框架协议和关于金融工具的法令

2014/65/EU 和关于金融工具市场的法规 No. 600/2014。

第二个方面是为了在欧洲建立一个更加安全、负责和促进增长的金融部门，由六个立法元素组成：第一个元素是关于保险公司监督框架——Ominibus II，2014 年 4 月被采纳；第二个元素是关于大型企业和集团的非金融和多样性信息披露的指令；第三个元素是关于支付账户费用的透明度和可比较性的指令；第四个元素是关于风险投资基金和欧洲社会创业基金管理的规定；第五个元素是关于包装零售和保险投资产品的关键信息的管理规定；第六个元素是关于可转让集体投资承诺规定。目的是为了加强对投资管理者的保护。

第三个方面是为提高欧元的竞争力而加强的银行联盟。具有两方面的因素，并且已经被议会和理事会所采纳并开始实施。一项是单一监督机制（Single Supervision Mechanism，SSM），另一项是单一清算机制（Single Resolution Mechanism，SRM）。单一监督机制包括两项法规，在 2014 年 11 月 4 日已经开始实行。实行单一管理手册是实现单一监督机制和单一清算机制的第一步。单一监督机制对欧元区所有成员国通用，并且向其他愿意进行深入监督融合的国家敞开。非欧元国家也可决定加入单一监督机制，通过与主管当局和欧洲央行之间建立更加密切的合作。这项措施授予欧洲央行权力对所有在欧元区内的信用机构实施监管。

3. 电信

关于电信行业的管理基本框架可以追溯到 2002 年，在 2009 年进行了修订。在此期间，成员国完成了关于该法案包的实施，以及一些二级法律和规则采纳实施。2010 年欧盟委员会将电信政策放置在了范围更加宽广的欧洲数字议程（Digital Agenda for Europe，DAE）中，其目的是利用快速发展的数据技术的优势，并且设定了发展 4G 和宽带网络发展目标。超越电信行业的领域包括电子商务和电子政务（e-government）。DAE 本身是《欧洲智能、可持续、包容性增长 2020 年策略》（Europe Strategy 2020 for Smart，Sustainable，Inclusive Growth）的一部分。关于电信业政策的扩展主要集中在 2012 年 9 月的新的法律包"连接大陆包""Connected Continent Package"，在该框架下更多的立法正在不断的进行讨论中。相关规制框架已经逐步在各个国家法律中建立，并且相关法律已经逐步在

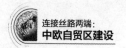

欧盟层面上采纳。

4. 分销

分销服务是欧盟最大的服务行业之一。批发和零售贸易占到 GDP 的 11% 和将近 15% 的就业。这个行业目前发展呈现集中和垂直整合趋势。在很大程度上，分销服务是由成员国通过制定规则进行管理的，包括相关的劳工、竞争和建设等。然而，集中欧盟层面的法律也是可以应用的，比如《服务指令》（Services Directive）。考虑到分销服务对于欧盟经济和当地市场政策的重要性，未来还会有更多的政策法律将被制定和执行。

5. 视听服务

视听服务（Audiovisual services）和其他创新的产业，对欧盟 GDP 贡献达到 2.6%。管理这个行业的基本法律是《媒体视听服务指令》（Audiovisual Media Services Directive），以及两个欧盟委员会关于国家在公共广播的管理，和对电影和其他视频工作的支持政策。

（三）欧盟自由贸易协定服务贸易条款比较分析

欧盟目前已经签署了一系列的双边贸易协议，本文选取欧盟—越南、欧盟—新加坡和欧盟—加拿大三份自贸协定进行对比，其中越南是发展中国家，新加坡是东南亚的发达国家，与中国有诸多相似之处，加拿大是发达国家，代表着欧盟与发达国家之间自贸协定范本。

1. 欧越、欧新、欧加三份自贸协定整体对比

欧盟目前已经签署了一系列的双边贸易协议，我们选取加拿大、新加坡和越南的自由贸易协定中三个服务贸易协议部分进行对比。具体情况如表 2 – 5 所示。

表 2 – 5　自贸协定中服务贸易协议部分对比表

欧新自贸协定		欧越自贸协定	
2014 年谈判结束		2016 年 1 月谈判结束	
A 章	一般规定	第一章	一般规定
B 章	跨境服务提供	第二章	投资
C 章	建立	第三章	跨境服务提供

续表

欧新自贸协定		欧越自贸协定	
2014 年谈判结束		2016 年 1 月谈判结束	
D 章	出于商业目的的自然人短暂停留	第四章	出于商业目的的自然人短暂停留
E 章	管理框架	第五章	管理框架
	部分 1　一般适用规定		部分 1　国内规制
	部分 2　国内规制		部分 2　一般适用规定
	部分 3　计算机服务		部分 3　计算机服务
	部分 4　邮政服务		部分 4　邮政服务
	部分 5　电信服务		部分 5　电信网络和服务
	部分 6　金融服务		部分 6　金融服务
	部分 7　国际海运服务		部分 7　国际海运服务
F 章	电子商务	第六章	电子商务
G 章	例外条款	第七章	例外条款

欧盟—加拿大全面经济贸易协定（CETA）	
2016 年 9 月谈判结束	
第九章	跨境服务贸易
第十章	自然人出于商业目的之临时入境与短暂停留
第十一章	专业资格的相互认可
第十二章	国内规制
第十三章	金融服务
第十四章	国际海运服务
第十五章	电信
第十六章	电子商务

资料来源：以上资料根据欧盟公布的三项自贸协定内容自行整理。

（1）欧盟—新加坡自贸协定涉及的服务贸易内容

欧新自贸协定从 2009 年启动，到 2014 年谈判结束，是欧盟第一个与东南亚国家签署的自贸协定。它为欧盟和东南亚地区国家进一步扩大往来奠定了良好的基础。2016 年，欧盟是新加坡第二大贸易伙伴，占到新加坡

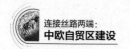

全球贸易的 11%。新加坡也是欧盟在东南亚地区的最大贸易伙伴。该贸易协定将为服务提供者提供更加宽广的市场。

欧盟—新加坡的服务贸易涵盖了四种服务贸易模式，电子商务作为单独章节叙述。其中第五部分是管理框架，共分七个子部分。首先是一般使用规则，比如专业资格互认和透明度等；其次是国内规制，比如许可和资格的条件、程序等；然后是分行业的章节介绍，如计算机服务章节、邮政、电信、金融服务、海运服务等。其中电信、金融和海运章节是重点。第六部分是电子商务部分，主要阐述了海关职责、电子服务提供、电子签名和电子商务监管合作等内容。第七部分是例外条件。

（2）欧盟—越南自贸协定涉及的服务贸易内容

欧越自贸协议是 2015 年签署完成的，2016 年 1 月 1 日开始实行。大体框架上与欧新自贸协定中服务贸易章节相似。服务贸易协定涉及到了四种模式，不过将其分为两类，一类是跨境服务贸易，主要是指跨境交付和境外消费；另一类是将服务贸易提供模式中的商业存在以投资的形式表述，再加上自然人移动章节，对服务贸易四种模式分别作出了约定。之后在第五章，主要涉及了国内规制和一般适用规定；按照行业来分，涵盖了计算机服务、邮政服务、电信网络服务、金融服务和国际海运服务等内容。第六章电子商务分为三个部分，分别对目标和原则、关税、电子商务监管合作进行阐述。第七章为例外条款。

（3）欧盟—加拿大自贸协定涉及的服务贸易内容

欧盟—加拿大是 2016 年谈判完成的，作为发达经济体之间的贸易协定，其开放水平和内容都相对较高，并且涉及的内容十分丰富。

其中与服务贸易的章节从第九章"跨境服务贸易"一直到第十六章"电子商务"。跨境服务贸易和自然人流动分别单独作为一章进行阐述。跨境服务贸易中详细阐述了国民待遇、市场准入、最惠国待遇等核心内容。关于自然人流动章节主要是叙述了信息提供、联络点、关键人员、短期商务访问者以及承诺减让的审核等一系列内容。

欧盟—加拿大自贸协定中还特定增加了专业资格的相互认可、国内规制章节。并将金融服务、国际海运服务、电信服务、电子商务等内容分别作为独立章节，突出了每一部分的重要性，并对每一部分内容进行了丰富。

2. 欧越、欧新、欧加三份自贸协定的行业比较

（1）电子商务

欧盟与这三个国家签署的自贸协定中，对于电子商务章节的共性有两点：一是不设置任何关于电子商务的关税，二是强调中间服务商对于保护参与电子商务的个体信息的重要性。

欧越的电子商务章节只是模糊的对电子商务进行了一些规范，主要是加强合作。这些规范包括：不对电子商务征收关税，承认向公众发放的电子签名证件和促进跨境认证服务，中介服务提供商需要在传输或存储信息方面负责，消费者在电子商务中的保护。

欧加协定中明确表示，要求双方应采取法律、法规和行政等措施保护电子书商务客户个人信息安全，并且应该考虑到相关国际组织的信息保护标准等；并要求增大监管框架的透明性、清晰性和可预见性，并强调便于中小企业使用的电子商务的重要性。

欧新自贸协定中对电子签名作出了具体的规范，要求双方应该加快对彼此电子签名框架的理解，包括国内的条件、立法等内容。

（2）金融服务

对比三种自贸协定的金融服务部分（见表2-6），可以发现，欧加自贸区的金融服务单独成为一个章节，而欧越和欧新的自贸协定中，金融服务和其他服务行业都是作为一个管理框架中的一个子部分进行阐述的，由此可见欧加自贸协定中对于金融服务的重要定位。

表2-6　自贸协定中金融服务贸易的对比表

欧新自贸协定	欧越自贸协定	欧加自贸协定
1. 范围和定义	1. 范围和定义	1. 金融服务
2. 审慎例外	2. 审慎例外	2. 使用范围
3. 自律组织	3. 透明监管	3. 国民待遇
4. 支付和清算系统	4. 新金融服务	4. 最惠国待遇
5. 新金融服务	5. 数据处理	5. 审慎措施识别
6. 数据处理	6. 特殊例外	6. 市场准入
7. 特殊例外	7. 自律组织	7. 金融服务的框架提供

欧新自贸协定	欧越自贸协定	欧加自贸协定
	8. 支付和清算系统	8. 高级管理人员和董事会
		9. 业绩要求
		10. 保留和例外
		11. 法规的透明度和有效性
		12. 自律组织
		13. 支付和清算系统
		14. 新金融服务
		15. 信息的传输与加工
		16. 审慎例外
		17. 特定例外
		18. 金融服务委员会
		19. 范围
		20. 争端解决
		21. 金融服务的跨境提供

通过表2-6可以看出，欧加自贸协定对于金融服务规则进行十分详细描述，主要体现在对于金融服务框架、高级管理人员和董事会的要求、业绩保留、审慎例外、金融服务委员会、争端解决和金融服务跨境提供等方面。

（3）电信服务

电信服务在三份自贸协定中都占有十分重要的地位，而对比这三份自贸协定，其中欧越自贸协定中对于电信服务的内容是最丰富的。

在接入和使用公共电信服务网络章节，欧盟再次强调了对于终端个人信息的安全性问题，并也提出了要维护个人拥有自由接入电信网络的权利。一方面，在要求自由开放的同时，欧盟为了保护自身利益，在欧越自贸协定中也对市场中主要供应商作出限制，比如对主要供应商的互联互通情况、主要供应商的具体行为以及竞争性保障措施等，防止主要供应商由于行业垄断而产生不利于电信自由的行为。另一方面，欧盟对电信的监管提出了具体的要求，对于监管机构的设置、管理和措施的透明度、争端解决机制等，这些要求在欧加自贸协定中较为突出，可能是由于加拿大和欧盟等国家在监管上十分严格，而亚洲国家的越南和新加坡等国家在这方面的监管措施存在着不透明和不健全的状况导致的。

四、中欧服务贸易前景

欧盟与中国都是全球服务贸易重要实体。从总量看，2015 年，欧盟域外服务贸易总额达 16686.8①亿美元，其中：出口 9138.0 亿美元，进口 7548.8 亿美元，欧盟是全球服务贸易第一大实体。从国家层面看，中国是世界服务贸易第二大国，仅次于美国。2015 年中国服务贸易进出口总额达 6497.7 亿美元，其中：出口 2164.9 亿美元，排名全球第五；进口 4332.9 亿美元，排名全球第二。

（一）客观评价中欧服务业市场开放状况

根据经济合作组织（OECD）服务贸易限制性指数评价结果，22 个行业中，除建筑、工程、公路运输和铁路运输行业外，中国其他 18 个服务业开放程度低于世界平均水平；而 23 个欧盟国家在货物装卸、仓储、海关报关、工程、电信、铁路运输、快递、商业银行和保险 10 个行业的开放程度全部高于世界平均水平，在其他 12 个行业，23 个欧盟国家中超过一半国家的开放程度较高。

在 OECD 的评价体系中，中国之所以被评价为开放程度较低，主要有四方面因素，包括限制性指数基础数据的选取以发达国家为标准，依据的政策法规没有及时更新，权重设置主观性强以及中国在上述国际组织中的参与度不足。另外，在 OECD 的评价体系中，同属欧盟的马耳他、塞浦路斯以及后入盟的罗马尼亚、保加利亚和克罗地亚并没有纳入评价体系。对于中国而言，与欧盟建立自由贸易区，服务业开放水平涉及所有欧盟国家，因此中欧双方应客观看待各自在服务业领域开放所取得的成效与不足。

中国属于发展中国家，服务业开放首先遵循的是世界贸易组织 GATS

---

① 世界贸易组织服务贸易数据库，2017 年 9 月 7 日网站浏览，中国与欧盟数据。

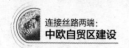

条款义务。世界贸易组织 GATS 条款下的服务贸易开放涉及 12 大类 155 个子部门①，中国对世界贸易组织的开放承诺涉及除健康服务、娱乐服务和其他服务之外的 9 大类、93 个子部门。② 根据世界贸易组织的数据，发达经济体平均承诺开放子部门是 108 个，比重约为 70%。而中国开放的 93 个部门在发展中国家减让中排名第二③；其次，自党的十八届三中全会以来，中国服务业开始了协议开放与自主开放并进的进程，通过对外签署自贸协定、对内设立自由贸易试验区的实践方式不断扩大对外开放；同时在政策层面，不断放宽外商投资政策，逐步引入"负面清单 + 准入前国民待遇"的管理模式。

在金融领域，2014 年 9 月④中国取消了对外资银行设立支行的限制，包括取消外资银行在一个城市一次只能申请设立 1 家支行的规定，取消支行营运资金的最低限额要求等。2015 年 1 月外资银行管理条例修正案生效，进一步取消对外资银行设立分行的限制；取消设立营业机构前设立办事处的要求，将申请人民币业务的最低经营期限从 3 年降至 1 年，取消两年盈利要求，取消外商投资银行分行的人民币 1 亿元的最低营运成本要求。在电信领域，中国在电信行业采取了自由化措施，《外商投资产业指导目录》2015 年版删除了电子商务业务的外资持股比例限制。此外，2015 年 6 月，在全国范围内取消电商运营的外资持股比例限制。在卫生服务领域，允许外商持有多数股权，外国服务提供商可根据中国需要设立合资医院或诊所。

（二）中欧服务贸易自由化需兼顾发展水平差异

党的十八届三中全会以来，中国积极扩大服务贸易开放，而欧盟近年

---

① 商业服务，通讯服务，建筑和相关工程服务，分销服务，教育服务，环境服务，金融服务，与健康相关的服务和社会服务，旅游和与旅游相关的服务，娱乐、文化和体育服务，运输服务，其他服务。

② 其中：旅游服务、运输服务和商务服务总体开放度较高；教育服务总体开放度很低；金融服务、教育服务、通讯服务和环境服务市场准入门槛较高，开放度较低。

③ 俄罗斯 2012 年 8 月 22 日成为世界贸易组织的第 156 个成员。其服务业的开放承诺涉及 11 大类，116 个子部门。

④ 参见 2014 年 9 月 11 日银监会发布的《中国银监会外资银行行政许可事项实施办法》（以下简称《办法》）。

来对外商签的自由贸易协定也将服务贸易自由化作为其重点诉求。因此在扩大服务贸易开放方面中欧具备共识，接下来关键在于求同存异、尊重发展差异、追求共赢。

在中国对外签署的自由贸易协定中，服务贸易领域的自由化遵循渐进原则。2015 年以前签署的 FTA 协定中，中国采用了"正面清单 + 准入后国民待遇"的模式，2015 年之后中国开始在 FTA 中对未来利用准入前国民待遇和负面清单开展服务贸易和投资谈判做出承诺。2015 年 6 月中国与韩国签署的自由贸易协定中，中国承诺未来采用准入前国民待遇和负面清单开展服务贸易和投资谈判，设立了电子商务章节，并增加了地方经济合作相关内容。中国与澳大利亚签署的自由贸易协定中，双方人员往来实现重大突破，并商定以负面清单方式开展服务贸易谈判、推动实现更高水平的相互开放。2015 年 11 月，中国与东盟签署自由贸易协定"升级版"，这是中国在现有自贸区基础上完成的第一个升级协议。其中，双方在服务贸易方面完成了第三批具体减让谈判，累计在建筑、旅游、金融、通讯等近70 个分部门做出更高水平的开放承诺，并把跨境电子商务作为新议题纳入合作范畴。

欧盟目前已经签署了一系列双边自由贸易协定。欧盟对外签署的 FTA，其在服务贸易领域与发展中国家和发达国家达成的自由化措施处于不同水平。以电子商务为例，欧盟—越南 FTA 的电子商务章节主要强调加强合作，对开放双方市场模糊地进行了一些规范。而欧盟—加拿大自由贸易协定则明确表示，要求双方采取法律、法规和行政等措施保护电子商务客户个人信息安全，并且应该考虑到相关国际组织的信息保护标准等，要求增加监管框架的透明性、清晰性和可预见性，并强调便于中小企业使用电子商务的重要性。

（三）中欧双方应在敏感服务领域寻求更多共识

伴随着通讯技术与互联网的迅猛发展，全球服务贸易规则正在发生深刻的变化。计算机信息、电信与金融领域的政策透明度、跨境信息流动、监管机构公平独立、授权许可的简化和便利化、互联以及国际合作等新的议题都成为服务贸易自由化谈判关注的焦点。建筑服务与专业服务领域的

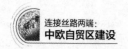

自然人流动限制等也面临进一步开放的压力。

欧盟是世界服务贸易的最大实体，中国是国家层面的第二大服务贸易实体，双方服务贸易开放意味着将有更多的行业领域面临市场准入的扩大。同时基于产业发展或社会监管需要，双方都有敏感领域需要保护或设立过渡期：如航空运输服务领域的外资股比限制，电信服务领域的信息安全问题，金融服务领域的高级管理人员与董事会要求、业绩保留、审慎例外、争端解决与跨境服务共识，分销领域的特定商品的销售活动，视听领域的外资股权限制与播放配额，数字贸易领域的个人隐私、数据存储本地化以及建立网络海关等。中欧双方需要就敏感领域达成更多共识，才能深入推进各自开放的深入发展。

（四）高度关注欧盟与成员国服务贸易政策协调性

随着英国"脱欧"程序的启动，欧盟一体化进程正在经历前所未有的挑战。与货物贸易执行统一关税不同，在服务业领域，共同贸易政策对成员国的约束性较差。在服务业准入门槛方面，欧盟各成员国并不存在统一标准，服务行业法律法规、投资规则、技术标准的制订与实施主体仍是各成员国。以分销服务行业为例，尽管可以适用欧盟层面的法律如《服务指令》（Services Directive），但欧盟成员国很大程度上自行通过法规对分销服务进行管理，包括相关的劳工、竞争和建设等。此外，欧盟成员国在开放服务市场、降低服务业投资壁垒方面存在不同诉求，如德国在航空运输、法律和会计领域存在较多的准入限制，而法国除了会计、法律服务与航空运输，还有公路运输、电影领域存在较为严重的贸易壁垒限制。因此，中国的服务企业在进入欧盟成员国市场时可能遭遇更多的法律法规限制和隐性壁垒。

第三章 非关税措施

一般而言，技术壁垒指 TBT 章节，而 SPS 是与 TBT 并列的章节。但是，如果从国内规制这个大的框架看，SPS 措施也是国内规制的组成部分，总体上受制于国内行政程序法、司法审查等基本原则和要求的约束。因此，无论 WTO 还是自贸协定的规则安排，还是相关国内规制中，SPS 和 TBT 并无本质区别，两者是后者包含前者的关系，而不是相互并列的关系。就目前高水平自贸协定而言，一方面的确存在 TBT 章节和 SPS 章节并列的情况，另一方面我们更应该看到，TBT 和 SPS 已经成为"规制合作"这一大的框架下的国内规制具体问题。

考虑到 SPS 涉及农产品等问题，SPS 涉及的国内规制和国际规则相对而言更具政策敏感性和技术复杂性，从而在国际规则中也就做出了一些与 TBT 不同的安排。就这些不同的安排而言，SPS 问题在国际规则和国内规制中确实做出了与 TBT 不同，且在形式上并列的安排。

一、技术性贸易壁垒（TBT）

（一）技术性贸易壁垒在多边贸易体系中的实践

1.《TBT 协定》介绍

20 世纪 60 年代，《关贸总协定》（GATT）成员开始启动非关税壁垒谈判。标准、许可程序、政府采购、反倾销和海关措施是当时确定的五个谈判领域。1979 年达成了 20 多个成员参加的诸边协定，即《技术性贸易壁垒协定》（《TBT 协定》）。1995 年成立 WTO 时，《TBT 协定》从诸边协定转化为多边协定。

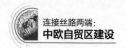

《TBT 协定》管辖范围主要是工业品和农产品的技术性贸易壁垒，不适用政府采购和《SPS 协定》的有关措施。《TBT 协定》主要对成员在标准、技术法规和合格评定程序三方面的措施加以规范，包括正文和三个附件。正文主要规定了透明度要求、采用国际标准和对贸易不得造成不必要障碍（必要性测试）等方面的内容。协定附件主要规定了标准、技术法规和合格评定程序的定义、关于标准制定的良好行为规范等内容。

《TBT 协定》要求各国制定法规的时候以国际标准为基础；法规草案应向世贸组织通报以供成员进行评论；法规对贸易的限制仅为实现国内规制目标所必需，不得构成对贸易不必要的障碍。

2. 《TBT 协定》的实施

《TBT 协定》的实施途径主要是 TBT 委员会例会和 WTO 争端解决机制，对成员的贸易政策审议也会涉及 TBT 问题。

TBT 委员会每年召开三次例会。会上主要讨论成员提起的具体贸易关注（STCs）。另外例会也就公共议题展开讨论。

（1）TBT 通报

《TBT 协定》要求成员法规在草案阶段就进行通报，且要留出合理时间供成员评议。如果成员提出的评论意见未得到满意的答复，成员可将对法规的关注作为具体贸易关注（STCs）提交 TBT 委员会进行讨论。近年来 TBT 通报情况见图 3－1。

（2）TBT 具体贸易关注（STCs）

近年来在 TBT 委员会讨论的具体贸易关注见图 3－2。

从中可以看出，TBT 委员会并不能完全解决成员的具体贸易关注，很多关注虽然多年讨论一直没有得到完全解决。因此，TBT 委员会每年不断增加新的具体贸易关注，同时原来的具体贸易关注仍在持续讨论中。

欧盟和中国是 WTO 内最多被提起具体贸易关注的成员。见图 3－3 1995—2015 年被提起具体贸易关注的成员（省略 14 个贸易关注以下的成员）。

（3）TBT 相关争端解决情况

如果 TBT 委员会不能有效解决成员重要的具体贸易关注，成员有可能选择诉诸 WTO 争端解决机制。近年来，WTO 关于 TBT 措施的争端案例逐

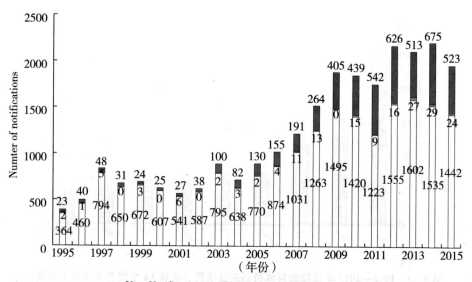

图 3 - 1　1995—2015 年 TBT 通报

资料来源：WTO 文件 G/TBT/38.

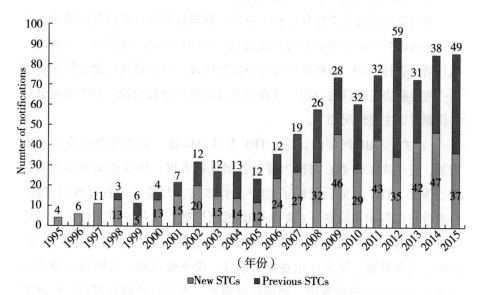

图 3 - 2　1995—2015 年 TBT 具体贸易关注

资料来源：WTO 文件 G/TBT/38.

年增多。根据 WTO 的统计，共有 52 个案例在磋商阶段援引了《TBT 协定》，其中主要是《TBT 协定》第 2.1 和 2.2 条。

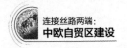

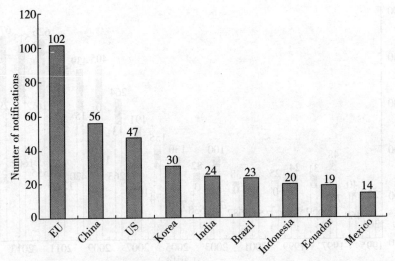

图 3 – 3　1995—2015 年被提起具体贸易关注成员（省略 14 个贸易关注以下成员）
资料来源：WTO 文件 G/TBT/38.

（4）TBT 例会关于公共议题的讨论

公共议题是成员为便利《TBT 协定》的理解和执行而进行的讨论。这些讨论可以为今后协定的修改提供建议。《TBT 协定》规定每三年就协议执行情况进行审议，以便提出修改协定的建议。三年审议讨论过程中将提出一些便利协定执行的问题，并在公共议题项下进行讨论。TBT 委员会公共议题讨论主要情况如下。

1）关于 GRP 问题的讨论。TBT 委员会以往一直注重全面维护自由贸易，近年来工作重心调整为尊重各国规制主权，积极推动国际规制合作。为此，TBT 委员会加快了 GRP 工作进度，起草了"良好规制实践：自愿性机制与相关原则"（简称 GRP 机制原则）文件。该文件是指导性文件，是各国国内规制良好做法的汇总，包括了国内规制措施从拟议、立项、公布草案、征求评论意见、修订、废止全过程。其中包含很多高于和细化 TBT 协定的要求，如透明度做法、关于行政措施审查的标准如必要性测试等。目前，由于成员尚未达成一致，关于 GRP 问题仍在讨论中。

2）关于国际标准界定讨论。《TBT 协定》除要求国际组织对至少所有 WTO 成员开放外，对什么是国际标准没有其他明确界定。在 TBT 委员会的讨论中，欧盟主张按照列举法明确国际标准化组织（ISO）、国际电工委员会（IEC）、国际电信联盟（ITU）等国际标准化机构制定的标准为国际标准。美国主张按照原则法，即根据 TBT 委员会 2000 年关于制定标准应该遵循的透明、开放、公正、协商一致、有效相关及关注发展六项原则界定国际标准化组织。由于美欧之间冲突太大，目前难以达成一致。

3）关于合格评定问题的讨论。合格评定程序方面，欧盟试图推行其企业合格评定自我声明。我国等发展中国家认为，发展中国家管理水平无法满足欧盟的要求。例如，根据欧盟 CE 标志管理规定，纳入强制认证的低风险产品实行合格评定自我声明，企业自行声明产品合格后即可上市。在我国，纳入强制认证（如 CCC 认证）的产品均需获得政府指定机构的认证后才可上市。

4）关于"标准化中的知识产权问题"的讨论。针对专利人将其持有的专利纳入标准，可能导致的专利阻挠标准实施和专利费累加问题，中国于 2005 年提出"标准化中的知识产权问题"，引起了广泛的国际反响。但由于美国的阻挠，该问题并未成为 TBT 委员会正式的公共议题。有关讨论情况已记入 TBT 委员会三年审议报告。

（二）欧盟技术性贸易壁垒相关制度和做法

1. 欧盟标准管理模式演变

在欧盟成立以前，欧盟成员国的标准化活动主要由各国国家标准化机构承担。欧洲最早的标准化组织是成立于 1901 年的英国工程标准学会，1931 年改名为英国标准学会（BSI）。1917 年，德国成立了其国家标准化组织（DIN）。1918 年，法国标准化协会（AFNOR）成立。

欧洲这三个主要国家的国家标准化机构均得到政府的认可和支持。比如，英国 BSI 有来自政府的授权（charter），法国标准化组织曾经是政府机构的组成部门，后根据欧盟的做法调整为非政府机构。这些国家标准化组织均可通过合同等方式获得来自政府的经费支持。

欧共体成立以后，为通过协调成员间标准差异来消除欧盟内部贸易壁垒，开始在欧盟层面进行标准协调的工作。为此，欧盟与 1965 年成立了欧

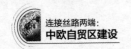

洲标准化委员会（CEN）和欧洲电工委员会（CENELEC），制订适应于整个欧共体的标准，以取代各国的国家标准。1998 年为适应通讯和信息领域技术进步快等特征又专门成立了欧洲通讯标准协会（ETSI）。自此，欧盟的标准化主要由三个标准化组织承担，国家标准化组织则主要负责向CEN、CENELEC 提交标准草案、组织投票并为落实欧盟标准在本国实施而进行培训等工作。

起初，欧盟的标准化组织政府色彩较浓，后来不断照着市场化的方向发展。CEN、CENELEC 以欧盟标准化组织为成员体。ETSI 与 CEN、CENELEC 不同，ETSI 的成员不是欧盟的国家标准化组织，ETSI 以公司为成员体，主要由欧盟的通讯公司组成，并对美国等国家的通讯设备相关公司开放，我国的中兴、华为也是 ETSI 的成员。不过，ETSI 标准投票权则以成员公司在欧盟的产出为基础设定权重。近年来，欧盟日益注重三大标准化机构以外的组织制定的标准。2009 年，欧盟发布了关于《通讯和信息标准化改革白皮书》，其中一个主要内容是改变技术法规和政府采购只援引欧盟三个标准化组织 CEN、CENELEC 和 ETSI 制定的标准的做法，也开始考虑在技术法规和政府采购中直接援引企业联盟制定的联盟标准。

2. 欧盟标准与法规之间的关系

在标准与法规的关系问题上，欧盟起初在政府层面制定类似强制标准的指令，如《欧盟低压电器指令》。很快政府直接制定含有大量技术性内容的指令的做法被证明是不现实的，因为政府在法令制定中往往陷入针对技术性细节的长期争论，效率低下。为此，自 1985 年欧盟出台了《欧洲共同体理事会关于技术协调与标准新方法决议》（以下简称《新方法》），此前的做法有时候也被成为"老方法"。

根据 1985 年的《新方法》，政府只在指令中对产品的安全、健康等强制性要求做出规定。同时，欧盟在法律上规定，指令规定的要求如果明确 CEN、CENELEC、ETSI 这三个标准化组织的标准将为欧盟的指令援引。《新方法》为欧盟的标准化机构，并以项目支持等方式给予经费上的支持。此外，欧盟强制性管理规定如需援引标准协助管理，将只援引这三个标准化组织制定的标准。

3. 欧盟《2012 年标准化条例》

2012 年 10 月 25 日，欧洲议会和欧盟理事会先后正式投票通过关于欧洲标准化的 1025/2012 号法规（regulation）（以下简称"1025/2012 法规"）。该法规是欧洲议会和欧盟理事会对欧洲标准化政策的一次重要调整。1025/2012 法规是对欧洲议会第 89/686/EEC、93/15/EEC 号指令，以及欧洲议会和欧盟理事会第 94/9/EC、94/25/EC、95/16/EC、97/23/EC、98/34/EC、2004/22/EC、2007/23/EC、2009/23/EC、2009/105/EC 号指令的"补充"。该法规的发布同时撤销了第 87/95/EEC 号决定、欧洲议会及欧盟理事会第 1673/2006/EC 号决定。

"1025/2012 号法规"是深刻总结欧洲技术法规和标准化的产物，由于其发展的开放性和措施的科学性，将对欧洲技术法规和标准化产生变革性的影响，也将引发主要国家技术法规和标准化的新思维和新变革。

该法规是对欧盟此前标准化做法局限的承认和反思。欧盟关于欧洲标准化的 1025/2012 法规指出，"目前涉及欧洲标准化的三部法律框架已跟不上欧洲标准化最近几十年的发展，因此，应该对目前的立法框架进行简化和调整，使其涵盖标准化中新的方面，反映最新的发展趋势，以应对欧洲标准化未来的挑战。"

该法规开始走出欧盟政府与三大标准化组织的紧密合作关系，而对其他标准化组织持更为开放的立场。1025/2012 法规所提议的最重要步骤包括加强与欧洲标准化组织（CEN – CENELEC – ETSI）之间的合作，推动消费者、小企业、环保及社会团体参与欧洲标准化工作。其所提议的最重要的步骤是对现有的全球 ICT 技术规范的认可，至少保证欧盟公共采购时的互相兼容。同时提出，如果利益相关者有要求，也有制定欧洲服务标准的可能性。

在欧盟资助和法规援引问题上，1025/2012 法规提出："为了促进创新与竞争，对于某个技术规范的认可，不应该使另一个处于竞争地位的技术规范无法根据本法规的条文得到认可。对于任何技术规范的认可，都应基于上述原则，都应根据它是否得到了市场的高度接受。"1025/2012 法规还指出："鉴于欧洲标准化对欧盟立法及政策的广泛支持，以及各种各样的标准化活动，有必要制定不同的资助协定。"为将这一新政策落到实处，

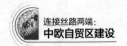

1025/2012 法规专门列出附录《有资格得到欧盟资助的欧洲利益相关者组织》，即这些组织制定的标准或技术规范将有可能被欧盟立法所采用。其中包括：在标准化活动中代表中小型企业利益的欧洲组织；在欧洲标准化活动中代表消费者利益的欧洲组织；在欧洲标准化活动中代表环境利益的欧洲组织；在欧洲标准化活动中代表社会利益的欧洲组织是非政府组织。同时规定：这些组织应是非营利性的、非政府的，没有工业、商业、企业或其他有冲突的利益关系。

该法规还特别就 ICT 领域的法规和政府采购援引标准问题做出规定。2004 年 3 月 31 日，欧洲议会及欧盟理事会关于协调在供水、能源、运输、邮政服务行业的实体采购程序的第 2004/17/EC 号指令和关于协调签署公共建设工程合同、公共供应合同、公共服务合同的程序的第 2004/18/EC 号指令开始，欧盟的多项指令明确规定了在公共采购中的技术规范在制定时应该参照转换为欧洲标准的国家标准、欧洲技术批文、共同技术规范、国际标准、欧洲标准化组织建立的其他技术参考体系，"如果这些统统没有，则参考与工程的设计、计算、实施相关的以及与产品使用相关的国家标准、国家技术批文、或国家技术规范"。但是，ICT 技术规范通常由其他标准制定组织制定，并不属于第 2004/17/EC，2004/18/EC 或 2009/81/EC 或第 2342/2002 号法规（欧盟，欧洲原子能共同体）中任何标准或批文的范围。"因此，有必要提供一种可能性，使公共采购的技术法规可以参考 ICT 技术规范，从而应对 ICT 领域的快速发展，促进提供跨行业的服务的提供，鼓励竞争，促进兼容及创新。"

可以说，欧盟的标准化应 ICT 等领域标准化的新形势进行了积极的改革。这对提高欧盟技术法规的科学性、适应性、有效性、灵活性，以及欧盟技术法规体系的完整性应该将产生积极的意义。

4. 欧盟技术壁垒相关管理机构

就欧盟委员会这一行政机构而言，欧盟技术壁垒相关管理机构涉及多个部门。企业总司负责总体的标准和法规相关工作，贸易总司则负责具体的贸易规则谈判和纠纷应对等工作。至于具体的技术壁垒监管工作，则根据其分工分属健康与食品安全等总司，有的监管品则属于专门机构，比如化学品监管由欧盟化学品管理局（ECHA）负责。

当然，欧盟作为一个较为特殊的官僚体系，经常有与其他国家差别更大的设置。比如，欧盟的食品安全局主要是一个技术咨询机构，而欧洲食品兽医办公室（FVO）则是具体执行欧盟内部以及向欧盟出口的产品安全的行政性检查机构。

（三）欧盟对外签署自贸协定中的技术性贸易壁垒实践

当前，特别是 WTO 于 2012 年发布的《世界贸易报告》将 TBT、SPS 和《服务贸易总协定》（GATs）第 6 条"国内规制"理解为广义的技术壁垒后，美欧等主导的自贸协定在结构上有很大调整。一方面，规制一致性作为一个横向的要求成为包括 TBT 在内的横向的规则要求；另一方面则在 TBT 领域分行业做出安排。然后，才是基于 WTO 的 TBT 设定自贸协定的 TBT 章节。

近年来，欧盟积极推进自贸协定谈判，并在技术壁垒领域不断突破 WTO 的规定，提高了规则水平。其中欧盟与加拿大签署的自贸协定（CETA）水平在欧盟参与的自贸协定中水平相对较高。欧盟与韩国、越南签署的自贸协定中，TBT 章节也对 WTO 规则做了不同程度的提高。同时，欧盟学者认为，TBT 是美、欧之间的自贸协定（TTIP）的"硬骨头"（hard-core）。

1.《欧加自贸协定》（CETA）

欧加自贸协定是日前水平较高的自贸协定。该自贸协定在结构和内容上按照美欧等西方自贸协定的基本模式拟定，但更为明确和具体，实际水平也很高。

（1）TBT 章节

TBT 章节首先将 WTO 的《TBT 协定》主要条款纳入 CETA，然后做出了诸多高水平的安排。这些高水平的安排主要体现在以下几个方面：

首先，通过具体的文字表述进行更为详尽的规定，从而实质性提高规则水平。比如，CETA 的 TBT 章节管理的是"可能影响"（may affect）货物贸易的措施，而非对贸易有"重大影响"（significant effect）。这就避免了 WTO 内关于"重大"的讨论。

其次，在保留原有结构的基础上，通过实质性的拓展提高规则水平。

这在透明度程序上尤其明显。CETA 的评论资格扩大到"法人"，公布评论和回应，以及应要求提供规制研究中的研究报告和数据等实质性的拓展，构成了规则实质性的高水平，将对国内规制、从而消除和减少技术壁垒带来实质性的影响。

最后，CETA 的 TBT 章节做出了结构性的调整。比如，在对地方政府和非政府组织的管理上，WTO 规则要求各国政府保证地方政府和非政府组织、比如标准和认证机构以不违反 WTO 规则的方式行事。这一规定在实施中面临各种困难。CETA 不再强调中央政府的义务，而是规定这些地方政府和非政府组织可以作为 CETA 争端解决中的被告，从而使其直接面临被规则挑战的威胁。相对 WTO 的规定，CETA 的规定更务实，也从而更有利于协定的实施。

除此以外，CETA 关于技术壁垒的规定，更多体现于其他章节。同时，TBT 章节与其他章节也进行了互引（cross-reference），如对规制合作、合格评定结果的互认等章节的互引联系。

（2）规制合作

首先，CETA 规制合作内容明确了涵盖范围，即 TBT、SPS、GATT1994、GATS、跨境服务、可持续发展、劳工和环保（所以我方的研究报告对于规制合作部分的研究只是以 tbt，sps 为代表）。

由于该条款涵盖诸多领域，所以在相关领域章节，如服务贸易国内规制部分做了一般性的、或者操作性的规定，以便避免与规制合作章节重复。

当然，如果详细考察相关具体章节，除货物领域外，其他章节（如服务贸易国内规制）的规定甚至弱化了 WTO 规则、特别是必要性测试相关要求；有的章节（如对金融服务的监管）则稍有提高。但总的来说，WTO 规则中的程序（通报—评论）和实体（必要性测试）规定并没有得到太多的突破。这可能与 WTO 内成员对争端解决机构关于必要性测试裁决存在分歧的一个表现。当然，该方面的猜测尚待与欧盟和加拿大的谈判方进行交流确认。

其次，规制合作被做出了务实的安排，合作目标并非强制收敛规制差异，而是交流信息和良好规制做法；该章节的相关要求也并非强制，一方可拒绝合作，但应准备说明理由。

最后，规制合作列示了诸多非约束性的但非常务实的合作内容，比如分享给规制风险分析的信息，尽量减轻企业负担等。这些要求看似无关紧要，但考虑到配套其对贸易伙伴"法人"评论资格及评论和回应的公布，这些非约束性的条款将不难被赋予实质性的规制内容，从而实质性便利贸易易和投资。

（3）透明度

CETA 透明度章节涵盖多方面的内容，包括国内法政务公开、行政程序法、行政处理以及司法方面相关的信息。由于相关措施、特别是行政程序法方面的透明度在 TBT、规制合作等章节已经做了明确的规定，因此CETA 透明度章节仅做了一般性的规定。

（4）合格评定结果互认

美国诸多行政部门单方在官方行政合规管理中采信独立第三方认证结果，这被认为有助于减轻企业负担，同时满足政府监管目标。

而 CETA 的互认安排则通过自贸协定的方式确定了这一双向做法，即双方相互在设定的产品范围（可不断扩大）内承认（recognition）、认可（accreditation）、甚至指定（designation）他方的评估机构（assessment body），以及双方承认（recognize）对方的认可机构（accreditation body）。CETA 的这一安排实质性地大幅提升了技术壁垒领域互认的规则水平，是对当前国内规制合规导致的贸易成本的实质性解决方案。

（5）药品良好生产规范（GMP）互认

由于合格评定互认章节涵盖特定产品领域，其中并不包括药品，因此药品的互认单设一个章节，且认证仅涵盖 GMP，而非产品本身。

（6）机动车规制

诸多 FTA 会针对电子、机动车和部件、药品和医疗器械和化学品设定行业适用的技术壁垒条款。CETA 并未做出此类安排，其原因在于 CETA 水平较高，可将诸多行业以产品领域方式纳入合格评定互认章节，另外就药品的 GMP 单设章节。此外，考虑到机动车监管的特殊情况，特别是欧盟在联合国项下长期的监管经验，CETA 在机动车规制问题上单设一个章节，主要内容是双方采纳联合国的机动车规制做法。

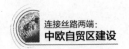
（7）贸易与可持续发展、环保、劳工

可持续发展、环保和劳工实际上紧密相联。前一个章节基于里约、约翰内斯堡等声明以及国际劳工组织（ILO）等文件，做了一般性的规定，指出双方将致力于通过贸易促进环保、劳工方面的可持续发展，在制定相关政策时提高透明度和公众参与度，吸引公民组织参加相关政策制定，并在执法方面进行合作等。

环保和劳工两个章节则分别做出相对具体的规定。其中由于立法规制可由规制合作章节约束，这两个章节则强调不能因为贸易和投资而降低对环境和劳工保护的水平，并就行政程序、提高公众意识等问题做出更为详尽的规定。在贸易便利化方面，这两个章节也明确相关规定不能对贸易造成不必要的障碍等技术壁垒方面的规定。

环保和劳工相关问题不受制于 CETA 的争端解决机构，而是由各自章节自带的程序解决纠纷。

2. 《欧韩自贸协定》（EU – Korea）

在结构和内容上，欧韩自贸协定基本遵循美欧等西方自贸协定的基本模式。但欧韩 FTA 更加接近传统的 WTO 规则和多哈回合非农谈判中分行业领域技术壁垒的一些安排，而规制合作等章节的内容则相对较少。

（1）TBT 章节和透明度章节（含规制合作）

欧韩 FTA 没有专门的规制合作章节，透明度章节内容也相对不很详尽且与 TBT 章节内容重复。

TBT 章节本身在确认 WTO《TBT 协定》权利和义务的基础上，就评论资格扩大到"法人"做出了规定。此外该章节还按照欧盟的意愿就标签问题做了规定。

透明度章节一方面重复了 TBT 章节中关于评论的规定，同时规制质量、良好行政实践、规制影响评估（RIA）等做出了原则性的规定。TBT 章节则提及了规制合作问题。

（2）行业技术壁垒：电子、化学品、药品、机动车及部件

欧韩 FTA 沿袭多哈回合非农谈判欧盟的立场，做出了电子、化学品、药品、机动车及部件四个领域的技术壁垒安排。

在电子产品领域，欧韩 FTA 就国际标准、认证等事项做出了务实的实质性

安排。在国际标准问题上，双方明确 ISO、IEC 和 ITU 为国际标准。在认证问题上，双方明确将在特定领域产品适用企业合格评定自我声明（SDOC）、SDOC 加接受他国检测报告、接受制定机构自愿合作和 IECEE CB 机制下检测实验室的报告等问题达成了一致，并留给韩国一定的实施过渡期。

在机动车和部件领域，双方就以联合国欧洲理事会（UN ECE）的相关监管措施为基础协调规制差异做出了明确的规定。

在药品和医疗器械领域，双方就国家健康计划中的药品准入、价格和报销问题主要在透明度问题上做出了规定。此外，在良好生产规范（GMP）和良好实验室规范（GLP）问题上也做出了原则性的规定。

在化学品领域，双方就透明度、良好实验室和检测指南等做出了原则性的规定。

（3）贸易与可持续发展章节

该章节基本契合欧盟在该问题上的基本诉求，包括争端解决机制安排等。与 CETA 相比，该领域没有就贸易与环境和贸易与劳工进行单独的章节设置并在其中做出更为明确和细致的规定。

3.《欧越自贸协定》

欧盟专家在其报告《中欧自贸协定报告》中就欧盟与越南的 FTA 水平与中国的自贸协定水平进行了比较，认为虽然欧盟与其贸易伙伴的 FTA 也就技术壁垒问题做了加强交流的规定，但欧盟的更为具体和务实。应该说，欧盟专家这一观点并不错，但也有言过其实之嫌。首先，欧盟与越南FTA 技术壁垒问题无论在结构上还是内容上基本沿袭 WTO 的做法。其次，虽然欧盟和越南 FTA 在技术壁垒问题上比 WTO 有所推进，但并无实质性进展。欧盟与越南 FTA 技术壁垒问题的推进主要是原则性接受良好规制实践交流，根据 RIA 进行规制交流，扩大评论资格至"法人"，以及增加标签管理内容等。

4. 谈判中的 TTIP

美欧《跨大西洋贸易与投资伙伴关系协定》（TTIP）目前尚在谈判中，双方由于在技术壁垒问题上差异很大，所以前景难以预测。但应该看到的是，美欧之所以难以达成共识，是因为二者在"高水平"协定的具体问题上难以全部达成一致，这并不意味着该协定水平较低。实际上，从现有文

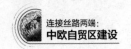

本看，TTIP 雄心水平确实很高。就技术壁垒问题而言，现有文本中技术壁垒问题无论在结构上还是内容上均体现了当前较高的水平。

在结构上，TTIP 由四部分组成：

一是市场准入，含货物、服务、政府采购、原产地规则。

二是规制合作，含规制合作、TBT、SPS、分行业技术壁垒（化学品、化妆品、机械、医疗器械、杀虫剂、ICT、药品、服装、车辆）。

三是规则，含可持续发展、能源与原材料、中小企业、投资、竞争政策、知识产权、政府间争端解决机制。

四是机构安排。

可见，技术壁垒已经作为规制合作的一个内容，成为 TTIP 三个核心章节之一。在内容上，美欧由于政治制度相近、规制实践差异不大，所以分歧更主要体现在对本国规制理念的坚守上，而非评论资格、公平回应等问题上。因此，TTIP 技术壁垒协定更是高水平规则层次上的角逐。

（四）中欧双边贸易中的技术性贸易壁垒现状

1. 中国对欧盟出口基本情况

中国对欧盟出口的主要产品为电机、电气、音像设备及其零附件、核反应堆、锅炉、机械器具及零件、非针织或非钩编的服装及衣着附件、针织或钩编的服装及衣着附件、家具、寝具、玩具、运动器材等。[1]

2. 我国出口面临的主要欧盟技术壁垒

根据商务部 2014 年关于欧盟技术壁垒对我国出口影响的调查报告，受关注较多的措施包括：化妆品条例、玩具安全指令、食品安全指令、新能源能效指令、活性物质残留限量、建材认证新指令、蔬菜水果销售标准、报废汽车指令、电池和蓄电池指令、生态纺织品标准 100、烟草指令、生物杀灭剂法规、与环保标签有关的收费、REACH 法规修订、医疗器械立法修订、假冒药品指令、木材及木制品规例和新环保设计指令、RoHS 指令等。[2]

---

① 商务部：《国别贸易投资环境报告 2014》，商务部贸易救济局网站。
② 商务部：《国别贸易投资环境报告 2014》，商务部贸易救济局网站。http：//trb. mofcom. cn/article/d/cw/201404/20140400552638. shtml.

3. 中欧技术壁垒交流与合作情况

近三年来，我国在 TBT 委员会就欧盟安全芯片"通用准则"认证、REACH 法规及其修订、玩具安全新指令（2009/48/EC）、电子产品能效要求等提出具体贸易关注。①

中欧经济互补性强、贸易额大、技术壁垒管理体制有很多差异，双方技术壁垒方面加强交流，将有助于双方促进贸易、改善管理。当前，双方监管部门如质检总局等与欧盟对口部门一直进行了良好的交流。今后，双方应进一步加强该方面的常规交流。

（五）中欧自贸协定框架下技术性贸易壁垒领域合作

除双方的常规交流外，中欧可在 FTA 项下进行有规则保障的和机制性的交流。就规则保障而言，可在规则内设定具体的交流范围、目的和内容，甚至可以内嵌式规定，在交流的基础上实现规则的进一步提升。就机制而言，一方面可将现有机制以规则的方式明确下来，另一方面也可以优化并明确技术壁垒交流合作机制。

二、动植物卫生检疫（SPS）

欧盟参与的自贸协定在结构上已经远超 WTO，将规制合作作为一个主要内容，而将 TBT 和 SPS 章节作为规制合作项下的两个具体问题。我们的研究总体上将遵循欧盟的认识和安排，即在规制合作的框架下研究技术壁垒，SPS 则是其中的一个具体问题。同时，考虑到各方的理解、特别是 WTO 的现行安排，我们的研究报告也将 SPS 作为一个单独的部分进行研究。

（一）动植物卫生检疫在多边贸易体系中的实践

1. 《SPS 协定》介绍

20 世纪 90 年代初，在乌拉圭回合谈判期间，美国等成员积极推动农

---

① 根据商务部世贸司网站资料整理，http：//sms. mofcom. gov. cn/article/zt_ jsh-fw/subjectdd/.

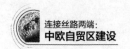

产品出口谈判, 在《TBT 协定》基础上推动达成了《实施卫生与植物卫生措施协定》(以下简称《SPS 协定》)。1995 年成立 WTO 时, 《SPS 协定》成为 WTO 多边协定的组成部分。

《SPS 协定》的管辖范围是食品和动植物领域的检验检疫措施。协定包括正文和 3 个附件, 正文主要规定了非歧视、科学依据、风险评估、最小贸易限制、协调、临时措施、非疫区和透明度等内容。附件主要规定了卫生与植物卫生措施的定义、透明度具体要求以及控制、检查和批准程序等内容。

《SPS 协定》要求各成员制定法规的时候以国际标准为基础; 法规草案应向世贸组织通报以供成员进行评论; 成员的法规对贸易的限制仅为实现国内规制目标所必需, 不得构成对贸易不必要的障碍。

《SPS 协定》指定了三个国际标准制定机构——食品法典委员会(Codex)、国际动物卫生组织(OIE)、国际植物保护公约(IPPC), 这些机构制定的标准为国际标准, 符合国际标准的 SPS 措施被视为符合 SPS 协定。

《SPS 协定》允许成员确定自己的保护水平, 成员偏离国际标准的技术法规, 需提供科学依据。在科学依据不充分的情况下, 协定允许成员采取临时措施, 但成员应在合理期限内根据风险评估结果, 对临时措施进行调整。在《SPS 协定》项下, 成员可根据不同区域病虫害的流行程度, 进行区域化管理。《SPS 协定》第 6 条规定, 成员在提供必要证据的前提下, 可声明其领土内的病虫害非疫区或低度流行区。

2. 《SPS 协定》的实施

《SPS 协定》的实施途径主要是 SPS 委员会例会和 WTO 争端解决机制。SPS 委员会每年召开三次例会。会上主要讨论成员提起的具体贸易关注(STCs)。另外例会也就公共议题展开讨论。

(1) SPS 通报

《SPS 协定》要求成员法规在草案阶段就进行通报, 且要留出合理时间供成员评议。1995—2014 年, 成员一共通报了 18000 项措施。近年来, SPS 措施通报情况见图 3 – 4。

(2) SPS 具体贸易关注(STCs)

如果成员提出的评论意见未得到满意的答复, 成员可将对法规的关注

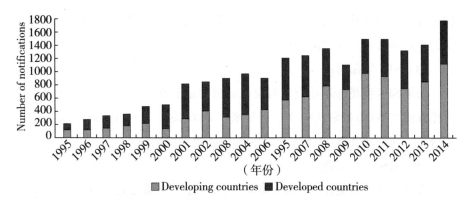

图 3 - 4 1995—2014 年 SPS 措施通报情况

资料来源：WTO：Sanitary and phytosanitary measures：Ensuring safe trading without unnecessary restrictions. https：//www. wto. org/english/thewto_ e/20y_ e/sps_ brochure20y_ e. pdf.

（STCs）提交 SPS 委员会进行讨论。在过去的 20 年间，WTO 成员共提交了 382 项具体贸易关注。SPS 委员会具体贸易关注情况见图 3 - 5。

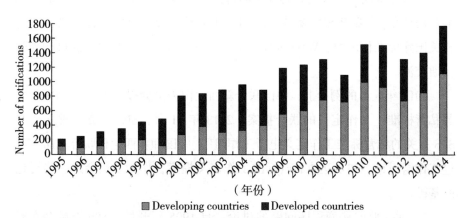

图 3 - 5 SPS 委员会具体贸易关注情况

资料来源：WTO：Sanitary and phytosanitary measures：Ensuring safe trading without unnecessary restrictions，https：//www. wto. org/english/thewto_ e/20y_ e/sps_ brochure20y_ e. pdf.

不过，SPS 委员会并不能完全解决成员的具体贸易关注，很多关注虽然多年讨论一直没有得到完全解决。在 382 项被提交的具体贸易关注中，随后"据报告"有超过 45% 的关注得到"解决"或"部分解决"。不过，至于何为"解决"或"部分解决"，以及何为"据报告"等需明确。根据 SPS 秘书处的一个早期报告。截至 2007 年的 261 个具体贸易关注中，据报告，75 个关注得到解决，18 个关注部分解决。在这些报告中，部分成员

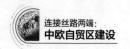
的部分产品得以允许进口。因此，对于据报告得到解决或部分解决的问题我们还需要做更为详尽的分析。

（3）SPS 争端解决

如果 SPS 委员会不能有效解决成员重要的具体贸易关注，成员有可能选择诉诸 WTO 争端解决机制。近年来，WTO 关于 SPS 措施的争端案例逐年增多，到目前共有 44 个案例就 SPS 措施提起磋商请求。

（4）SPS 公共议题

除出具体贸易关注外，SPS 委员会的另外一个重要任务是讨论公共议题。公共议题是成员为便利《SPS 协定》的理解和执行而进行的讨论。这些讨论可以为今后协定的修改提供建议。SPS 委员会公共议题讨论情况如下。

1）关于私营标准的讨论。SPS 委员会从 2005 年 6 月第 35 次例会开始讨论私营标准问题。经过长达 6 年的讨论，于 2011 年 3 月通过了《私营标准行动计划》，要求 SPS 委员会就 SPS 相关私营标准制定工作定义；并与相关国际标准化组织、WTO 其他机构，以及各自境内的私营标准机构加强沟通交流。

2013 年 6 月的例会上，中国联合新西兰向委员会提交了"与 SPS 相关的私营标准"工作定义的联合提案。2013 年 11 月，SPS 委员会成立"与SPS 有关的私营标准工作定义电子工作组"，中国和新西兰任联合主席。经过工作组讨论，初步达成私营标准工作定义提案，作为委员会进一步讨论的基础。

2）关于临时磋商程序问题的讨论。自 1995 年开始，SPS 委员会在对《SPS 协定》的审议中，一直在开展如何实施协定 12.2 条关于"临时磋商或谈判"的讨论，并根据成员提案起草了"临时磋商程序"讨论稿，但成员对于"程序性质（强制性或自愿性）、透明度和保密条款、协调人的作用、时间框架、与非农谈判的关系 5 个关键问题分歧一直较大。2012 年 10月，委员会成立电子工作组，由瑞士担任主席，在充分平衡成员意见后，于 2013 年 9 月修改完成"临时磋商程序"第 7 稿，供成员讨论通过。在2014 年 3 月的例会上，仅有印度对程序第 7 稿提出反对意见，并提出多项待澄清的问题。

（二）欧盟动植物卫生检疫制度和做法

首先，欧盟 SPS 做法受制于其基本的行政程序和必要性测试（比例原则）等基本法律、法规和司法约束。基于此，欧盟关于国内规制的基本做法总体上适用于 SPS 措施。其次，由于农产品等的特殊性，欧盟在 SPS 领域也做出了一些特定的安排。因此，我们的研究在 SPS 章节主要关注欧盟在 SPS 领域的具体和特殊做法。

（三）欧盟对外签署自贸协定中的 SPS 实践

欧盟在自贸协定中除一般的 SPS 章节外，还应注意两个问题：一是 SPS 章节受制于总体的规制合作相关安排的约束；二是考虑到农产品等的特殊性，其 SPS 措施相关内容有特定安排。

总体而言，鉴于 SPS 措施的审慎性，欧盟与贸易伙伴签署的自贸协定在 SPS 章节无大幅的进展，但仍在尽可能的条件下朝着贸易便利化的方向进行推进。

即便在 CETA 中，SPS 章节也较为审慎，除了确认 WTO/SPS 项下的权力义务外，CETA 的 SPS 章节并无实质性大幅推进。不过，双方还是做出了一些务实的安排。首先，CETA 就等效、区域化等 WTO 的 SPS 委员会进行了长期讨论但尚未形成实质性结果或仅达成原则意向的事项进行了确认、细化或有限推进。其次，双方还就双方确定的"优先"进口监管问题做出约定，要求双方保证投入有效资源进行合作等。最后，双方还就进口检查（import check）做出了约定。进口检查作为一种边境措施，是国内监管措施的组成部分，也可被视为执法的内容，但由于这些措施对贸易有直接影响，因此双方对此做了约定。

欧韩自贸协定 SPS 章节确认了 WTO/SPS 协定项下的权力义务外，并无太多实质性进展。

在欧盟—越南自贸协定中，双方就出口方对监管做出了约定，还就等效、区域化等 WTO 的 SPS 委员会进行了长期讨论但尚未形成实质性结果或仅达成原则意向的事项在其 FTA 中进行了确认或推进。此外，欧盟—越南自贸协定还在尊重规制主权方面做了规定，如承认并便利进口方的检查

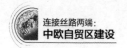

以及对出口控制措施的检测等。

（四）中欧双边贸易中的 SPS 壁垒现状

加入 WTO 以来，我国农产品对欧出口遭遇重大损失。自 2002 年欧盟动物源性食品对华设限以来，我国肉类、蔬菜、海产品等均不同程度遭受欧盟技术壁垒的限制，给我国农海食产品出口造成重大损失。虽经我国积极交涉，对欧出口仍无实质性进展。

（五）中欧自贸协定框架下 SPS 领域合作

欧盟对华在 SPS 领域设限后，我国积极交涉，促成欧盟与中国多方面的合作，比如在技术援助项下，欧盟就其监管措施通过技术援助的方式向中国出口企业提供相关信息，协助中国企业满足其出口要求。欧盟和中国的对口管理部门也进行定期和不定期的交流。这些交流对于促进中欧贸易具有一定的积极作用。

三、中欧非关税壁垒减让前景

（一）非关税壁垒已发展成为规制合作内容

在世界贸易组织协定框架下，技术性贸易壁垒与动植物卫生检疫属于非关税壁垒管辖的范畴，主要对成员国工业品与农产品的标准、技术法规和合格评定程序三方面的措施加以规范，要求相关措施必须符合透明度要求、按照国际标准、遵守必要性测试等。而近年来高水平的自贸协定，如欧盟与加拿大签订的《全面经济贸易协定》，技术性贸易壁垒、动植物卫生检疫等非关税壁垒措施成为"规制合作"的管辖范畴，不仅包括对电子、化学、药品、汽车等行业领域的标准、技术性法规、合格评定程序作出安排，同时在一些横向的规则，如透明度、必要性测试，以及争端解决机制方面作出较世界贸易组织框架下非关税措施要求更加务实的规定，比如将技术性贸易壁垒出台涉及的征求评论意见环节的评论资格扩大到法人，并要求公布评论和做出回应。

（二）中欧分歧在于体系构建与合作深度

无论是技术性贸易壁垒，还是动植物卫生检疫，当前中国与欧盟的差异主要体现在体系的独立性、权责分工以及合作深度方面：

第一，中国没有形成独立的、由企业或行业协会等市场力量主导的标准体系。中国负责标准制定的技术委员会大部分隶属部委；中国的标准众多，国家标准、部委或产业标准、行业标准、地方标准和企业标准并存，标准与标准之间存在重复或者冲突。

第二，政府与企业在标准体系中的职责不明。在欧盟，欧盟委员会负责提出健康、安全方面的强制性要求，标准化组织制定标准，企业选择按照标准化组织的标准进行生产和销售。

第三，自贸协定中对开展技术性壁垒的合作程度不一。中国当前自贸协定所涉及的合作还停留在"增强相互理解和加强合作"等相互通报、交流信息的层面，而欧盟与加拿大达成的 CETA 已经将合作从务虚的层面推进到务实的操作层面，如通过采信独立第三方①的认证结果达到合格评定互认等。

（三）中国标准化体系改革进程加快

自 2015 年以来，中国的标准体系处于改革进程之中，政府正在努力转变角色，将自身在标准体系中的定位朝着监管者的身份转化，减少过度干预导致的"低效""冲突""延迟"。为进一步创造公平竞争环境，2017 年 1 月国发〔2017〕5 号文《国务院关于扩大对外开放积极利用外资若干措施的通知》提出"促进内外资企业公平参与我国标准化工作"，进一步深化标准化工作改革，提高标准制（修）订的透明度和开放度。

（四）非关税减让大幅提高中欧自贸区收益

根据世界贸易组织规定，当前其 164 个成员在加入世界贸易组织时均对其关税水平作了严格的承诺，发达国家一般在 5% 左右，发展中国家在

---

① 不是政府，也不是各领域企业，而是协定双方认可的具有专业知识的独立机构。

15%左右。而根据世界银行与欧盟统计局公布的数据，因各种监管壁垒导致的非关税加权成本远高于各国的关税承诺水平，如在中欧货物与服务贸易中非关税成本分别高达25.7%与26.3%①，是阻碍双边贸易进一步扩大的负面因素。

GTAP模型测算显示，与未建成自由贸易区比较，2030年削减25%的货物贸易与服务贸易非关税壁垒，将带动中国与欧盟GDP分别增加0.78%与0.46%，增长幅度远超过零关税模式下的0.53%与0.13%。与此相对应，削减25%的非关税壁垒带动中国与欧盟的福利增长分别达到1080.75亿美元和719.83亿美元，远超过零关税模式下456.89亿美元和205.17亿美元的福利增长，说明贸易便利化有利于更好地发挥自贸区的福利改进效应。

---

① 参见《明日丝绸之路》第297页。25.7%为欧盟出口商品与服务到中国面临的非关税成本等值，26.3%为中国出口商品与服务到欧盟面临的非关税成本等值。

第四章 政府采购

中国与欧盟的政府采购体系有较大差异。欧盟是 WTO 框架下的 GPA①成员，在欧盟与其他国家所签署的 FTA 中大多涵盖政府采购章节。中国于 2001 年加入 WTO 之后开始执行政府采购体系，目前在中国与其他国家所签订的双边、区域自贸协定中均无涉及这一部分内容。当前，中国正在积极申请加入 GPA，经过与其成员方多次沟通，已于 2014 年底上交了第六份出价，但至今仍没有达到其他成员方的满意程度。

的确，相较欧盟而言，中国在该领域起步较晚，但鉴于目前欧盟内部的稳定性有待观察，中方在申请加入 GPA 过程中受挫等因素的影响，中欧双方在其 FTA 的谈判中加入该内容的时机较好。我方可首先尽力达成中欧双边在这一领域的认同，将其涵盖进中欧 FTA，这将在很大程度上助力中国尽早获得在多边领域的认可进而尽早加入 GPA。

本章将首先澄清欧盟方面在其对外所签署的 FTA 中有关政府采购章节内容的诉求，特别是在其中欧 FTA 可行性研究报告中对于中方的诉求；其次，阐述中国加入 WTO 政府采购协定谈判的出价情况，特别是澄清六次报价中中方所做出的努力；再次，了解中欧双方在各自政府采购市场领域的壁垒情况；最后，阐明中欧自贸协定框架下的政府采购领域合作前景及其努力方向。

---

① 《政府采购协议》（Agreement on Government Procurement，GPA）是 WTO 的一项专项协议，目标是促进成员方开放政府采购市场，扩大国际贸易。该协定于 1994 年 4 月 15 日在摩洛哥马拉喀什签署，并于 1996 年 1 月 1 日起生效，是目前国际上唯一的有关规范政府采购市场的诸边协定。由于 GPA 只适用于自愿加入的签约方，因此成员国加入时必须就政府采购贸易内容与 GPA 每个成员之间展开一对一谈判，其中最重要部分集中于开列受 GPA 约束的商品清单。

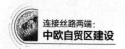

一、欧盟对外签署自贸协定中有关政府采购的诉求

(一) 欧盟内部政府采购条例规定

欧盟是目前世界上最大的发达经济体，其政府采购的法律制度体系较完善，是最早加入 GPA 的成员之一。实际上，早在 1966 年，欧共体（欧盟前身）就通过了有关政府采购的专门规定，比 GATT 所达成的"政府采购协议"还要早 20 年。① 欧盟之所以对政府采购给予极大关注，源于政府采购金额在欧盟整体 GDP 和贸易总额中所占比重较大。据统计，每年欧盟各级政府、适用政府采购法的实体和公用事业采购货物、服务和工程的金额约占欧盟 GDP 的 1/5。但是，在执行规定的严格程度方面，各成员国之间存在较大差距，因此造成仅部分政府采购实行国际招标，其余部分则由各国政府从本国企业直接购买，这部分由价格垄断所造成的损失大约每年为 400 亿欧元。因此，为了在成员国内部彻底消除货物自由流通的障碍，欧共体（之后是欧盟）相继颁布了关于政府采购的公共指令，在实践中又经过不断改革，形成了当前欧盟的政府采购法律体系。

当前，欧盟公共采购②法律体系由条约（TEU 和 TFEU）、二级立法、指令、WTO《政府采购协议》和其他国际协议、国内立法、欧洲法院和国内法庭的判例、欧委会和成员国的解释和指导等构成。所涉及的公共采购法律体系包括四部实体性法律和两部程序性法律。这六部指令是适用于欧盟范围内的公共采购主要规则。其中，针对政府的有四部指令，分别是《关于协调授予公共服务合同的程序的指令》（1992 年颁布，简称《服务指令》）、《关于协调授予公共供应品合同的指令》（1993 年颁布，简称《供应指令》）、《关于协调授予公共工程合同的程序的指令》（1993 年颁布，简称《工程指令》）和《关于协调有关对公共供应品合同和公共工

---

① 以 WTO 前身 GATT 在 1979 年举行的第 7 回合谈判所达成的"政府采购守则"为基础，"政府采购协议"，即 GPA，经 1986 年 9 月在乌拉圭举行的 GATT 部长级会议期间多边谈判而成。

② 公共采购，此处含义同"政府采购"。

程合同授予及审查程序的法律、规则和行政条款的指令》（1989 年颁布，简称《公共救济指令》）；其余两部针对公共事业，即《关于协调有关水、能源、交通运输和电信部门采购程序的指令》（简称《公共事业指令》）①、《关于协调有关水、能源、交通运输和电信部门的采购程序执行共同体规则的法律、规则和行政条款的指令》（简称《公共合同指令》）。②总体上看，为实现指令所规定的成员国之间属于公共采购范围的货物和服务自由流动，欧盟确立了三项基本原则，即透明度、非歧视和竞争性原则。基于以上三项核心原则，欧盟的公共采购市场从最初仅由 6 个国家组成的小范围市场，发展成为目前 28 个欧盟成员国共同组成的采购大市场。

欧盟公共采购市场主要分为两大类，即货物和服务，包括建筑服务。在这个大型政府采购市场中，货物包括所有类型的货物（与国防有关的货物要遵循另外指令下的特殊制度，见表 4 -1），服务包括所有类型的服务，但合同授予程序会基于跨境利益有所不同（有的比较宽松，有的比较排外）。总体而言，服务市场要大于货物市场。

在采购实体方面，欧盟的公共采购市场包括中央、次中央和公共实体。其中，欧盟成员国为中央政府实体，地区及地区政府实体为次中央实体。公共实体是指经营公用事业领域的实体，主要提供公共服务，例如学校与医院。在准入门槛方面，欧盟政府采购条例规定高于门槛的合同金额必须遵守采购条例的相关规定，低于门槛的合同金额则可分别采用各国相适的规定，前提是不能与欧盟的政府采购条例相冲突（见表 4 -1）。

除了以上的门槛金额规定之外，欧盟的政府采购条例还特别增加了如合同履行③、

---

① Directive 2014/25/EU，2014 年 2 月 26 日颁布，取代 Directive 2004/17/EC。
② Directive 2014/24/EU，2014 年 2 月 26 日颁布，取代 Directive 2004/18/EC。
③ 尽管规定了采购合同的履行不应直接或间接的引起歧视，但在各成员国的履行标准有所不同，目的在于便利现场职业培训、安全、避免失业、劳工标准或环境保护，等等，只要这些规定及其应用不与相关欧盟法律相冲突。同样，采购合同的特别目录也可以得以保留。因此，成员国有权不参与公共合同评估程序。

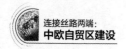

表4-1　欧盟层面政府采购的门槛价格

中央政府机构	
≥13.5万欧元（10.6万SDR①）	供应合同（国防产品仅适用于第2014/第24号指令附件Ⅲ所列）
≥20.9万欧元（16.4万SDR）	适用于第2014/第24号指令附件Ⅲ未列的国防产品采购合同
≥522.5万欧元（409.9万SDR）	所有的工程类合同
其他公共机构	
≥20.9万欧元（16.4万SDR）	所有的供应和服务合同
≥522.5万欧元（409.9万SDR）	所有的工程类合同

资料来源：欧盟官网。②

注：以上金额不包含增值税，从2014年1月开始执行。其中，水、能源、交通和邮政等领域的公共服务供应商，供应和服务合同的门槛为41.8万欧元；对于工程类合同，门槛是522.5万欧元。

经济最优原则③以及社会和环境因素考量等，如公共部门条例第50条规定：合同主体必须要求提供基于相关欧盟或国际标准的有关环境管理标准要求的资质或其他证明。

（二）已达成自贸协定中有关政府采购章节安排

在欧盟对外所签署的双边FTA中，截至2016年底，共有12份包含了

---

①SDR：特别提款权（Special Drawing Right），最早发行于1969年，最初目的是替代黄金成为一种新的货币单位，所以亦称"纸黄金"，由国际货币基金组织根据会员国认缴的份额分配，可用于偿还国际货币基金组织债务、弥补会员国政府之间国际收支逆差的一种账面资产，还可与黄金、自由兑换货币一样充当国际储备。由于它是普通提款权以外的一种补充，所以称为特别提款权，其价值目前由美元、欧元、人民币、日元和英镑组成的一篮子储备货币所决定。本处的SDR价值采用IMF网站2017年1月6日实时更新数据，1欧元等于0.784562SDR，网址为http://www.imf.org/external/np/fin/data/rms_five.aspx.

②http://europa.eu/youreurope/business/public-tenders/rules-procedures/index_en.htm.

③ "经济最优的要约"路径，是遵循欧盟法院规定的法定自由裁量权，以平衡经济和政治的相关因素影响。遵循案例法优先原则，合同主体在相关的评估标准中适当的灵活性和自由度是合法的。同时，合同主体可以通过选择他们希望在评估中所使用的特别因素或一组因素来执行自由裁量权，只要这些因素是以一定的次序所排列以便于投标人在其投标中根据这些因素的重要性次序来做出辨别。

政府采购内容，分别是欧盟与喀麦隆、加勒比国家、中美洲、智利、哥伦比亚和秘鲁、格鲁吉亚、韩国、摩尔多瓦、塞尔维亚、南非，新加坡以及加拿大所签署的自贸协议。其中，韩国、摩尔多瓦、加拿大为GPA成员国①，其他则不是。

但是，欧盟与这些国家和地区所签署的FTA中所包含的政府采购章节内容均有所不同，比如与喀麦隆所签署的政府采购内容只是指明要继续进行该领域的谈判，在双方FTA协定中第4章第59条开篇即写明"Continuation of negotiations on public procurement（继续政府采购谈判）"，并特别指出给予喀麦隆"差别与优惠待遇原则"对待。而与加勒比地区、中美洲、哥伦比亚与秘鲁的签署内容则有非常具体而详细的规定。此外，即便是与已经签署了GPA的国家，欧盟与他们的双边政府采购合作也是不同的。在欧盟与韩国的FTA中，有关政府采购的章节在立足于GPA的基础上排除了BOT合同和公共工程特许合同，这些是属于双边FTA的特别条款。而对于欧盟与摩尔多瓦的FTA来说，有关政府采购的内容规定得更为详细，突出强调通过这一议题倒逼摩尔多瓦在政府采购体系的体制改革和国内有效政府采购市场的形成。

最新签署的欧加自贸协议为欧盟企业提供了史无前例的政府采购准入优惠。与加拿大其他贸易伙伴相比，欧盟被允许更广泛地参与加拿大政府采购。欧盟企业不仅可以参与联邦政府层面的货物与服务采购，还可以参与加拿大省市政府层面的采购，后者是首次向非加拿大企业开放。据估计，加拿大省级层面的采购市场是联邦层面市场的两倍。加拿大还承诺通过在单一采购网站上发布所有公共采购信息的方式逐步提高政府采购透明度。对于较小规模的企业而言，获取信息途径不畅是其进入全球市场的最大障碍，上述政策将为欧洲中小企业带来福利。此外，在欧盟与新加坡FTA谈判所公布的早期收获之中，所透露出来的政府采购章节覆盖也更为广泛。

---

① GPA目前涵盖了46个WTO成员，分别为：亚美尼亚、加拿大、欧盟（28个成员国）、中国香港、冰岛、以色列、日本、韩国、列支敦士登、黑山、阿鲁巴（荷属）、新西兰、挪威、新加坡、瑞士、中国台北、乌克兰、美国和摩尔多瓦。

可见，政府采购章节内容的规定可依据谈判双方的意愿和需求，有较大弹性，这将有助于中欧 FTA 谈判的务实操作。

(三) 对中方的诉求

对政府采购这一章的内容，欧盟在其可行性研究报告中已明确指出：他们意识到中国急切期望执行一个公共采购系统的目标是为消除腐败以及更有效率的使用公共资金，但是这个概念却较少与市场开放相关联，也就是说中国急切希望加入 GPA 的目的并不是为了放开市场，而是期望借助加入 GPA 起到改变国内腐败现象以及发挥更好利用财政资金的作用。

此外，在报告中，欧盟方面特别提到"如果中国继续将这一议题排除在其 FTA 谈判之外，那么中欧之间 FTA 的谈判将是不可能的"。欧盟关注的是"深入和全面的 FTA"，因此公共采购内容是这些 FTA 中不可或缺的部分。报告中还提到：如果中国能够在接下来的一至两年内加入 GPA 的话，在中欧 FTA 中对这一议题的要求就是 GPA + 标准。另外，政府采购还涉及正确执行方面的问题。

报告进一步指出了欧盟方面目前对于中方政府采购市场的三点不满，前两点主要是与 GPA 的基本原则相悖。其一，非歧视性，也就是国民待遇得不到保证。外国企业的抱怨多半来自于此。在中国经营的欧方企业普遍的抱怨是覆盖应该再宽泛些，同时门槛价应该进一步降低。其二，非补偿性，即国内含量问题。由于发展的目的，国内成分（即原产地要求）、补偿采购或技术转移在采购中被要求。毫无疑问，以上要求的实质与 GPA 的"非补偿"原则相背离，依据每一份采购合同中对该项要求的含量，此做法对国外企业的负面影响是有争议的，特别是包含有关"国内成分"的要求时。素有"世界工厂"之称的中国是许多全球性竞争企业设立其合资公司的首选之地。由于中国政府并未明确提供何为"国内成分"①的定义，该项要求仅仅隐含提供在中国的合资企业所生产的产品，这些产品通常拥有竞争性的先进技术以及较高价值。其三，有关国有企业问题。报告指

---

① 有关"国内成分"的要求，在国外的政府采购中也有类似行为，即要求政府采购合同中必须要包含一定比例的国产货或国产原料。

出：截至目前，中国出价的附件1中仍未包含国有企业①，中国国内的采购法也是如此，而是否包含国有企业对欧洲企业来说是重大关切。在欧方报告中明确指出：中国国企经历了几十年放权、重组、公司化以及私有化的改革，现在大多以企业或者控股公司的形式出现，但在实际上，这些国企仍然是作为政府的部门或者委员会进行运作，对公共资金的获取有着天然的优势并且有着巨大的政府影响力。欧盟方面认为，如果这个情况属实，国企就应该属于被覆盖的实体被所提供的附件1所囊括。

国企问题是欧方非常看重的内容。连同跨境采购和进口份额，GPA参加方的国有企业在欧盟大约获得28%的合同份额。由于划分比较模糊，因此实际上应该有大约三分之一的份额。因此，欧盟方面对这一问题的重视不足为奇，尤其对中国来说，欧方认为这部分市场更具潜力。

对于国有企业，欧盟有四个具体的界定标准。一是政府持股超过50%，或者少数持股，但拥有控股权；二是政府任命董事会成员，比如企业董事会成员、企业管理层或企业监事会；三是政府参与企业管理活动，包括涉及公司业务活动的重大决策，以及影响公司的商业决策及运营活动，比如设定企业所销售的货物、服务价格等；四是企业对政府有财政依赖或商业依赖，比如持续性的财政补贴，优先获取土地或原材料，依赖政府购买企业全部商品或服务等。在这个基础上，欧盟对中国的国企企业在经过改革之后是否仍然是作为政府机构进行运作提出两点建议：一是考察是否是以公共机构进行运作，对此援引WTO上诉机构的具体案件审理办法进行操作；二是考察是否使用公共资金，对此建议通过"公共资金"测试来进行决定。根据GPA的规定，各级政府部门实体都被认为对于公共资金有特殊获取权利，因此均应遵照GPA条款进行采购行为。

欧盟作为GPA的重要成员方，曾经在中国加入GPA问题上表态：可允许中国先签署协议，并享受协议权利，之后再承担所履行的义务。这意味着：欧盟允许中方供应商先行进入欧盟的采购市场，获取采购合同；一

---

① 实际上，在中国递交的第6份出价附件3"依据本协定条例进行采购的所有其他实体"中已包含有3个国有企业实体，分别是中国农业发展银行、中国邮政集团公司和中央国债登记结算有限责任公司。但显然，这一出价并不能获得目前GPA成员方的认可。

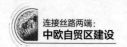

定时间之后，再放开我国的政府采购市场。在这次中欧 FTA 的可行性研究中，欧方对此没有重申，也没有反映出以上提议。但是，本着务实合作的角度，以上提议可以成为中欧政府采购议题以及 FTA 谈判的基本出发点。

二、中国加入 GPA 谈判的出价情况

（一） GPA 概述与中国加入基础

GPA 框架下的政府采购涵盖了国家预算单位，以及接受财政和政府其他支持的机构，包括国有企业。加入 GPA 的具体开放范围通过谈判确定，因此该谈判通常被称为出价谈判。出价范围内的政府采购，对 GPA 参加方的产品和企业要给予国民待遇，在 GPA 参加方之间不再奉行国货优先、本国企业优先的政策。作为 WTO 法律框架下的重要诸边协议，GPA 目标是促进参加方开放政府采购市场，扩大国际贸易。中国加入 GPA 不仅仅涉及政府采购市场的放开，通常发展中国家加入 GPA 谈判的主要内容包括出价谈判和法律调整谈判两大部分。加入 GPA，是中国继 2001 年加入 WTO 之后，在对外经济贸易领域开展的又一项重大谈判。加入 GPA 需要与成员方进行一对一的谈判，达成开放政府采购市场的对等共识，其复杂程度与 WTO 如出一辙，同时因为 GPA 所强调的不亚于 WTO 程度的高标准开放要求，因此加入 GPA 也被一些发展中国家称为"二次入世"。

GPA 谈判的核心是开放政府采购市场，政府采购市场的开放以清单形式确定，因此谈判的内容主要就是确定清单内容。按照 GPA 规定，出价谈判的基本准则是将具有政府目的的采购实体和项目列入出价清单，具体出价范围通过中央政府实体、次中央政府实体和其他实体等三类实体，货物、工程和服务等三类项目，以及项目开放门槛价和谈判例外等八大要素来体现。同时，GPA 强调三个原则：一是国民待遇原则和非歧视性原则，即各缔约方不得通过拟订、采取或者实施政府采购的法律、规则、程序和做法来保护国内产品或者供应商而歧视国外产品或者供应商；二是公开性原则，即各缔约方有关政府采购的法律、规则、程序和做法都应公开；三是对发展中国家的优惠待遇原则，即有关缔约方应向发展中国家，尤其是

最不发达国家提供特殊待遇，如提供技术援助，以照顾其发展、财政和贸易的需求。

从目前 GPA 成员方的开放清单看，开放的采购实体不仅包括政府机关，还包括国有企业、公共事业单位和社团组织等，只要是政府具有控制力和影响力的机构都属于政府采购范围，远远超出目前我国国内的政府采购范围，如电力、公共交通、机场、港口、水利、邮政、金融、电信、石油天然气、科研院校、文化、城市供水等公共事业单位、垄断经营企业和政府设立的社团组织，等等。同时，开放的采购项目范围很广，涉及军事装备、生产设备等 80 多类货物项目，医疗、通讯等 12 类服务项目，办公楼建设、市政工程等 8 类工程项目。

中国在 2001 年加入世贸组织时已就政府采购议题做出了几项承诺，其中包括政府采购透明度承诺以及最惠国待遇原则承诺。另一项承诺就是自中国加入世贸组织时即成为政府采购协定的观察员，并尽早提交附件 1 出价以启动加入政府采购协定的谈判。2002 年，中国政府正式成为 GPA 观察员，2003 年中国《政府采购法》开始实施。2006 年 4 月，中国政府在华盛顿召开的第 17 届美中商贸联合委员会新闻发布会上宣布将在 2007 年底开始加入 GPA 的正式磋商。2007 年 12 月 28 日，时任中国财政部部长谢旭人代表中国政府正式签署了加入 WTO《政府采购协定》的申请书，正式启动了中国加入 GPA 谈判的进程，也实现了加入世贸组织时所承诺的尽快启动政府采购协定谈判的诺言。当日，中国常驻日内瓦 WTO 总部代表团将申请书和中国加入《政府采购协议》初步出价清单递交于 WTO 秘书处。尽管中方在这份清单中要求有 15 年的过渡期而使得许多成员方感到失望，但这至少意味着中国在放开其政府采购市场方面已经迈开了具有实际意义的第一步。事实上，中国与欧盟就 GPA 的双边政府层面磋商早在 2007 年 6 月就已展开，与美国的同类磋商于 2009 年 7 月在华盛顿进行双边首轮战略对话期间而展开。

从 2007 年 12 月 28 日的第一份出价开始，至目前为止，中国已总计递交了 6 次出价。第二份出价于 2010 年 7 月递交，第三份出价于 2011 年 11 月递交，第四份在 2012 年 11 月，第五份出价在 2013 年 12 月，第六份在 2014 年 12 月。可以看出，从第一次修改出价历时近三年，到之后每次提

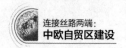
交出价仅相隔一年左右，中国加入GPA的进程正在明显加快。实际上，从第一份出价之后，以后的每一份出价都是对前一份出价的修改，是在综合成员方要价意见以及我方实际需求的基础上所做出的改进，也就是说目前共有5个修改版本，第六次出价实际上就是第五次修改版。尽管对中国来说已经取得了很大进步，但目前这些出价仍未被成员方所接受，加入GPA的道路充满了不小的挫折。

根据GPA相关程序，加入GPA包括市场开放范围谈判和法律法规调整谈判两个方面。提交出价清单属于前者。而相应的，国内政府采购法律法规将依据GPA进行调整，实现与GPA规则相衔接，后者也因此被视为构建和完善该国政府采购法律体系的重要推手。因此，中国加入GPA不是简单的政府采购市场开放，更重要的是对本国政府采购制度的改革和政府采购法律的完善。

目前，中国政府采购改革和政府采购法律调整有两股推动力。一方面，国内政府采购改革新情况、新变化的出现，需要中国的法律做出相应的调整；另一股力量就来自于中国加入GPA。加入GPA后，中国法律需要与GPA规则衔接，中国政府采购制度应如何调整、政府采购改革应如何发展，是中国加入GPA和深化政府采购改革必须考虑的问题。当前，我国加入GPA谈判已经进入关键阶段，面临很多问题，有深层次问题也有功能性问题，伴随着出价的多次调整，政府采购法律制度与GPA规则衔接的重要性日益凸显。

遵从本报告的总体要求，本节主要讨论中国加入GPA谈判所涉及的市场开放范围。总体上看，政府采购市场开放范围由各参加方以出价清单的形式，通过谈判确定。出价清单包括5个附件和1份总备注。其中，附件1至3是采购实体开放清单，分别载明承诺开放的中央采购实体、次中央采购实体、其他采购实体及各自开放项目的门槛价；附件4和5是采购项目开放清单，分别载明各采购实体开放的服务项目和工程项目；总备注列明了执行GPA规则的例外情形。特别需要说明的是，很多缔约国出于地方采购市场发展的考虑，往往抬高门槛价，将更多的市场保护起来。所谓门槛价，是指采购规模达到规定的金额必须进行统一招标采购，如GPA规定，实行国际招标的门槛价为13万SDR。

（二）中国六次出价情况梗概

1. 第一次出价（2007 年 12 月）

2007 年 12 月，我国递交了第一份出价清单。其中，附件 1 "中央政府采购实体" 为 50 个，门槛价格分别为：50 万 SDR 以上的货物项目、400 万 SDR 以上的服务项目，以及 2 亿 SDR 以上的工程项目。附件 3 "其他采购实体" 为 14 个单位，门槛价为：90 万 SDR 以上的货物项目和 3 亿 SDR 以上的工程项目。这份清单没有包含附件 2，即没有将次中央政府采购实体涵盖在内。对附件 1 和 3，仅列出了一般设备类、办公消耗用品，以及建筑、装饰材料三大类项目的有限品种，且指明参照中华人民共和国《政府采购品目分类表》（财库〔2000〕10 号）项目分类。附件 4 "服务" 仅包括租赁（设备和机械）和培训（国外培训）两类。附件 5 "工程" 仅包括建筑物项下的公用房建设和住房建设两类。在总备注中，列出了不适用该协议的诸多例外，如中国政府对于有可能损害国家重要政策目标的特殊采购，将指明不适用本协议；在任何情况下，公路、铁路、民航、港口、城市交通、电力、水利、能源、邮政、电信等公用事业的基础设施建设，以及相关货物、服务的采购，均不适用本协议；等等。

客观而言，中国所提交的这份出价清单覆盖范围小，门槛价格高，还列举了多个例外条款和较长的 15 年过渡期。各成员方在欢迎我方提交的同时，均对我国的出价清单表示不满，并陆续反馈了各自要价。

2. 第二次出价（2010 年 7 月）

2010 年 7 月，中国递交了修改清单，即第二份出价清单，在各方面都做出了相当大的改进。首先，附件 1 增加了中央政府实体，由此前的 50 个增至 61 个，并不再单列货物清单，标明中央政府实体适用于联合国《主要产品分类》（CPC）中的货物项目。同时，降低了门槛价格，对原先 50 万 SDR、400 万 SDR 以及 2 亿 SDR 以上的货物、服务和工程项目分别实行逐年降低制，即货物：实施后第 1 至 2 年 50 万 SDR，第 3 年 40 万 SDR，第 4 年 30 万 SDR，第 5 年起降至 20 万 SDR；服务：实施后第 1 至 2 年 50 万 SDR，第 3 年 40 万 SDR，第 4 年 30 万 SDR，第 5 年起降至 20 万 SDR；工程：实施后第 1 年 1 亿 SDR，第 2 年 8000 万 SDR，第 3 年 5000 万 SDR，

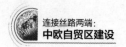

第4年3000万SDR，第5年起降至1500万SDR。可以看出，门槛价格有大幅下降的趋势，表明了中国在这个方面所做出的实质性努力。

其次，对于附件2，GPA并未对次中央政府实体做出定义，各成员方仍存在较大争议。GPA成员方认为，次中央政府实体是指各级地方政府，而我国地方政府级别从省、市到区县甚至乡一级都有人民政府，每个层次的政府采购范围亦有所不同，这对于GPA本身以及其他成员国来说是全新的情况。实际上，GPA成员方对我国地方政府要价极高，不仅要求包括全部省级政府，还要求包括23个重点城市，欧盟还要求把地级市纳入出价清单。事实上，现有GPA参加方在地方实体出价上参差不齐，有的承诺较为全面，基本涵盖各个层次的地方政府，如日本、韩国、欧盟等，而有的较为有限，如美国只承诺37个州的州级政府，加拿大未列入地方政府，我国台湾地区只包括三个市级政府等。此外，具体承诺开放到什么程度，一方面取决于成员方的中央和地方关系，另一方面取决于谈判中的互惠，即采购规模的对等。由于情况比附件1"中央政府实体"要复杂得多，故本次仍然未列入。

再次，对于附件3，本次出价的门槛价格亦大幅降低，由原先90万SDR以上的货物项目和3亿SDR以上的工程项目，降至货物：实施后第1至2年90万SDR，第3年80万SDR，第4年70万SDR，第5年起降至60万SDR；工程：实施后第1年2亿SDR，第2年1.8亿SDR，第3年1.5亿SDR，第4年1.3亿SDR，第5年起降至1亿SDR，并增加了服务项目的门槛价，即实施后第1至2年90万SDR，第3年80万SDR，第4年70万SDR，第5年起降至60万SDR，说明附件3中首次将服务类别包含在其他政府实体采购清单中。同样，不再单列货物清单，表明适用于联合国《主要产品分类》（CPC）中的货物项目。

最后，对于附件4，由原先依据中华人民共和国《政府采购品目分类表》（财库〔2000〕10号），改为依据WTO《服务部门分类及对应CPC编码》（MTN.GNS/W/120号文件），向国际标准对齐。所包含的服务范围扩大，由此前仅有设备和机械租赁、国外培训两类扩展至专业服务、无操作人员的租赁服务、其他商务服务三大类总计9小类服务。对于服务的出价，该份出价表明需遵守中国政府在GATS（WTO《服务贸易总协定》）谈判中规定的限制和条件。

对于附件 5，由原先依据中华人民共和国《政府采购品目分类表》（财库〔2000〕10 号），改为依据 CPC；由原先仅包含建筑物项下的公用房建设和住房建设两类扩展至包含 511 建筑工地的准备、512 建筑施工、513 预制构件的组合和装配服务、515 特殊施工、516 安装工程服务、517 建筑物装修服务，以及 518 配有操作员的建筑物或土木工程的建造或拆除设备的租赁服务共计七大类项目，指明出价遵守中国政府在 GATS 谈判中规定的限制和条件。对于附件 4 和 5 所列的服务以及建筑服务，在本次出价的总备注中特别指出：仅在特定参加方对该服务提供对等准入时，才对该参加方开放。此外，总备注中将中国履行该协议的年限从 15 年缩短为 5 年。

针对第二份出价，各成员陆续反馈了要价清单。美国针对中国的附录 1 出价，提出第二次要价，以期望中国的出价能够与美国和其他 GPA 参加方的出价水平一致，如建议货物和服务项目门槛价降至 13 万特别提款权，工程项目门槛价降至 500 万特别提款权。欧盟认为中国应该在未来 GPA 的承诺中，保证开放实体范围的最大化，因此专门详细列举了百余家央企名单希望纳入开放清单。同时，欧盟认为：要达成一个令人满意和平衡的交易，除了市场准入问题，调整中国的国内法律使之与 GPA 相一致，也是中国加入 GPA 进程中不可或缺的一环，并表明其愿意在这一进程中向中国提供帮助。以色列首次对中国提出要价，期待中国能在第二份出价基础上继续改进，如建议中国将门槛价降至与其他参加方可比的水平。此外，加拿大、瑞士、日本、韩国、中国台北、挪威、新加坡等国家和地区也表达了各自的要价建议。

3. 第三次出价（2011 年 11 月）

在前两次出价的基础上，2011 年 11 月，中国递交了第三份出价清单。首先，这份清单中最大的进步就是首次加入了次中央政府实体。根据 GPA 成员的概念，次中央政府指中央政府以下各级政府，可以理解为地方政府，实体包括各州或地区政府机构、公共团体、受地方政府资助和管理的公司等。从程序上说，加入何种范围的地方实体，应由中国提出地方政府实体的覆盖范围和要价，与成员商议解决。在这份出价中，中国包含了省

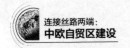

一级政府，分别为北京、上海、天津、江苏和浙江总计 171 个地方政府实体，即 171 个次中央政府实体。

实际上，我国在《加入 WTO 工作报告书（政府采购部分）》中已经承诺："中国有意成为《协议》的参加方，在此之前，中央和省级地方政府实体，以及专门从事商业活动以外的公共实体，将以透明的方式采购，并按照最惠国待遇原则，向所有外国供应商提供参与采购的平等机会。"这表明中国原本就打算将中央政策的下一级政府——省级地方政府实体作为次中央实体之范畴。

此外，GPA 协定对每一缔约方中央政府采购合同的最低限额作了具体要求，而地方采购实体的采购限额由缔约方自主承诺，而在确立地方采购实体的门槛标准上，各缔约方则从各自的经济竞争力出发。更高的门槛价意味着更高的灵活性，对于地方实体来说，如果他们有更高的门槛价，就意味着他们有更大比例的采购将不受 GPA 纪律的约束，之所以这样制定，是为了适应地方的实际要求，事实上国际供应商并不是特别关注地方政府采购。最终加入 GPA 的地方实体门槛价会定在什么样的水平，要由谈判来决定，即中国出价，对方要价。这对其他申请加入 GPA 的国家来说也是如此。目前多数缔约国承诺地方采购实体的货物或服务采购合同门槛价为 20 万 SDR，建筑服务合同门槛价为 500 万 SDR。美国和加拿大这样的发达国家对地方采购实体的货物和服务合同的最低限额却承诺为 35.5 万 SDR，而日本和韩国对地方采购实体的建筑服务合同最低限额标准则高达 1500 万 SDR，他们所依据的标准就是本国经济竞争力。① 在这份出价清单中，附件 2 "依据本协议条款进行采购的所有次中央实体" 门槛价分别设定如下：

货物：实施后第 1 至 2 年 75 万 SDR，第 3 年 60 万 SDR，第 4 年 50 万 SDR，第 5 年起降至 40 万 SDR。

服务：实施后第 1 至 2 年 75 万 SDR，第 3 年 60 万 SDR，第 4 年 50 万 SDR，第 5 年起降至 40 万 SDR。

① http://guba.eastmoney.com/news，cjpl，96670203.html "GPA 第三批出价清单年底提交地方政府入列"。

工程：实施后第 1 年 1.5 亿 SDR，第 2 年 1 亿 SDR，第 3 年 8000 万 SDR，第 4 年 5000 万 SDR，第 5 年 3000 万 SDR。

此外，在附件 2 中还特别指明：本协议不适用的涉及地区性重要经济社会政策项目，将在今后修改出价中逐步列明。

其次，对于附件 4 "服务"，此次出价清单在第 2 次出价的基础上增加了环境服务和运输服务。对于总备注中的内容，第 2 次和第 3 次涵盖内容大体相同，均指明附件 1 至 3 中实体授予与饮用水、电力、能源、水利、交通运输、通信、邮政领域有关的合同不适用本协议。同样，这份出价仍然是 5 年的过渡期。

4. 第四次出价（2012 年 11 月）

2012 年 11 月，我国提交了第四份出价清单。相对于第三份出价，明显的改进表现在：

第一，附件 1 "依据本协议条款进行采购的中央政府实体"中，工程类门槛价格进一步降低，由原先"实施后第 1 至 2 年 8000 万 SDR，第 3 年 5000 万 SDR，第 4 年 3000 万 SDR，第 5 年起降至 1500 万 SDR"降至"实施后第 1 至 2 年 5000 万 SDR，第 3 年 3500 万 SDR，第 4 年 2500 万 SDR，第 5 年起降至 1500 万 SDR"。

第二，附件 2 "依据本协议条款进行采购的所有次中央政府实体"中，工程类门槛价格同样进一步降低，由原先"实施后第 1 年 1.5 亿 SDR，第 2 年 1 亿 SDR，第 3 年 8000 万 SDR，第 4 年 5000 万 SDR，第 5 年 3000 万 SDR"降至"实施后第 1 年 1 亿 SDR，第 2 年 8000 万 SDR，第 3 年 5000 万 SDR，第 4 年 4000 万 SDR，第 5 年起降至 3000 万 SDR"。在北京、上海、天津、江苏和浙江这 5 个地方政府实体基础上，增加福建、山东和广东三省共 100 个次中央实体，总价达到 271 个次中央实体，覆盖范围进一步扩大。

第三，在总备注中，内容明显减少，意味着例外情况进一步减少，不适用本协议的项目限于：采购实体为支持农业或人类食用项目进行的采购；受 GPA 约束的采购实体，代非受 GPA 约束的采购实体进行采购；附件 1 至 3 中实体授予与饮用水、电力、能源、水利、交通运输、通信、邮政领域有关的合同；为扶持中小企业、促进少数民族和贫困地区发展进行

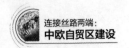

采购的项目；广播节目的获取、开发、生产或合作生产以及播出时段等合同；国家为战略储备、救灾目的的采购项目；附件1至3中的实体或企业从另一实体或企业进行的采购；凡未列入附件5的服务和未列入附件6的工程。此外，中国政府对于有可能损害国家重要政策目标的特殊采购，保留不执行国民待遇的权利；根据GPA第5条以及关于促进发展的总体政策，中国将对政府采购项目的本国比例、补偿交易或者技术转移提出要求；中国不将本协议利益给予有关参加方的供应商和服务提供者，直至中国已经认为有关参加方向中国的供应商和服务提供者提供进入其各自市场的准入机会。对于附件5所列服务或附件6所列工程，仅在特定参加方对该服务提供对等准入时，才对该参加方开放。最后，5年的过渡期保持不变。

5. 第五次出价（2013年12月）

2013年12月，我国递交了第5份出价清单。

附件1"依据本协定条款进行采购的中央政府实体"中，货物、工程和服务项目门槛价没有调整。但因我国进行机构改革，部分部委合并或撤销，新的出价清单对中央政府实体作了相应调整。

附件2"依据本协定条款进行采购的所有次中央政府实体"中，货物和服务项目的门槛价保持不变，但再次下调了工程项目门槛价，由原先"实施后第1年1亿SDR，第2年8000万SDR，第3年5000万SDR，第4年4000万SDR，第5年起降至3000万SDR"调整为"实施后第1至第2年6000万SDR，第3年5000万SDR，第4年4000万SDR，第5年起降至2000万SDR"。

有关这份出价中最大的变化也体现在附件2中，即：这份清单中的次中央政府实体按照A组和B组划分公布。在A组名单中，除原先公布的5省3市外，新增辽宁省和重庆市，总计334个实体单位；B组列入了河南、河北、湖南、湖北4个省份，总计112个实体单位，指明实施3年后开始履行本协定。

附件3"依据本协定条款进行采购的所有其他实体"门槛价也有较大变动，大幅降低了工程项目门槛价，货物和服务项目门槛价则无调整。工程项目门槛价调整为"实施后第1至第2年8000万SDR，第3年6000万

SDR，第 4 年 5000 万 SDR，第 5 年起降至 4000 万 SDR"。

附件 4"货物"为新增内容，指明"除非另有规定，本协定涵盖附件 1 至 3 所列明的实体采购的所有货物项目。附件 1 至 3 中相关实体的货物例外项目在今后修改出价中逐步列明"，表明覆盖范围已经基本与 GPA 协定要求基本吻合。

附件 5、6 分别为服务和工程（http：//www. cgpnews. cn/articles/18948）。

此外，附件 7"总备注"中明确提出"为全面履行本协定各项义务，本协定对我国的实施期为 3 年。我国保留对履行相关义务采取过渡性措施的权利"。同时，出于国家安全考虑，我国保留对特定供应商适用本协定的权利。这表明，过渡期由原先的 5 年缩短了 2 年，有了较大的进步。

6. 第六次出价（2014 年 12 月）

2014 年 12 月，中国递交了第六份出价，这也是中国在申请加入 GPA 过程中的最新版出价。相对于第 5 份出价，第 6 份出价的改进主要体现在：

附件 1"依据本协定条款进行采购的中央政府实体"中，门槛价大幅降低，门槛价过渡期由 4 年缩短至 2 年，过渡期结束后的门槛价降至参加方水平，即"货物：实施后第 1 至 2 年 20 万 SDR，第 3 年起降至 13 万 SDR；服务：实施后第 1 至 2 年 20 万 SDR，第 3 年起降至 13 万 SDR；工程：实施后第 1 至 2 年 1000 万 SDR，第 3 年起降至 500 万 SDR"。此外，中央政府实体新增京外下属行政机构，不在局限于各实体机关本级及其在京所属行政机构。

附件 2"依据本协定条款进行采购的所有次中央政府实体"中，门槛价进一步降低，门槛价过渡期进一步缩短，即"货物：实施后第 1 至 2 年 50 万 SDR，第 3 年起降至 35.5 万 SDR；服务：实施后第 1 至 2 年 50 万 SDR，第 3 年起降至 35.5 万 SDR；工程：实施后第 1 至 2 年 2500 万 SDR，第 3 年起降至 1500 万 SDR"。同时，B 组类别中增加了山西、黑龙江、安徽、江西、海南 5 个省份，总计达到了 239 家实体单位，连同本次出价中 A 组的 320 个实体单位，共有 559 个实体单位列入出价清单。

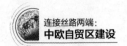

　　附件 3 "依据本协定条款进行采购的所有其他实体"中，门槛价格和过渡期均有下降，即"货物：实施后第 1 至 2 年 60 万 SDR，第 3 年起降至 40 万 SDR；服务：实施后第 1 至 2 年 60 万 SDR，第 3 年起降至 40 万 SDR；工程：实施后第 1 至 2 年 2500 万 SDR，第 3 年起降至 1500 万 SDR"。附件 3 中新列入 5 所在京院校、3 家专科医院、3 个文化场馆以及 3 家国有企业，采用本协议的其他实体增至 22 家。

　　此外，采购项目在第 6 份出价中涵盖了 GPA 的所有商品项目。服务类则遵从 WTO 服务部门分类项目；工程项目类依照联合国 CPC 的部门 51，这两项均比中国政府采购法的覆盖范围大得多。也就是说，中国的第 6 份出价已经接近于 GPA 的标准要求，并且已经大大超出了中国政府采购法的覆盖范围。

　　特别需要说明的是，在这份出价中首次列入了国有企业，即中国农业发展银行、中国邮政集团公司（仅限于按照《中华人民共和国邮政法》规定的为邮政普遍服务开展的采购），以及中央国债登记结算有限责任公司。这将为国内企业发展打开一扇新的大门，也提供了一个全新的市场。加入 GPA 可解决企业在参加方投标的身份认证问题，明确投标资格，规避主要贸易国家就政府采购市场设置的贸易壁垒。将国有企业列入出价，是根据 GPA 规则做出的安排，各参加方也不同程度地将公益类国有企业列入清单。据悉，韩国列出了 19 个国有企业，涉及银行、能源、化工等行业；日本列出的 139 个单位中，包括了国有公司。然而，目前的报价中，中国的出价仍然远远不及美国的要求，即北京应该覆盖任何以政府目的进行采购或"以政府目的创建、建立或授权进行基础设施或其他建设项目"的国有和国家投资企业。

　　此外，这份出价仍然保留了大部分的广泛责任除外。第一个责任除外允许中国的个别政府采购在如不这样做会损害"国家重要政策目标"的条件下可以背离 GPA 的非歧视规则。第二个责任除外允许中国采取植入本国元素、技术转让或涵盖采购的其他补偿措施。这两者都包括在附件 7 的"总备注"中。但总体而言，这份出价范围已与参加方大体相当。

（三）六份出价清单内容比对

表 4 - 2　中国 6 次出价清单所涉主要内容列表

序号	时间	采购实体（家）	采购范围	门槛价（SDR）
1	2007. 12	中央政府实体：50	货物：限 3 类（一般设备类、办公消耗用品、建筑、装饰材料）	50 万
			服务：设备和机械租赁、国外培训	200 万
			工程：公用房建设、住房建设	2 亿
		其他采购实体：14	货物：限 3 类（一般设备类、办公消耗用品、建筑、装饰材料）	90 万
			工程：公用房建设、住房建设	3 亿
2	2010. 7	中央政府实体：61	货物：联合国《主要产品分类》（CPC）	实施后第 1 至 2 年 50 万，第 3 年 40 万，第 4 年 30 万，第 5 年起降至 20 万
			服务：依据 WTO《服务部门分类及对应 CPC 编码》，11 项	实施后第 1 至 2 年 50 万，第 3 年 40 万，第 4 年 30 万，第 5 年起降至 20 万
			工程：CPC 中的 6 类工程	实施后第 1 年 1 亿，第 2 年 8000 万，第 3 年 5000 万，第 4 年 3000 万，第 5 年起降至 1500 万
		其他采购实体：14	货物：CPC[①] 货物项目	实施后第 1 至 2 年 90 万，第 3 年 80 万，第 4 年 70 万，第 5 年起降至 60 万

———————

①联合国《主要产品分类》。

续表

序号	时间	采购实体（家）	采购范围	门槛价（SDR）
2	2010.7	其他采购实体：14	服务：依据 WTO《服务部门分类及对应 CPC 编码》，11 项	实施后第 1 至 2 年 90 万，第 3 年 80 万，第 4 年 70 万，第 5 年起降至 60 万
			工程：CPC 中的 6 类工程	实施后第 1 年 2 亿，第 2 年 1.8 亿，第 3 年 1.5 亿，第 4 年 1.3 亿，第 5 年起降至 1 亿
3	2011.11	中央政府实体：61	货物：CPC 货物项目	同第二次
			服务：11 项	同第二次
			工程：CPC 中的 7 类工程	实施后第 1 至 2 年 8000 万，第 3 年 5000 万，第 4 年 3000 万，第 5 年起降至 1500 万
		次中央政府实体：171	货物：CPC 货物项目	实施后第 1 至 2 年 75 万，第 3 年 60 万，第 4 年 50 万，第 5 年起降至 40 万
			服务：11 项	同上
			工程：CPC 中的 7 类工程	实施后第 1 年 1.5 亿，第 2 年 1 亿，第 3 年 8000 万，第 4 年 5000 万，第 5 年 3000 万
		其他采购实体：14	货物：CPC 货物项目	同第二次
			服务：11 项	
			工程：CPC 中的 7 类工程	
4	2012.11	中央政府实体：60	货物：CPC 货物项目	同第二次
			服务：11 项	同第二次
			工程：CPC 中的 7 类工程	实施后第 1 至 2 年 5000 万，第 3 年 3500 万，第 4 年 2500 万，第 5 年起降至 1500 万

续表

序号	时间	采购实体（家）	采购范围	门槛价（SDR）
4	2012.11	次中央政府实体：271	货物：CPC 货物项目	同第三次
			服务：11 项	同第三次
			工程：CPC 中的 7 类工程	实施后第 1 年 1 亿，第 2 年 8000 万，第 3 年 5000 万，第 4 年 4000 万，第 5 年起降至 3000 万
		其他采购实体：14	同第二次	
5	2013.12	中央政府实体：63	货物：CPC 货物项目	同第四次
			服务：14 项	
			工程：CPC 中的 7 类工程	
		次中央政府实体：334（A）+112（B）	货物：CPC 货物项目	同第三次
			服务：14 项	同第三次
			工程：CPC 中的 7 类工程	实施后第 1 至 2 年 6000 万，第 3 年 5000 万，第 4 年 4000 万，第 5 年起降至 2000 万
		其他采购实体：8	货物：CPC 货物项目	同第二次
			服务：14 项	同第二次
			工程：CPC 中的 7 类工程	实施后第 1 至 2 年 8000 万，第 3 年 6000 万，第 4 年 5000 万，第 5 年起降至 4000 万
6	2014.12	中央政府实体：63	货物：CPC 货物项目	实施后第 1 至 2 年 20 万，第 3 年起降至 13 万
			服务：20 项	实施后第 1 至 2 年 20 万，第 3 年起降至 13 万
			工程：CPC 中的 7 类工程	实施后第 1 至 2 年 1000 万，第 3 年起降至 500 万

续表

序号	时间	采购实体（家）	采购范围	门槛价（SDR）
6	2014.12	次中央政府实体：320（A）+239（B）	货物：CPC 货物项目	实施后第 1 至 2 年 50 万，第 3 年起降至 35.5 万
			服务：20 项	同上
			工程：CPC 中的 7 类工程	实施后第 1 至 2 年 2500 万，第 3 年起降至 1500 万
		其他采购实体：22	货物：CPC 货物项目	实施后第 1 至 2 年 60 万，第 3 年起降至 40 万
			服务：20 项	同上
			工程：CPC 中的 7 类工程	实施后第 1 至 2 年 2500 万，第 3 年起降至 1500 万

资料来源：中国政府采购网。

三、中欧政府采购市场壁垒情况

（一）中方壁垒

目前，中国政府采购领域已初步形成以《政府采购法》为核心的政府采购制度法律框架，建立了比较完备的政府采购管理机构，初步确立集中采购与分散采购相结合的采购模式，采购范围与规模都有较大程度的提升。但是，在面临加入 GPA 的形势下，特别是在以欧盟为代表的西方发达国家的要价督促下，中国政府采购市场仍然存在一些亟须解决的问题。

1. 与 GPA 目标差异大，政府采购市场缺乏透明度

WTO 框架下的 GPA 协定作为目前国际社会有关政府采购最具影响力的多边国际制度，奉行非歧视、市场开放、发展中国家特殊和差别待遇等原则，致力于政府采购的国际协调，对各成员政府采购行为进行规范，目标是促进成员方开放政府采购市场，扩大国际贸易。中国政府在启动加入 GPA 的谈判后，GPA 成员方基于中国政府采购市场的巨大潜力，迫切要求

中国尽早加入 GPA，以带动其他发展中国家加入 GPA 从而推动国际贸易自由化过程。但中国加入 GPA、开放政府采购市场既存在机遇也面临挑战：加入 GPA 后政府采购市场开放性将大大加强，相关产业既面临着竞争升级带来的自主创新提升和国际市场开拓的机遇，同时也将面对 GPA 框架下国际产业竞争环境的冲击和挑战。在此背景下，中国政府采购制度出现了从单一的财政支出管理制度逐渐向承担国家公共政策功能的综合制度体系转变，但中国政府采购体系的政策基础仍然与 GPA 目标相去甚远。

我国在设立政府采购法律制度时，主要是为了实施阳光工程，制止腐败，提高透明度，让国家纳税人的钱花得物有所值。这与 GPA 协定旨在更大程度的开放政府采购市场与促进国际贸易有显著不同。两者目标不同，自然造成中国加入 GPA 进程受挫。然而，加入 GPA 对我们来说更大的意义在于倒逼自身政府采购制度的改革。因此，能否在满足 GPA 目标条件的基础上，将我国实施政府采购的政策目标与 GPA 的要求相吻合，是实践中对我国政府采购市场领域的最大挑战。

公开、透明是现代市场经济的基本原则，也是 GPA 的基本要求，提高政府采购法规、程序和信息的透明度，可有效避免政府采购中的"暗箱操作"，是政府采购市场健康发展的基本保障。具体而言，信息透明包括公开政府采购的法律政策，公开采购合同的条件、公开供应商资格预审和评标标准以及公开合同授予结果等。与其他国家相比，中国政府采购信息的透明度排名比较低。尽管中国《招标投标法》与《政府采购法》都有相关信息公开的规定，但实践中存在着招标信息只在地方性媒体披露，不在全国性指定媒体披露的现象，信息披露的范围和广度还十分有限。此外，有关部门指定发布信息的新闻媒体并不一致，使得供应商无从判断政府采购信息的来源，在操作上已经引起争议和诉讼。

2. 政府采购规模小、范围窄，相关法律体系暂不健全

根据国际经验，一个国家的政府采购规模一般为 GDP 的 10% ~ 15%，或为财政支出的 20% ~ 30%。尽管中国的政府采购整体规模从 2004 年的 2135.7 亿元连续增长到 2013 年的 16381.1 亿元，总体呈现出持续增长的趋势，但政府采购总量所占当年国家财政支出总量从 2004 年的 8% 增加到了 2013 年的 11.7%；所占当年国家 GDP 总量的百分比从 2004 年的 2% 增

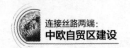
加到 2013 年的 2.9%，与国际水平相差甚远。

以上现状不仅与中国系统建立政府采购市场的时间较短有关，也与当前中国相关法律体系不够健全有很大关系。中国的政府采购系统建立于 20 世纪 90 年代，调整政府采购的法律主要有 2003 年实施的《政府采购法》和 2000 年实施的《招标投标法》，以及各自的执行条例。由于前者规范"在我国境内的所有招标投标活动"，而招标投标采购也是后者规范的采购方式之一，因此两法规范的对象和方式存在"交叉点"。此外，两部法律的主管机关、信息披露制度、质疑程序等内容均不相同。一旦发生争议，不论是行政主体，还是政府采购当事人在两部法律面前均会遭遇无所适从的局面。在实践中，在监管部门、监管对象、邀请招标概念、审批机关、中标原则和法律责任等方面难免冲突。加入 GPA 后，如果两部法律仍然不统一，会造成实践实施的困难。

此外，政府采购法适用于《集中采购目录》中包含的商品、服务和工程的采购，该目录并非详尽列表，而是为分类和编纂统计方便。目录历经数次修改，由财政部或省级财政局发布，依据采购项目来自于中央预算或是地方预算。采购可采用集中或者分散的方式。2012 年集中采购占到政府采购的 87.6%，达到 1.2 万亿人民币，即 1700 亿欧元。分散采购是指没有列在集中采购目录中的项目，但是超过了一定的各级政府采购金额的门槛，由采购代理机构执行或者通过一些分散的采购代理机构执行。依据中国政府采购法规定，覆盖的实体是指政府部门、国务院各级机构和组织，省级、自治区和直辖市。所覆盖的各级行政级别的实体，或者其采购代理机构，均有权编纂各自的集中采购目录因此决定其门槛，这在实际上显得随意和缺少统一性，在实际操作中也显得难于管理。

2015 年 3 月 1 日，我国开始实施新的政府采购法执行条例，但是其能在多大程度上开放中国的公共采购市场，还将拭目以待。欧方企业对于中国在政府采购市场的限制和一些隐性障碍抱怨诸多。至于公共采购法律，其应用范围的更清晰定义、统一的国家范围执行，都有待解决。

3. 政府采购管理不规范，职业化人才队伍欠缺

我国政府采购沿用的是官方和民间两种执行机构并存的模式，不易建立有效的监督管理机制。一方面是政采机构在全国没有统一的组织和管理

机构，各地之间不存在隶属关系，不存在上下级监督；另一方面，对社会代理机构的监管不尽如人意，社会代理机构存在多重委托代理关系，关系相对复杂，监管不到位。部分社会代理机构发生违规行为被处罚后，经常采用"金蝉脱壳"①的方式继续从事采购代理业务。这导致对社会代理机构的监管难度大，实践中监督成本高，且效果差，损耗社会资源。此外，在我国政府采购实践中，具有权威性的官方代理机构职能弱化，以营利为目的的社会代理机构在政府采购业务中占多数比重，这种局面在很大程度上掣肘政府采购制度的目的实现。另外，政府采购预算管理不到位、电子化水平不高，也均在实践中制约着政府采购市场的健全发展。

据相关统计，截至2012年底，各地的政府采购机构数量是2345家，从业人员约1.6万人，社会代理机构约3000家，人员约4.8万人。从事政府采购代理业务的人数之多、规模之大远超美国、加拿大、韩国等发达国家。但整体上这些采购代理机构的运行机制缺乏有序管理，集采机构没有统一的代理规则，对于同类采购项目，各地适用的规则不尽相同，条块化、分割分的特征明显。但是，与此同时，代理机构人才总量无法适应迅速发展的政府采购代理市场要求，存在人才结构性短缺问题，如高级职业经理人供求矛盾突出，其中综合素质高、职业操守好、具备国际视野、掌握市场竞争规则、熟悉经营和法律的高级经理人尤为匮乏。

(二) 欧方壁垒

尽管欧盟采购市场是世界上最为开放的市场之一，但在欧洲市场的中国投资者却也常常面临由于欧盟市场分割所带来的不确定性，以及地方保护主义抬头所带来的商业风险。

1. 市场内部的条块分割现象严重

欧盟内部有统一的政府采购标准，规定了大体相同的采购范围，即凡是达到限额标准（每两年修改一次）的采购项目，都要按欧盟颁布的一系列公共采购指令实行政府采购，如最新修订（2014年）颁布的中央政府采

---

① 所谓"金蝉脱壳"，就是指注销原有公司，成立一家新公司，原有工作人员不变，甚至新公司的法定代表人、注册地址也完全一样，继续代理政府采购业务。

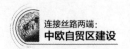

购限额标准为：货物服务项目为 13.5 万欧元（相当于 10.6 万 SDR）、工程项目为 522.5 万欧元（409.9 万 SDR）。与此同时，欧盟公共采购指令为各成员留下实施政府采购政策的空间，作为各成员实现政府经济和社会政策目标的重要工具，在扶持中小企业、落后地区发展等方面广泛发挥作用。

按照实践经验来看，欧盟成员国将欧盟制定的一些指令看作是应当共同遵守的国际法规范，而在实际操作中往往根据自身的状况对这些规范进行一定的转化，使之成为国内的相应法规规定。以英国政府所制定的政府采购限制措施为例，英国政府在 2006 年制定了两部有关政府采购限制措施的法规，分别为《2006 年公共合同法规》和《2006 年公用事业合同法规》，英国作为欧盟的成员国，这两部法规的制定都是在尊重欧盟制定的政府采购指令的基础上，根据本国的情况而进行适当的转化而来的。但从其具体内容来看，英国为保护本国企业产业发展而将限制措施更进一步，例如，其规定当欧盟成员国的报价高出第三国报价不超过 3% 时，则视其为第三国，这就有效地保护了英国本土企业。由此可见，欧盟从总体上规定了政府限制措施所应实现的目标和最终要求，而在具体的实施过程中，各成员国也不一定都要严格遵守欧盟的政府采购限制措施，可以根据本国的国情来制定符合自身特点的政府采购限制措施。

《欧洲经济共同体条约》第一百八十九条第三款规定："指令对于被通知的每一个成员国，在将取得的结果方面具有约束力，但必须为成员国实施指令出选择的形式和方式。"实践中，成员国本身有不同的基于国内利益考量的国内法律要求，个别国家的采购法律有不同标准和衡量政策。有一些并非出自"物有所值"和"安全"考虑，而是一长串的官僚性要求。由于其分散的程序、要求和实质引起了成员国之间规则的分化，导致障碍与分歧，引发中国企业抱怨欧方条块分割的公共采购市场。不同的成员国亦有自己的国内政府采购法案，成员国之间政府采购实施水平差异显著，有的甚至与欧盟的规定相背离。通常来讲，瑞典、卢森堡和芬兰实施情况最佳，意大利、希腊、塞浦路斯最差。①

---

① http://news.eastday.com/eastday/13news/auto/news/china/u7ai2066181_K4.html "欧盟各成员国政府采购差异大".

2. 地方保护主义屡见不鲜

尽管 GPA 的目标是最大限度放开成员国之间的政府采购市场，但在实践中 GPA 成员方也积累了丰富的通过政府采购扶持本国企业、保护本国经济的经验。优先购买本国产品，是扶植本国企业的最有效措施，采取此种办法最成功的国家是美国。1933 年美国制定《购买美国产品法》，就是以行政命令作为执行方式，要求美国政府购置本国的货物和服务。

依据欧盟以及成员国相关政府采购法律的规定：欧盟公共事业单位（相当于中国国有企业）在进行政府采购时，至少采购总额的 50% 应该来自于本国供应商，这些公共事业单位涉及自来水、能源、交通运输以及通信行业。另外，在政府采购公开招标的采购活动中，如果本国供应商的最低竞标价与国外供应商的最低竞标价相差 3% 以内，则应将采购合同授予本国供应商。以上规定的实质就是一种倾向于国内供应商的价格优惠政策。此外，有些欧盟国家，如德国、挪威等，还进一步规定了 500 万欧元以上的工程类政府采购项目、20 万欧元以上的货物类和服务类政府采购项目，应将采购合同授予欧盟国家的供应商。

欧盟内部经济最为发达的德国在生产制造领域具有很强的国际竞争力，国内一些企业实力非常雄厚，即便如此，德国仍然通过政府采购对本国内的企业给予扶持。根据欧盟通报的信息显示，在 1995 至 2003 年间，德国将数个政府采购项目以单一来源的采购方式交给了国内相关企业。即使是采用公开招标的方式进行采购，德国也在招标文件中设置技术性贸易壁垒，增加国内供应商中标的可能性。法国为促进国内产业的发展，在政府采购过程中要求航空、铁路、通信和食品等部门优先购买法国产品。此外，为保障国家进出口平衡，法国政府甚至要求国外供应商承诺从法国采购某些数量的产品，而不论这些产品是否与该采购项目有关。

2008 年金融危机之后，欧洲经济长期低迷，贸易保护主义抬头，因此在政府采购领域也出现了更多的隐性壁垒，其中技术壁垒是常用手段。比如，出台严格的农产品技术标准和农产品检验检疫规程、制定保护价格、门槛价以及干预价格等，这些都在实质上起到了贸易壁垒的作用。

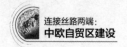

四、中欧政府采购领域合作前景

(一) 中欧政府采购处于不同发展阶段

欧盟是 WTO 框架下的 GPA① 成员。截至 2016 年底，在欧盟对外签署的双边 FTA 中，共有 12 份 FTA 包含了政府采购内容，分别是欧盟与喀麦隆、加勒比国家、中美洲、智利、哥伦比亚和秘鲁、格鲁吉亚、韩国、摩尔多瓦、塞尔维亚、南非、新加坡、加拿大签署的自贸协议。中国于 2003 年开始实施《政府采购法》，2007 年 12 月启动加入 GPA 谈判进程，2014 年底提交了最新的第六份出价。截至 2016 年底，中国对外签订的双边和区域自贸协定尚未涉及政府采购内容。

(二) 中欧政府采购合作需消弭理念差距

一段时间以来，中欧双方对于政府采购议题的分歧主要在于：

一是中欧对政府采购的认识存在本质差异。欧盟认为加入政府采购协定是中国的入世承诺，而中国则认为政府采购是一国的国内经济改革问题，不属于对外贸易范畴，而是财政预算与约束的工具，与 GPA 确保开放、公平和透明的目标不同。中国引入政府采购规则的目的是规范政府采购行为、提高政府采购资金的使用效率，以及保证国家和公共利益，保护政府采购过程中当事人的利益和推进廉洁政府的构建。

二是欧方希望中方确保"非歧视"② 与"非补偿"③ 基本原则。这两项原则是中方一直努力的方向，但囿于同发达经济体发展阶段的差异，达

---

① 《政府采购协议》（Agreement on Government Procurement，GPA）是 WTO 的一项专项协议，目标是促进成员方开放政府采购市场，扩大国际贸易。该协定于 1994 年 4 月 15 日在摩洛哥马拉喀什签署，并于 1996 年 1 月 1 日起生效，是目前国际上唯一的有关规范政府采购市场的诸边协定。由于 GPA 只适用于自愿加入的签约方，因此成员国加入时必须就政府采购贸易内容与 GPA 每个成员之间展开一对一谈判，其中最重要部分集中于开列受 GPA 约束的商品清单。

② "非歧视"指的是国民待遇。

③ "非补偿"是指建立透明、可信、公平与高效的政府采购体制。

成上述目标需要一个过程。对于欧盟而言，中国尽快遵守"非歧视"与"非补偿"原则，以利于欧洲企业进入中国政府采购市场是当务之急。中国政府采购市场潜力巨大，2014 年中国官方统计政府采购占 GDP 的2.7%，而据欧方的统计数据，这一规模约为 16%，而包括国企和军队在内的政府采购规模更高达 35%。

三是欧方要求中方将更多国有企业纳入到采购实体范围内，而中方认为其开放进展完全取决于中国国有企业的改革进程。

（三）双方可以双边政府采购合作撬动多边谈判

欧方对于在中欧自由贸易协定中达成政府采购条款期待较高。如果未来中国成为 WTO 政府采购协定正式成员，那么中欧自贸区谈判中，欧方关于政府采购的诉求将是 GPA＋，这意味着其不仅将要求中方扩大采购实体与采购范围、降低准入门槛值（采购限额），而且将要求中方建立透明、可信、公平与高效的政府采购体制。如果中国未能如期加入 WTO 政府采购协定，则欧盟在中欧自贸协定谈判中的首要关注将是货物、服务与工程的市场准入改善，如要求中方将采购实体进一步扩大到国有企业，纳入更多地方省市一级实体，降低货物、服务与工程的准入采购限额等。

当前中国加入世界贸易组织政府采购协定的谈判陷入僵局，如启动双边自贸协定谈判，中欧可在中国已向世贸组织提交出价的基础上探讨双边层面取得突破的可能性，但欧方不能将其与发达经济体达成的政府采购协定模版套用于中国。中欧如能在 FTA 谈判中达成相关政府采购内容，一方面有助于打破当前中国加入世界贸易组织政府采购协定谈判的僵局，推动中方加入 GPA，并尽早完善在该领域的制度建设、获取在该领域开展贸易的经验；另一方面，中欧达成政府采购协定内容，有利于欧方早日锁定中国依据加入 GPA 报价所做出的承诺，优先分享中国市场开放的成果。

第五章　知识产权

中欧知识产权合作始于 20 世纪 80 年代中，是中欧合作较早的领域。未来自贸区建设中，相比较其他规则领域，中欧在知识产权领域具有较多合作共识。在遵守相关国际公约、完善对话机制的基础上，中欧知识产权合作可以在国民待遇、透明度、地理标识、专利保护等重要问题上做出更为具体的规定，同时也可将合作扩大到新兴领域与新商业业态。

一、改革开放以来中国知识产权立法与执行发展

（一）知识产权立法情况

"知识产权（intellectual property）"这一概念对中国来说属于纯粹的舶来品。知识产权保护法律制度，是始自清朝晚期的《大清著作权律》，民国时期有一定的发展，直到新中国改革开放后才形成体系，并开始了与国际接轨的步伐。自 1982 年起，我国先后通过了《商标法》（1982 年 8 月 23 日审议通过、1993 年修订、2001 年修订、2013 年修订）、《专利法》（1984 年 3 月 12 日审议通过、1992 年修订、2000 年修订、2008 年修订，2012 年 1 月第四次修改工作开始启动，2015 年 12 月提出修订草案公开征求意见）和《著作权法》（1990 年 9 月 7 日审议通过、2001 年修订、2010 年修订）。此外，1993 年 9 月 2 日，全国人大常委会审议通过了《反不正当竞争法》；1986 年 4 月 12 日，全国人大审议通过的《民法通则》也专节规定了知识产权。司法方面，2009 年 12 月，最高人民法院发布《关于审理侵犯专利权纠纷案件应用法律若干问题的解释》；2011 年最高人民法院知识产权审判庭即开始进行专利侵权判定标准的专项调研；2014 年初列入

司法解释立项计划后，又进行了深入调研和充分论证；2016年1月25日，最高人民法院审判委员会第1676次会议讨论通过了《解释二》。《解释二》的出台，是最高人民法院积极营造有利于创新的法治环境的重要举措，丰富和完善了我国专利法律制度，将进一步遏制侵犯专利权的行为，进一步强化司法裁判对科技创新的导向作用，进一步有效激励自主创新和技术跨越，为大众创业万众创新提供有力的法律保障。除了上述法律，《合同法》《反垄断法》《侵权责任法》等法律，其中也有涉及知识产权保护的规定，为知识产权提供了较为全面的保护，也构成了我国知识产权法规保护体系的重要组成部分。

2015年12月，国务院法制办发布《专利法修订草案（送审稿）》并公开向社会征求意见。送审稿中进一步完善了专利法的相关立法工作。首先，送审稿中增强了对于专利权的保护。第60条拟增加对群体侵权、重复侵权等扰乱市场秩序的故意侵犯专利权行为，专利行政部门可以依法查处，责令侵权人立即停止侵权行为，并可以没收侵权产品、专门用于制造侵权产品或者使用侵权方法的零部件、工具、模具、设备等。对重复侵犯专利权的行为，专利行政部门可以处以罚款，非法经营额5万元以上的，可以处非法经营额1倍以上5倍以下的罚款；没有非法经营额或者非法经营额5万元以下的，可以处25万元以下的罚款。第61条拟增处理专利侵权纠纷的专利行政部门，应当事人的请求，可以就侵犯专利权的赔偿数额进行调解；调解不成的，当事人可以依照《中华人民共和国民事诉讼法》向人民法院起诉。调解协议达成后，一方当事人拒绝履行或者未全部履行的，对方当事人可以申请人民法院确认并强制执行。第68条中拟增对于故意侵犯专利权的行为，人民法院可以根据侵权行为的情节、规模、损害后果等因素，在按照上述方法确定数额的1倍以上3倍以下确定赔偿数额。其次，加强了专利的实施和运用。拟增第79条，各级专利行政部门应当促进专利实施和运用，鼓励和规范专利信息市场化服务和专利运营活动。

（二）知识产权行政法规

除了全国人大及其常委会审议通过的知识产权法律，我国行政法规中涉及知识产权保护的规定也比较多。2008年国务院审议并通过的《国家知

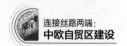

识产权战略纲要》（以下简称《纲要》），是我国运用知识产权制度促进经济社会全面发展的重要国家战略，是今后较长一段时间内指导我国知识产权事业发展的纲领性文件。此外，按照《纲要》部署，自 2008 年以来，我国每年都会发布国家知识产权战略实施推进计划，以深入有效地推进当年知识产权战略的实施。《纲要》及其配套政策对于知识产权的保护具有重要意义，也构成了我国知识产权法规体系的重要组成部分。于 2011 年 2 月，《专利行政执法办法》正式实施，执法办法的实施对规范专利行政执法行为，保护专利权人和社会公众的合法权益，维护社会主义市场经济秩序发挥了积极作用。2015 年 5 月，为了加强法治政府建设，进一步完善部门规章，国家知识产权局启动了《专利行政执法办法》修改工作。2014 年 4 月，国家知识产权局印发《国家知识产权局关于公开有关专利行政执法案件信息具体事项的通知》，要求对作出处罚决定的假冒专利案件和认定侵权事实成立且作出处理决定的专利侵权纠纷案件均要主动公开案件名称、违法者姓名或违法企业名称以及主要违法事实和处罚（处理）种类、依据、结果等，并及时回应社会关切。同期国家知识产权局组织实施《2014 年全国专利事业发展战略推进计划》，加强重点督办，效能督查，确保实施成效；继续稳步提升专利质量，落实《关于进一步提升专利申请质量的若干意见》，引导各地结合实际调整资助政策和考核评价指标体系，严把受理和审查质量关，进一步提升专利申请和授权质量。2014 年 10 月，国家知识产权局印发《国家知识产权局关于知识产权支持小微企业发展的若干意见》，该意见旨在提升小微企业核心竞争力，降低小微企业创新成本，鼓励小微企业专利创业创新等一系列问题。2016 年，国务院印发了《国务院关于新形势下加快知识产权强国建设的若干意见》，是国家对"十三五"及今后一个时期知识产权工作的重大部署，是我国知识产权事业未来发展特别是知识产权强国建设的重要遵循和行动指南。仲裁调解方面，2016 年国家知识产权局印发《专利侵权行为认定指南（试行）》《专利行政执法证据规则（试行）》《专利纠纷行政调解指引（试行）》。同年 12 月，国务院办公厅印发知识产权综合管理改革试点总体方案（《国务院办公厅关于印发知识产权综合管理改革试点总体方案的通知》）。国家知识产权局印发新修改的《专利审查指南》也将于 2017 年 4 月印发。2017 年 3

月，国务院印发《关于新形势下加强打击侵犯知识产权和制售假冒伪劣商品工作的意见》（以下简称《意见》），部署进一步加强打击侵权假冒工作，保障国家知识产权战略深入实施，维护公平竞争的市场秩序，完善法治化、国际化、便利化的营商环境。此外，比较重要的知识产权行政法规还有《商标法实施条例》《专利法实施细则》《著作权法实施条例》《著作权集体管理条例》《广播台电视台播放录音制品支付报酬暂行办法》《信息网络传播权保护条例》《计算机软件保护条例》《集成电路布图设计保护条例》《实施国际著作权条约的规定》《专利代理条例》《知识产权海关保护条例》《植物新品种保护条例》《中药品种保护条例》等，这一系列行政法规均从不同的方面对知识产权的不同领域进行规范和保护。

（三）加入知识产权国际条约情况

除了上述法律、行政法规等国内知识产权法，我国知识产权法律体系还包括国际知识产权法。截至目前，我国已经加入的有关知识产权的国际公约共有 19 个。我国参加的知识产权保护国际公约以及与他国签订的双边条约中有关知识产权的条款，均构成我国知识产权法的渊源，也是我国知识产权法规体系的组成部分。主要有：《建立世界知识产权组织公约》、作为 WTO 协议的一部分的《与贸易有关的知识产权协议》《保护工业产权巴黎公约》《专利合作条约》《商标国际注册马德里协定有关协定书》《保护文学和艺术作品伯尔尼公约》《世界版权公约》《录音制品公约》《世界知识产权组织版权公约》《保护植物新品种国际公约》《关于集成电路的知识产权条约》（因批准国数量未达到条约规定，尚未生效，中国于 1989 年 5 月 6 日签字加入），此外还有新近缔结的《视听表演北京公约》（2012 年 6 月 24 日于北京缔结，中国为其缔约方之一）等。国外也对我国知识产权保护建设给予高度评价。美国联邦法院三位资深法官曾在芝加哥约翰·马歇尔法学院举行的美中知识产权合作暨研究论坛上，高度评价中国在知识产权保护领域取得的显著成就。霍尔德曼认为，中国近年来在知识产权保护的立法和推行方面取得了巨大进步。他认为，这应归功于中国政府在推进知识产权保护上的积极态度和不懈努力。菲茨帕特里克说，美国各界应加深对中国为知识产权保

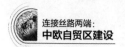
护所作努力的了解和认识。他说，"十多年来，中国的专利审查员迅速壮大，仅这一点就是非常了不起的进步"。他建议，中国应加强宣传政府在知识产权保护方面所作的努力，以增进国际社会对中国知识产权保护的了解。大卫·科尔法官认为，中国在知识产权保护方面虽起步较晚，但随着国际交流的加强，中国将借鉴世界其他国家的发展经验，取各家之长，发展出自己的道路。

（四）中国知识产权保护执法成效与特点

首先，我国在知识产权执法方面取得了显著成就。2014 年，全国专利行政执法办案总量 24479 件，同比增长 50.9%。全国工商系统共查处侵权假冒案件 6.74 万件，案值 9.98 亿元。全国版权系统立案查处侵权盗版案件 2600 余件，收缴侵权盗版制品 1200 余万件。全国海关共扣留侵权货物 2.3 万批，新核准知识产权海关备案 5306 件，同比增长 11%。全国 22 个省（区、市）建成知识产权行政执法与刑事司法衔接信息共享平台。政府机关和中央企业三级以上企业、大中型金融机构已全部实现软件正版化。多部门加强配合，开展了打击网络侵权盗版专项治理"剑网 2014 专项行动"、互联网和电子商务领域专项整治、"绿茵"专项执法行动等，取得明显成效。2015 年全国知识产权系统公开有关案件信息共计 1474 件，比上一年公开的 926 件，增加了 548 件；其中专利纠纷案件 252 件，比上一年公开的 78 件，增加了 174 件；假冒专利案件 1222 件，比上一年公开的 848 件，增加了 374 件。2016 年全国知识产权系统累计依法公开假冒专利案件 4417 件，专利侵权纠纷案件 637 件，其中 2016 年依法公开假冒专利案件 1800 件，专利侵权纠纷案件 295 件。

其次，中国在知识产权执法方面采取了"以行政执法为主导，司法审判与行政执法两条途径并行运作"的双轨制特点模式。大体而言，第一，我国知识产权执法保护起步晚，发展快。1982 年第一部真正意义上的知识产权法相比欧洲 1623 年第一部知识产权性质的立法晚了足足 300 多年，关于国际贸易中的知识产权执法更是近年来的新概念。但发展速度快，今年已经取得了很大的进步。第二，偏重于行政执法。鉴于我国处于法制社会建立的初期，相对于司法保护法而言，行政执法保护具有主动、快捷、高

— 164 —

效、执法成本低等特点，因此我国选择了以行政手段为主导的执法模式。但近年来司法方面也已经取得了长足的进步，相关立法也不断完善。

二、中欧各自签署的自贸协定中知识产权内容比较

——知识产权保护与执行

（一）中国签署 FTA 中的知识产权条款特点

第一，中国所有签署的 FTAs 都是将 Trips 协定作为基本准则的，虽然在后期与发达国家签订的 FTAs 中出现了少量 Trips - plus 条款，但并不影响 Trips 协定在知识产权保护领域的标杆地位。例如中国与韩国签订的 FTA 中，其知识产权章节中的第 15.3 条"国际协定"就规定，"缔约双方重申遵守缔约双方均已作为缔约国加入的已有国际协定中有关知识产权的既有承诺。这些国际协定包括：（一）Trips 协定；……"这不仅为自由贸易区内知识产权的保护与执法提供了明确的规范指引，还为后续贸易协定树立了标尺。

第二，中国签订的 FTAs，都关注了知识产权与公共健康的关系以及对遗传资源、传统知识和民间文艺的保护。这些方面对作为最大的发展中国家和地域广阔、历史悠久、文化精深的中国来说都是非常重要的，符合了我国的国情及特点。基于中国已经签订了 14 个 FTAs（见表 5 - 1），且缔约国包括了发展中国家和发达国家，因此已积累了一定的经验。

表 5 - 1　中国 FTA 中的知识产权条款

谈判对象	时间（年）	IPR 形式	要点
港、澳	2003		CEPA 有关补充协议：1. 建立合作机制，加强合作；2. 在香港和澳门设立知识产权协调中心，进行信息交流和沟通；3. 对知识产权保护问题进行磋商
智利	2005	第 10、11 条	1. 保护特定地理标志（以与 TRIPs 协定规定一致的方式予以保护）；2. 与边境措施有关的特别要求

谈判对象	时间（年）	IPR 形式	要点
新西兰	2008	第十二章	1. 遵守 TRIPs 协定及双方参加的多边条约义务；2. 开展知识产权合作、能力建设和信息交流；3. 采取适当措施保护遗传资源、传统知识和民间传说 4. 有关磋商的程序规定
秘鲁	2009	第十一章	1. 重申已经参加的包括 TRIPs 协定及其修订内容在内的国际条约项下的义务；2. 对遗传资源、传统知识和民间文艺的保护给予弹性规定；3. 保护双方列入附件的地理标志；4. 与边境措施有关的特别要求；5. 进行合作和能力建设，信息交换
哥斯达黎加	2010	第十章	1. 重申已经参加的包括 TRIPs 在内的国际条约项下的义务；2. 采取适当措施保护遗传资源、传统知识和民间文艺，努力建立 TRIPs 与《生物多样性公约》相互支持关系；3. 特别提及 WTO 体系下有关公共健康的决议；4. 与边境措施有关的特别要求；5. 地理标志保护；6. 技术创新和技术转让，进行合作和能力建设，交换信息
韩国	2015		1. 重申国际公约：TRIPS 协定、《巴黎公约》《伯尔尼公约》《专利合作条约》（1970），1979 年修正；1984 年和 2001 年修改、《国际承认用于专利程序的微生物保存布达佩斯条约》（1977），1980 年修正、《商标注册用商品和服务国际分类尼斯协定》（1957），1979 年修正、《商标国际注册马德里协定有关议定书》（1989）、《世界知识产权组织表演和录音制品条约》（1996）、《世界知识产权组织版权条约》（WCT）（1996）、《保护录音制品制作者防止未经许可复制其录音制品公约》（1971）、《国际植物新品种保护公约 1978》（以下简称为"1978UPOV 公约"）、《建立世界知识产权组织公约》

续表

谈判对象	时间（年）	IPR形式	要点
韩国	2015		2. 专利的申请：第15.15条规定，在符合第二款和第三款的前提下，所有技术领域的任何发明，不论是产品还是方法，只要是新颖的、包含创造性并且能在产业上应用的，都可以获得专利；各缔约方可以根据国内法律法规为申请人提供专利申请的加快审查，缔约方同意就此议题加强合作 3. 药品的数据保护：第15.15条的专利保护中第3款提出，各缔约方可以排除下列各项的可专利性：（一）医治人或者动物的诊断、治疗和外科手术方法；（二）植物和动物（微生物除外），和生产植物或动物的主要是生物学的方法（非生物学方法和微生物学方法除外） 4. 版权及相关权：第15.6条版权和相关权的保护：各缔约方应规定作者、表演者、录音制品制作者和广播组织有权授权或禁止以任何方法或形式复制他们的作、表演、录音制品和广播；第15.10条限制与例外：各缔约方应将对专有权的限制和例外规定限于某些特殊情况，使之不影响作品、表演、录音制品或广播的正常使用，也不会不合理地损害权利人的正当利益；各缔约方可以根据其立法和第15.3条提及的相关国际协定对实施第一、第二款之内容的措施规定限制和例外；就广播或任何公众传播而言，表演者和录音制品制作者对以商业为目的的录音制品的直接或间接使用享有获得报酬的权利。各缔约方应授予广播组织专有权，以授权或禁止：（一）对其广播的转播；（二）对其广播的录制；及（三）对未经其同意而制作的其广播录制品的复制 5. 生物制药：第15.17条第3款规定，根据各缔约方的国际权利与义务以及国内法律，缔约双方可采取或者保持促进生物多样性保存以及公平分享利用遗传资源和传统知识所产生的惠益的措施

谈判对象	时间（年）	IPR 形式	要点
韩国	2015		6. 知识产权执法：在一般义务中，对语言及信息提出要求，对作者的推定做出规定；各缔约方应采取有效措施，以减少在互联网或其他数字网络上的版权和相关权的重复侵权行为；刑事程序和救济部分：各缔约方应当规定刑事程序和处罚，至少适用于具有商业规模的故意假冒商标或者盗版案件。各缔约方应当根据国内法律法规，规定适用于具有商业规模的故意未经授权复制电影院放映的电影作品或其部分内容的刑事程序和处罚。各缔约方应当规定：（一）包括监禁和罚金在内的足以预防未来侵权的处罚，与消除侵权者金钱利润诱因政策相一致；（二）其司法机关应当有权命令扣押涉嫌假冒或盗版货物、用于实施侵权行为的任何相关材料和工具、任何与侵权行为有关的文件证据和任何可追踪至侵权行为的资产；（三）其司法机关应当有权命令：1. 没收或销毁所有假冒或盗版货物；且 2. 没收或销毁主要用于制造盗版或假冒货物的材料和工具。各缔约方应当规定本项规定的没收和销毁不应对被告做出任何形式的赔偿等
澳大利亚	2015		1. 建立一个与中韩自贸区类似的委员会以确保知识产权的保护；2. 除中韩自贸区协议中着重于在行政，司法，执法方便的共享信息外，中澳自贸区协定同时着重于植物育种者知识产权，商标，历史传统等领域的保护

第三，未能形成范本模式。没有形成范本模式不利于各方知识产权保护方面的合作。如在《中国—新加坡 FTA》《中国—巴基斯坦 FTA》《中国—东盟合作框架协议》《亚太贸易协定》等没有签订知识产权保护内容，使得我国整体自由贸易协定知识产权战略结构上存在缺陷，这些缔约国在自由贸易协定框架下知识产权领域的合作将会遇到问题。

（二）欧盟签署 FTA 中的知识产权保护条款特点

总体而言，欧式区域贸易协定对知识产权保护的规定比较原则、抽象，如要求对知识产权提供"最高国际标准"的保护，或"适当和有效的"保护等。其具体特征如下：

第一，欧盟企业是推进知识产权工作的重要主体。近几十年来，欧盟经济一直走在世界的前列，其中一个重要原因是欧盟企业有效运用知识产权制度，不断提升和保持其强大的市场竞争能力。

第二，欧盟政府及相关部门对知识产权立法、司法、行政保护高度重视。在立法方面，欧盟政府颁布的知识产权保护的法律法规主要以地区性公约和指令等形式存在，在涉及地理标志等少数问题时采取了条例的形式。在司法方面，欧盟知识产权司法制度努力谋求对企业知识产权保护的最大化、高效化和便利化。其专利诉讼制度突出体现了欧盟知识产权司法制度的高效性。在行政执法方面，欧盟主要国家都十分注重加强对侵权行为的惩治，保护企业和个人的知识产权。欧盟一些国际品牌的公司每年都要花费相当的人力和财力在全球打假维权，各国政府也通过不断加大打击走私与假冒行为的力度，来支持企业维护自身的知识产权。

第三，欧盟海关在知识产权保护中起到关键作用。在欧盟知识产权海关保护制度中，海关具备较大的执法主动权，这也大大减轻了权利人的负担。在没有权利人申请的情况下，海关也可以阻止货物的通关，权利人可以在规定期限内向海关补交扣留货物的申请。海关扣留侵权嫌疑货物时，在大多数情况下，权利人不必向海关提交担保。此外，欧盟海关知识产权保护制度在保障权利人的权利得到充分保护的同时，也注重防止权利人滥用权利，以达到权利人权利和义务的平衡。

第四，欧盟在处理知识产权纠纷时注重调查的合法性和磋商的多边性。欧盟在解决相关知识产权纠纷时，首先在调查中注重贸易调查的国际合法性。欧盟只有在其缔结或加入的国际贸易条约授予行动权的时候，才能采取调查行动，并且以欧盟法院司法的审查作为监督主管机构行为的保障。在知识产权纠纷的磋商方面，与美国的针对知识产权保护的特别"301 条款"不同，欧盟的 TBR 则以双、多边协议为主，希望通过双边磋

商，多边贸易争端仲裁机制解决问题。一旦认定了知识产权壁垒的存在，欧盟应与调查所涉及的外国进行协商，或根据双边或多边贸易协定启动相应的争端解决机制。

专栏：欧—韩自贸区中知识产权内容

知识产权的保护和执行是保障欧洲竞争力至关重要的一项内容。因此，韩国与欧盟在关于知识产权方面做了详细的规定。特别是，关于版权、设计和地理标志的规定。该协定有关著作权的规定走在国际最新发展前沿，其中，还促进欧盟的著作权利人充分利用他们的音乐或其他艺术品在韩国获得薪酬。鉴于设计也已经成为一个具有重要经济价值的知识产权权利，该协定还包括了未经注册的外观设计。韩国的消费者都很重视欧盟农产品的质量，特别是具有欧盟地理标志的产品。韩国与欧盟提供了保护欧洲重要商业价值的高水平措施。高层次的知识产权保护和实施对欧洲竞争力的保证很重要。韩国与欧盟的自贸协定全面介绍了这些规定，涵盖了版权、设计、执行和地理标志内容。例如版权问题，如果欧盟国家权利人的音乐或者艺术作品在韩国使用了，该协定将加速权利人获得赔偿的进程。在实施方面，该协定水平下的规定大大的超越《与贸易有关的知识产权协定》中的内容。韩国消费者很渴望得到欧盟优质的农产品，特别是那些享誉韩国的带有欧盟地理标志的产品，如欧盟的葡萄酒、烈酒、奶酪或火腿。该为那些具有重大商业价值的欧盟地理标志提供高水平保护，可以防止其在韩国市场的滥用。

资料来源：中国知网，《韩国与欧盟自由贸易协定探析》。

三、中欧知识产权合作前景

（一）中欧知识产权合作基础较好

1985 年，中国专利局（中国国家知识产权局前身）与欧洲专利局签署第一份合作协议，将以往主要通过多边条约处理国际知识产权事务的做法转向双边框架，开启了双方政府部门开展知识产权合作的进程，同时也将中欧双边合作首次扩大到知识产权领域。32 年来，在知识产权合作方面，双方已成为彼此重要的战略合作伙伴，合作领域不断拓展，涵盖了人员培训、专利审查与管理、自动化、文献及信息服务等诸多领域。同时在世界知识产权组织框架下，中欧美日韩五国知识产权局（IP5）框架下的合作，有力推动了世界知识产权制度的发展与进步。

（二）中欧知识产权分歧主要是发展差异

中国与欧盟在知识产权合作中的主要问题首先仍然是双方知识产权保护体制的差异，这与中国当前在对外贸易协定中有关知识产权保护的实践水平有关。中国现代意义上的知识产权立法20 世纪80 年代才拉开序幕，国际贸易中的知识产权执法相对更晚。与欧盟知识产权保护已经形成由法院、警察、海关三者构成的执法体系不同，中国知识产权保护仍然采用以行政和司法相结合的手段，这也是欧盟一直诟病中国知识产权法律体系不完善的主要原因。其次是中国的知识产权执法仍存在改善的空间。在欧盟的知识产权侵权国家名单中，中国仍然在列；按照欧盟公布的数据，欧盟海关发现的假冒产品中有41％来自中国。[①] 再次，欧盟在知识产权问题上向中国提出的诸多利益诉求大幅超出 TRIPS 规定，典型的如欧盟关于延长药品专利保护期限的建议。

（三）开辟合作新领域，推动更多成果落地

在未来自贸区合作中，相比较其他规则领域，知识产权领域是中国与欧盟合作共识较多的领域之一。在遵守相关国际公约、完善对话机制的基础上，双方可以在国民待遇、透明度、地理标识、专利保护等重要问题上做出更为具体的规定，同时将知识产权合作扩大到新兴领域与新商业业态。包括：

第一，加强多双边合作，完善处罚机制。TRIPS 协定、《巴黎公约》

---

① 欧委会 2016 年数据。

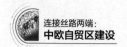

《伯尔尼公约》《专利合作条约》等知识产权保护方面国际公约，仍然是未来中欧双方在自贸协定框架下进行知识产权合作应该遵循的法律基础，双方可以对公约的具体条款做出更为细致的解释；继续完善中欧海关有关《知识产权合作行动计划》下的对话机制，加强双方在这一框架下的沟通协作，搁置争议，实现中欧双方的互利共赢；联合研究出台海关知识产权行政案件处罚标准，完善侵权案件办理和罚没货物处置程序等。在自由贸易试验区建立相关知识产权执法和仲裁机构等，加大对知识产权侵权行为的监管和惩处力度。

第二，给予国民待遇、提高透明性。在知识产权保护方面实施国民待遇。包括影响知识产权可获得性、取得、范围、维护和实施方面的事项，以及 TRIPS 协定中专门处理的影响知识产权使用的事项等。加强透明度问题的沟通和对话，在相关法律法规公开及双方政府、公众和知识产权持有者的信息共享方面达成有效共识，从而减少双方在自贸区建设过程中可能面临的问题。

第三，扩大地理标识合作成果。中欧都是地理标志资源丰富的经济体。开展地理标志保护合作，对于扩大双方地理标志产品贸易规模、促进中欧经贸关系发展具有重要意义。2017 年 6 月第 19 次中欧领导人会晤期间，中欧双方达成《中华人民共和国商务部和欧盟委员会农业与农村发展总司关于地理标志合作与保护协定谈判的备忘录》，同意以商定的方式依据各自立法将对方的地理标志名称清单对外公示，第一批名单涵盖中欧双方各自 100 个产品品牌，即"中欧 100＋100"地理标志产品互认互保项目。该地理标志合作协议的达成是中国与欧盟之间第一个关于地理标志的保护协议。下一步，中欧双方可以积极推进地理标识保护协议等相关文件落实，为自贸区框架下的相关合作奠定基础。

第四，尝试新业态领域的知识产权合作。随着互联网的普及，电子商务发展迅速，但同时也对知识产权保护提出了新的挑战。中欧双方在自贸区建设过程中重视互联网领域知识产权的保护问题，在自贸协定中加入相关条款，加强对跨境电商行为的监督和规范十分必要。

第六章　国有企业与公平竞争

国际金融危机后，发展中经济体的国有企业在国际并购活动中日渐活跃。对此，发达经济体希望通过进一步完善竞争政策，影响发展中经济体国内立法与相关政策，以规范国有企业的商业行为，确保私营企业与国有企业拥有平等竞争环境。另外，随着欧美等发达经济体推动塑造新一轮全球贸易与投资规则体系，国有企业被欧盟视作与市场准入、政府采购、竞争政策和产能过剩等议题不可分割的重要领域。

一、国有企业与中国的改革开放

从 20 世纪 70 年代末到 80 年代中期，我国经济体制改革的重心在农村，在国有企业改革方面，主要是围绕放权让利出台了一些政策措施。为了调动企业的积极性，国务院先后出台了《关于扩大国营工业企业经营管理自主权的若干规定》（1979）、《国营工业企业职工代表大会暂行条例》（1981）、《国营工厂厂长工作暂行条例》（1982）、《国营工业企业暂行条例》（1983）等文件，下放权利，实行厂长负责制，明确企业和企业负责人即厂长的权利。并改革利润分配方式，企业利润不再全部上缴国家。1979 年 7 月国务院出台《关于国营企业实行利润留成的规定》，1980 年国务院又批转了国家经委、财政部关于国营工业企业利润留成试行办法，规定利润增长部分实行分成：上缴国家 60%、企业留 40%，留成部分 60% 用于企业发展，40% 可以用于职工福利和奖金发放。这些措施，改变了过去企业利润全部上缴国家的制度，对提高企业积极性有着重要作用。

从 20 世纪 80 年代中期到 90 年代初，国有企业改革的一项主要措施是建立承包经营责任制。1984 年 10 月，中共十二届三中全会作出了《关于

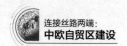

经济体制改革的决定》（以下简称《决定》），提出"全面改革经济体制的条件已经具备"，决定"制订全面改革蓝图，加快改革步伐，推动以城市为重点的整个经济体制的改革"。《决定》认为，"现行经济体制的种种弊端，恰恰集中表现为企业缺乏应有的活力。所以，增强企业的活力，特别是增强全民所有制的大、中型企业的活力，是以城市为重点的整个经济体制改革的中心环节。"国有企业的活力不强的一个重要原因是"国家对企业管得太多太死"。为了进一步改革国有企业经营方式、落实企业经营自主权，在国有企业中开始普遍建立承包经营责任制。1988 年 2 月国务院制定发布了《全民所有制工业企业承包经营责任暂行条例》（以下简称《条例》），该《条例》主要就国家与企业之间建立承包经营责任制作了明确的规范，并指出实行承包经营责任制是为了"转变企业经营机制，增强企业活力，提高经济效益"。承包经营责任制的主要内容是，企业除了依法纳税外，一是包上缴国家利润指标，二是包完成相应的技术改造任务，并实行工资总额与经济效益挂钩的办法。"包上缴国家利润"主要包括四种形式：上缴利润递增包干；上缴利润基数包干、超收分成；微利企业上缴利润定额包干；亏损企业减亏包干或补贴包干。

20 世纪 90 年代，国有企业的主要改革措施包括建立现代企业制度、探索公有制的多种实现形式等。1993 年 11 月，中共十四届三中全会作出了《关于建立社会主义市场经济体制若干问题的决定》，明确提出我国经济体制改革的目标是建立社会主义市场经济体制，国有企业改革的目标则是进一步转换国有企业经营机制，按照市场经济要求，建立"产权清晰、权责明确、政企分开、管理科学"的现代企业制度。1993 年 12 月，八届全国人大常委会通过了《中华人民共和国公司法》，这为国有企业改革的持续推进和现代企业制度的建立提供了法律保障。1995 年 9 月，中共十四届五中全会提出了国有企业"抓大放小"的战略，"重点抓好一批大型企业和企业集团，以资本为纽带，连接和带动一批企业的改组和发展，形成规模经济，充分发挥它们在国民经济中的骨干作用。区别不同情况，采取改组、联合、兼并、股份合作制、租赁、承包经营和出售等形式，加快国有小企业改革改组步伐"。1997 年 9 月党的十五大进一步提出，要调整和完善所有制结构，探索公有制的多种实现形式，从战略上调整国有经济布局。中央明确提出探索公有制的多种实现形式，这为国有企业股份制改革提供了理论依据，全国国有企业的股份制改革普遍开展起来。1999 年 9 月，中共十五届四中全会作出了《中共中央关于国有企业改革和发展若干重大问题的决定》，对国有企业改革的目标、方针政策和主要措施作了全面部署，明确提出国务院代表国家行使国有资产所有权，实行授权经营，"要确保出资人到位"。

从 21 世纪初到党的十八大召开之前，国有企业改革的一个重大举措是建立国有资产出资人制度。2002 年 11 月召开的党的十六大提出，"国家要制定法律法规，建立中央政府和地方政府分别代表国家履行出资人职责，享有所有者权益，权利、义务和责任相统一，管资产和管人、管事相结合的国有资产管理体制。""中央政府和省、市（地）两级地方政府设立国有资产管理机构。继续探索有效的国有资产经营体制和方式。"根据党的十六大精神，国务院于 2003 年 3 月成立了国有资产监督管理委员会，代表国家对"关系国民经济命脉和国家安全的大型国有企业、基础设施和重要自然资源等"履行出资人职责之后，地方各省和地、市两级地方政府也相继成立了国有资产监督管理委员会，对"其他国有资产"履行出资人职责。

近年来，我国国有企业面临日益激烈的国际竞争和转型升级的巨大挑战，进一步深化国有企业改革仍然是未来一段时期我国的一项重要工作。为此，党的十八大以来，党中央和国务院对深化国有企业改革进行了一系列重大部署，涉及的相关文件主要包括《中共中央关于全面深化改革若干重大问题的决定》（2013 年 11 月）、《中共中央、国务院关于深化国有企业改革的指导意见》（2015 年 8 月）、《中华人民共和国国民经济和社会发展第十三个五年规划纲要》（2016 年 3 月）等，旨在继续推进国有企业改革，破除体制机制障碍，做强做优做大国有企业。目前，我国国有企业正着力推进的改革主要有以下几个方面。一是完善现代企业制度，包括推进董事会建设、市场化选聘经营管理者、推行职业经理人制度、对国有企业高管实行差异化薪酬分配等。二是完善国有资产管理体制、以管资本为主加强国有资产监管，包括改组组建国有资本投资、运营公司和推动中央企业兼并重组等。三是发展混合所有制经济，包括推进国有企业混合所有制改革、探索实行混合所有制企业员工持股等。此外，也在推进国有企业信息

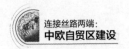

公开工作、推动剥离企业办社会职能和解决历史遗留问题、有序吸收外资参与国有企业混合所有制改革等。在国有企业的改革与发展过程中，还强调坚持党对国企的领导不动摇，充分发挥国有企业党组织政治核心作用。

经过几十年的改革和发展，我国国有企业总体上已经同市场经济相融合，运行质量和效益明显提升，在国际国内市场竞争中涌现出一批具有核心竞争力的骨干企业，为推动经济社会发展、保障和改善民生、开拓国际市场、增强我国综合实力作出了重大贡献，成就是突出的。美国《财富》杂志公布的2015年世界500强公司中，中国公司（含香港和台湾地区）的数量创纪录地超过100家，达到106家，较上年增加6家，稳居世界第2，仅次于美国（128家），且差距进一步缩小。其中，在中国的世界500强企业中，国有及国有控股企业占绝大多数，有88家，国务院国资委监管的中央企业47家。可以认为，中国企业在世界舞台上的崛起是在国有企业带动下的集体崛起。

再从资产、利润、货物贸易等角度，看看国有企业相对私营企业、外资企业的发展情况。由表6-1可知，近十来年，国有工业企业资产在三种类型的工业企业总资产中的占比有较大幅度的下降，从21世纪初的将近3/4下降到2015年的大约1/2，私营工业企业资产占比则在不断增长，从21世纪初的不到4%上升至2015年的超过1/4，外资工业企业资产占比变化不大，大概在1/4。表6-2则显示，国有工业企业利润在三种类型的工业企业总利润中的占比也有了大幅下降，从2000年的62.06%下降到2015年的22.14%，私营工业企业利润占比从2000年的4.89%急剧上升至2015年的47.02%，外资工业企业利润占比同样变化不大，大概在1/3。表6-3显示，近20年，在货物贸易出口方面，国有企业占比在不断下降，从1996年的57%下降到2015年的10.66%，私营企业尽管数据缺失，但还是可见其占比有了大幅增长，2014年和2015年都超过了40%，外资企业占比从1996年的40.7%上升至2005年的58.3%，随后又逐渐下降，2015年为44.19%。表6-4显示，近20年，在货物贸易进口方面，国有企业占比呈下降趋势，从1996年的42.6%下降至2015年的24.25%，私营企业占比有了较大增长，2015年为24.46%，外资企业进口占比变化不大，围绕50%上下浮动。

表6-1　三种类型工业企业资产情况（亿元、%）

年份	资产合计		国有控股工业企业资产		私营工业企业资产		外商及港澳台商投资工业企业资产	
	金额	占比	金额	占比	金额	占比	金额	占比
2000	113602.8	100	84014.94	73.95	3873.83	3.41	25714.06	22.64
2001	122158	100	87901.54	71.96	5901.98	4.83	28354.46	23.21
2002	129368	100	89094.6	68.87	8759.62	6.77	31513.76	24.36
2003	148305.3	100	94519.79	63.73	14525.29	9.79	39260.26	26.47
2004	189034.8	100	109708.3	58.04	23724.8	12.55	55601.79	29.41
2005	212263.2	100	117629.6	55.42	30325.12	14.29	64308.47	30.3
2006	252776.8	100	135153.6	53.47	40514.83	16.03	77108.65	30.5
2007	307859.9	100	158187.9	51.38	53304.95	17.31	96367.04	31.3
2008	376836	100	188811.4	50.1	75879.59	20.14	112145	29.76
2009	431395.2	100	215742	50.01	91175.6	21.14	124477.6	28.85
2010	513180	100	247759.9	48.28	116867.8	22.77	148552.3	28.95
2011	571411.5	100	281673.9	49.29	127749.9	22.36	161987.7	28.35
2012	636962.8	100	312094.4	49	152548.1	23.95	172320.3	27.05
2013	720351.7	100	343985.9	47.75	187704.4	26.06	188661.4	26.19
2014	782585.3	100	371308.8	47.45	213114.4	27.23	198162.1	25.32
2015	827712.8	100	397403.7	48.01	229006.5	27.67	201302.7	24.32

注：根据各年《中国统计年鉴》计算整理得到。

表6-2　三种类型工业企业利润情况（亿元、%）

年份	利润合计		国有控股工业企业利润		私营工业企业利润		外商及港澳台商投资工业企业利润	
	金额	占比	金额	占比	金额	占比	金额	占比
2000	3880.49	100	2408.33	62.06	189.68	4.89	1282.48	33.05
2001	4144.07	100	2388.56	57.64	312.56	7.54	1442.95	34.82
2002	5000.39	100	2632.94	52.65	490.23	9.8	1877.22	37.54
2003	7473.28	100	3836.2	51.33	859.64	11.5	2777.44	37.16

续表

年份	利润合计		国有控股工业企业利润		私营工业企业利润		外商及港澳台商投资工业企业利润	
	金额	占比	金额	占比	金额	占比	金额	占比
2004	10758.81	100	5453.1	50.68	1429.74	13.29	3875.97	36.03
2005	12781.21	100	6519.75	51.01	2120.65	16.59	4140.81	32.4
2006	17060.57	100	8485.46	49.74	3191.05	18.7	5384.06	31.56
2007	23376.31	100	10795.19	46.18	5053.74	21.62	7527.38	32.2
2008	25608.28	100	9063.59	35.39	8302.06	32.42	8242.63	32.19
2009	29071.77	100	9287.03	31.95	9677.69	33.29	10107.05	34.77
2010	44859.7	100	14737.65	32.85	15102.5	33.67	15019.55	33.48
2011	50107.31	100	16457.57	32.84	18155.52	36.23	15494.22	30.92
2012	49333.83	100	15175.99	30.76	20191.9	40.93	13965.94	28.31
2013	55047.34	100	15917.68	28.92	23327.08	42.38	15802.58	28.71
2014	54635.75	100	14508.02	26.55	23550.42	43.1	16577.31	30.34
2015	51572.23	100	11416.72	22.14	24249.73	47.02	15905.78	30.84

注：根据各年《中国统计年鉴》计算整理得到。

表6-3　三种类型企业货物贸易出口情况（%）

年份	出口合计		国有企业出口		外商投资企业出口		私营企业/集体企业出口		其他出口	
	金额	占比	金额	占比	金额	占比	金额	占比	金额	占比
1996		100		57		40.7				2.3
1997		97.8		40.4		54.6				2.8
1998		100		52.6		44.1				3.3
1999		100		50.5		45.5				4
2000		100		46.7		47.9				5.4
2001		100		42.5		50.1				7.4
2002		100		37.7		52.2				10.1
2003		100		31.5		54.8				13.7
2004	5933.7	100	1535.9	25.88	3386.1	57.07	692.5	11.67	319.2	5.38
2005	7620	100	1688.1	22.15	4442.1	58.3	1122.3	14.73	367.5	4.82

续表

年份	出口合计		国有企业出口		外商投资企业出口		私营企业/集体企业出口		其他出口	
	金额	占比	金额	占比	金额	占比	金额	占比	金额	占比
2006	9690.7	100	1913.4	19.74	5638.3	58.18	1707.4	17.62	431.6	4.45
2007	12180.1	100	2248.1	18.46	6955.2	57.1	2474.9	20.32	501.9	4.12
2008	14285.46	100	2572.28	18.01	7906.2	55.34			3806.98	26.65
2009	1201663295	100	190994422	15.89	672230418	55.94	40518010	3.37	297920445	24.79
2010	1577932252	100	234360191	14.85	862306168	54.65	49856074	3.16	431409819	27.34
2011	1898599840	100	267222266	14.07	995329610	52.42	55394548	2.92	580653416	30.58
2012	2048934763	100	256283288	12.51	1022748497	49.92	50885698	2.48	719017280	35.09
2013	2210019088	100	248985721	11.27	1044261762	47.25	863336656	39.06	53434949	2.42
2014	2342746552	100	256493682	10.95	1074734924	45.87	954671022	40.75	56846924	2.43
2015	2273468224	100	242352673	10.66	1004614413	44.19	972527979	42.78	53973159	2.37

注：根据1996—2003年《中国对外经济贸易年鉴》、2004—2015年《中国商务年鉴》计算整理得到。1996—2003年缺具体金额，只有占比情况；"私营企业"包括在"其他"中，无单独数据；1997年合计为97.8%，原因不详。在"私营企业/集体企业"一栏，2004—2008年指"私营企业"，2008年"私营企业"包括在"其他"中，无单独数据；2009—2012年指"集体企业"，"私营企业"包括在"其他"中，无单独数据；2013—2015年指"私营企业"。在金额单位上，2004—2008年为"亿美元"，2009—2015年为"千美元"。

表6-4 三种类型企业货物贸易进口情况（%）

年份	进口合计		国有企业进口		外商投资企业进口		私营企业/集体企业进口		其他进口	
	金额	占比	金额	占比	金额	占比	金额	占比	金额	占比
1996		100		42.6		54.5				2.9
1997		100		54.6		42.8				2.6
1998		100		42.8		54.7				2.5
1999		100		44.8		51.8				3.4
2000		100		43.9		52.1				4
2001		100		42.5		51.7				5.8
2002		100		38.8		54.3				6.9
2003		100		34.5		56.2				9.3
2004	5614.1	100	1764.5	31.43	3245.6	57.81	419.8	7.48	184.2	3.28
2005	6601.2	100	1972	29.87	3875.1	58.7	539.8	8.18	214.3	3.25

续表

年份	进口合计		国有企业进口		外商投资企业进口		私营企业/集体企业进口		其他进口	
	金额	占比	金额	占比	金额	占比	金额	占比	金额	占比
2006	7916.1	100	2252.4	28.45	4726.2	59.7	728.4	9.2	209.1	2.64
2007	9558.2	100	2697.2	28.22	5594.1	58.53	1000.9	10.47	266	2.78
2008	11330.86	100	3538.1	31.23	6199.56	54.71			1593.2	14.06
2009	1005555225	100	288467193	28.69	545206936	54.22	26524939	2.64	145356157	14.46
2010	1394828708	100	387553174	27.79	737999885	52.91	34939835	2.5	234335814	16.8
2011	1743457897	100	493403452	28.3	864825230	49.6	40746584	2.34	344482631	19.76
2012	1817825566	100	495423345	27.25	871249209	47.93	35315512	1.94	415837500	22.88
2013	1950288701	100	498986356	25.59	874820267	44.86	436761645	22.39	139720433	7.16
2014	1960290297	100	491054473	25.05	909310578	46.39	447530641	22.83	112394605	5.73
2015	1679564497	100	407341096	24.25	828866238	49.35	410815202	24.46	32541961	1.94

注：根据1996—2003年《中国对外经济贸易年鉴》、2004—2015年《中国商务年鉴》计算整理得到。1996—2003年缺具体金额，只有占比情况；"私营企业"包括在"其他"中，无单独数据。在"私营企业/集体企业"一栏，2004—2008年指"私营企业"，2008年"私营企业"包括在"其他"中，无单独数据；2009—2012年指"集体企业"，"私营企业"包括在"其他"中，无单独数据；2013—2015年指"私营企业"。在金额单位上，2004—2008年为"亿美元"，2009—2015年为"千美元"。

2017年第一季度，全国非金融国有及国有控股企业经营情况稳中向好，企业收入和利润实现较快增长。第一季度，非金融国有及国有控股企业营业总收入116336.1亿元，同比增长18.5%，实现利润5873.1亿元，同比增长37.3%。3月末，非金融国有及国有控股企业资产总额1364627.9亿元，同比增长10.6%；负债总额899727.7亿元，同比增长10.8%；所有者权益合计464900.2亿元，同比增长10.1%。①

二、欧盟对国有企业的一般诉求

多边贸易体系对国有企业的约束最早可以追溯到《关税与贸易总协定

---

① 财政部网站：2017年1-3月全国国有及国有控股企业经济运行情况。

（1947）》第 17 条，规定国营企业对外贸易需遵循"非歧视性待遇"与"商业考虑"两大原则。1994 年生效的《关税与贸易总协定》第 17 条继续阐述上述两大原则，同时指出国有企业需要遵守《关于解释 1994 年关税与贸易总协定第 17 条的谅解》《服务贸易总协定第 8 条》规定的权利与义务。欧盟对国有企业的立场沿袭上述两大原则，并在欧盟—加拿大全面经济与贸易协定、欧盟—越南自由贸易协定、欧盟—新加坡自由贸易协定付诸实施。① 包括含有单独的国有企业章节，同时在服务贸易章节、竞争政策等章节涉及对国有企业的相关规定。

（一）非歧视性待遇

非歧视性待遇包含两方面：最惠国待遇与国民待遇。最惠国待遇是指成员不能在贸易伙伴之间实行歧视。给予一个成员的优惠，也应同样给予其他成员。适用于世界贸易组织下的货物贸易、服务贸易以及与贸易相关的知识产权领域；国民待遇是指对外国的货物、服务以及知识产权应给予本地的同等对待。国民待遇是比最惠国待遇更加高规格的基本权益。目的都是为了促进公平竞争。欧盟—越南自由贸易协定中第 10 章第 4 条第 1 款 b 项：在市场交易中给予另一方的企业、商品、服务的待遇不得低于分别给予本方的企业、商品、服务的待遇。第 8 章"服务贸易、投资和电子商务"也涉及国企的"非歧视性待遇"原则，该章重申了国民待遇、最惠国待遇等公认原则。

（二）商业考虑原则

"商业考虑"通常是指相关业务或行业的企业，商业决策中的诸如包括价格、质量、资源获得、销售、运输和其他与购买或销售有关的条款、条件，或其他因素，需要按照市场经济原则运作。欧盟—越南自贸协定第 10 章第 4 条第 1 款 a 项规定：每一方的国有企业在进行商业活动时购买或出售商品或服务应基于商业考虑。

---

① 欧盟—新加坡自由贸易协定对国有企业的相关规定详见第 8 章服务、商业存在与电子商务附件 8 – B – 2。

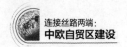

（三）自贸协定中对国有企业的其他规定

除了非歧视性原则与商业考虑，欧盟—加拿大全面经济贸易协定（CETA）、欧盟—越南自由贸易协定、欧盟—新加坡自由贸易协定还涉及其他与国有企业有关的规定。欧盟—加拿大全面经济贸易协定、欧盟—越南自由贸易协定，对国有企业的定义、适用范围、其他原则性约束给出了比较清晰的概念，另外在竞争政策章节中对国有企业的补贴问题进行了具体规定。而欧盟—新加坡自由贸易协定中，对保险行业的一些准入规定"当发生冲突时本协定关于国企的规定要优先于新加坡国内法"①，表明在国有企业问题上，新加坡不仅放弃了对行业的有关备案与批准的监管权利，同时在争端解决机制方面，同意以国际法替代国内法。众所周知，新加坡的金融与交通行业，国有企业占据主导地位。

定义。满足下述 3 个条件之一的，被认为是国有企业②：政府拥有企业 50% 以上的股权或投票权；政府有权任命企业董事会或其他类似管理机构一半以上的成员；政府掌握企业的战略决策权。

中立监管。国有企业应遵守国际公认的公司治理准则，每一方的监管机构应对包括国有企业在内的所有企业实施公正监管。

透明性。一方若有合理理由认为其利益正受到另一方的一家或数家国有企业的商业活动的不利影响，则有权要求该方提供上述企业的经营信息，具体包括企业的所有权和投票权结构、企业的特殊股份或特殊投票权情况、董事会的成员构成、年收入或总资产情况、适用于企业的免责和豁免情况等方面的信息。机密信息的披露除外。

竞争政策。在自贸协定中纳入竞争政策，本身是一个高水平的自贸协定的表现。其涉及领域是各国国内市场上的竞争秩序，超出一般水平的自贸协定所涵盖的边境措施。国际金融危机之后，发展中国家国有企业在国际市场并购显示较强竞争优势，发达经济体考虑通过进一步完善竞争政

---

① 参见欧盟—新加坡自由贸易协定第 8 章附录 8 - B - 2 第 1 条：新加坡不得要求对人寿保险产品，中央公积金相关产品和投资挂钩产品以外的保险产品进行产品备案或批准。

② 欧盟—越南自由贸易协定第十章讨论国企问题。

策，影响发展中国内立法与相关政策，达到规范国有企业商业行为，确保私营企业与国有企业拥有平等的竞争环境。

在欧盟—新加坡自贸协定、欧盟—越南自贸协定中，欧盟对竞争政策的要求不仅有软法形式的合作、如双方竞争权威机构的合作，确立竞争政策实施的原则性、如"透明度"、执法独立性等，发展到在协定中纳入关于竞争的详细规定，如列举具体的合法补贴①、禁止性补贴，以及适用争端解决机制。欧盟—越南自贸协定第 11 章"竞争政策"首次界定了适用于所有企业的补贴定义，而欧盟—新加坡自贸协定第 12 章"竞争和相关事宜"也规定了对国企的禁止性补贴。两份自贸协定都认为，对国有企业的补贴只是在某些条件下才可能是合法的，应禁止一般性的、过度的补贴，包括任何旨在不受限地抵偿某些企业债务的政府法律安排，以及以任何一种方式支持资不抵债或有问题的企业（而不是诉诸可信的重组计划）等。

例外情形。欧盟—越南自由贸易协定第 10 章、第 8 章，规定了与国有企业相关的例外情形。一是国有企业的例外。包括：一方对其已临时采取措施以应对国家或全球经济突发事件的国有企业；此前连续三年中的任何一年来自商业活动的年收入少于 2 亿特别提款权（SDRs）的国有企业；一方负责国防、公共秩序或公共安全的政府机构拥有或控制的国有企业，除非这样的企业只从事和国防、公共秩序或公共安全无关的商业活动②；二是"非歧视性待遇"和"商业考虑"原则的例外。包括：国有企业向越南中小企业采购商品或服务；通讯业，文化、体育与娱乐，渔业与水产养殖业、林业与狩猎、采矿业（包括石油与天然气）等国有企业占主导的行业不适用最惠国待遇③。欧盟—加拿大全面经济与贸易协定中的国有企业章节也列出了例外，一是国有企业的例外。国有企业为了政府目的而购买的

---

① 参见欧盟—越南自由贸易协定第 11 章第二部分补贴，第 x2（3）条。首次出现具体界定补贴的使用范围与定义。

② 参见欧盟—越南自由贸易协定第 10 章第 2 条"适用范围"，国与企业章节附件是对正文适用范围的具体解释。

③ 参见欧盟—越南自由贸易协定第 8 章"服务贸易、投资与电子商务"第 4 条最惠国待遇第 3 款。

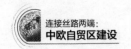
货物和服务①，无论采购是否属于政府采购章节"涵盖采购"。二是两大原则"非歧视性待遇"与"商业考虑"允许例外。包括在国民待遇与最惠国待遇方面的一些行业的国有企业保留，跨境服务贸易与投资章节的不符措施。

三、欧盟对我国国有企业的诉求

尽管国有企业在中国的经济结构占比处于下降的态势，但与发达国家的企业结构相比，中国的国有企业仍是一个发达国家比较关注的行为实体。尤其是在十八届三中全会之后，在"一带一路"倡议的推动下，中国企业对外投资的步伐不断加快，国有企业参与到，包括欧洲、美国在内的发达市场企业的并购之中，引起国外的强烈反弹。另外，国际金融危机以来，由于中国经济结构调整、利用外资政策的变化，更主要的是中国本土企业竞争力的上升，包括欧资企业在内的在华外资企业不仅不再享受超国民待遇的特殊优惠政策，而且能够获取的利润也较以往逐步减少，导致欧方企业抱怨上升。因而在欧盟、美国与中国开展的双边投资协定中，如何规范中国的国有企业竞争，确保其本国企业在中国市场能够获得公平待遇成为发达市场经济体打开中国市场的心病所在。

总体而言，涉及国有企业，欧盟对我国的诉求主要体现在对等的市场准入、扩大的政府采购，消除产能过剩，以及确保公平竞争环境。

（一）对等的市场准入

服务业市场开放是欧盟针对我国有企业的一项重大诉求。在欧盟看来，我国有企业在其重点关注的 14 个服务行业处于垄断地位，因而首先追求 14 个行业的扩大开放是确保欧盟企业能参与到中国市场的竞争的先决条件。14 个行业包括航空、建筑、分销、环境、信息与通讯技术、物流、海洋运输、专业服务、质量与安全服务、电信（包括数字服务的电子商务）、银行与证券、消费者与非银行金融、保险及私人股本、证券

---

① 这种采购不是为了商业转售或为了商业销售提供商品和服务。

与战略并购。并将能否达成开放协议作为高标准的中欧自由贸易协定的奠基石。

（二）扩大的政府采购（工程与服务市场准入）

在世界贸易组织政府采购协定诸边谈判中，中国与欧盟目前已经进行了 6 轮，中国仍然没有加入该协定。其中欧方对我方的进一步诉求主要在于将国企纳入到政府采购主体中来，以便实现在已经开放的行业采购方面，如饮用水、电力、能源、运输、电信与邮政服务中，不会因为这些行业由国有企业主导，而国有企业尚未纳入采购实体，而形成政府采购合约公平竞争的"玻璃门"。

（三）竞争政策

欧盟认为中国政府经常对国企进行大量的无条件的补贴，是难以接受的。为此欧盟已经在世界贸易组织争端解决机制下提出与中国磋商解决"补贴"问题。补贴不解决，在国内市场与国际市场，欧方企业无法与中国企业竞争。

在竞争政策方面，欧盟对我方的诉求主要表现在两方面：一是中国的竞争政策尚未涉及"特定补贴"。即对外自贸协定中还没有对禁止性补贴进行定义。而这问题的症结在于国有企业当前仍可以获得无条件的、或者优惠性的实质性补贴。二是中国的竞争政策实施效果不够理想。目前，中国已初步建立起了涵盖法律、行政法规以及部门规章等在内的竞争政策，包括《反垄断法》《反不正当竞争法》《价格法》《关于外国投资者并购境内企业的规定》等。但是在有关竞争政策的透明性、程序法、能力建设等方面，中国仍需要提高执行力。如欧盟认为中国《反垄断法》似乎主要针对外国企业，证据之一就是国内企业并购并没有像应该做到的那样进行申报，对未申报没有采取何种惩罚措施。

（四）过剩产能

2016 年以来，过剩产能问题开始成为中欧领导人峰会、中欧经贸高层对话的重要议题。欧方对我方钢铁产能过剩给予高度关注，一方面是因为

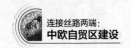

全球经济增长放缓造成世界钢材价格大幅下跌①，欧盟的钢铁行业遭遇较大冲击。与此同时，2008 年国际金融危机之后，因实施基础设施投资拉动经济增长战略，中国的钢铁过剩产能不断累积，相当于欧洲产能的 2 倍。②鉴于钢铁产业具有的政治敏感性，2016 年，通过多双边舞台，欧盟强势要求中国解决钢铁产能过剩，不解决势必会通过出口影响全球。另一方面，我方钢铁产能过剩是我国工业生产中其他重工业产品，如水泥、煤炭、电解铜等产能巨大的缩影，根本原因在于我国有企业的生产还受到政府政策的影响，包括响应政府号召、受惠财政补贴以及政策性银行融资便利等，导致产能过剩普遍存在。

四、中欧国有企业合作前景

国有企业与竞争政策是多双边自由贸易协定中的"新议题"。从全球的角度而言，欧盟—越南自贸协定中的"国有企业"章节内容已成为欧盟主推的公平竞争方面的新一轮国际经贸规则的初次尝试。但是对中国来说，国有企业是中国特色社会主义的重要物质基础和政治基础，为经济社会发展、科技进步、国防建设、民生改善做出了突出贡献。未来中欧自贸协定如涉及"国有企业"内容，双方首先需要增进相互理解，然后努力弥合分歧，本着促进公平、公正、发展的宗旨，兼顾高标准与务实原则，以实现在国有企业议题谈判中的双赢。

（一）国企问题谈判已具备现实基础

欧方需正视国有企业在中国经济建设中的特殊地位。国有企业不是中国的独有现象，各个经济体，包括欧盟都有。但是国有企业在中国经济发展中的作用是不可替代的。如改革开放之初，通过在经营层面扩大

---

① 2016 年初 305 美元/吨。
② 2016 年国家统计局数据。中国的钢铁产能 11 亿吨，其中表观消费量（产量减去库存）8 亿吨，存在着 3 亿吨的过剩产能。欧盟的钢铁产能大约为 2 亿吨。2015 年我方钢铁产能退出 9000 万吨，2016 钢铁产能退出 6500 万吨，2016—2020 年计划退出钢铁产能 1 亿 ~1.5 亿吨。

企业的自主性，实行企业自负盈亏，促使中国经济实现了由计划经济向市场经济的转变；21世纪初，在中国加入世界贸易组织之后，国有企业成为中国经济与外部经济接轨的窗口，为推动中国经济的快速发展发挥了积极作用。

当前，中欧在国有企业议题方面已具备一定的谈判基础：

一是中国新一轮对外开放取得积极进展。中国国内自由贸易试验区正在推进的以负面清单加准入前国民待遇为基础的开放试点，以及中国加入世贸组织政府采购协定谈判出价中已将国有企业主导的公用事业领域纳入采购范围，等等。从这些改革的方向可以看出，中国国有企业未来将以平等、商业化的方式参与市场竞争，这与欧盟强调在竞争中遵循"非歧视性待遇"与"商业考虑"原则的主张有共通之处。

二是中国国有企业改革正在深入推进。2017年3月，辽宁省被纳入第三批自由贸易试验区试点省份，国有企业改革是先行先试的重要内容之一。具体包括：在自贸试验区内开展混合所有制改革试点，探索多种所有制资本优势的互补，相互促进体制机制，完善国有企业治理模式和经营机制。相信国有企业试点自贸试验区建设一旦取得进展，中国和欧盟在未来自由贸易区谈判中就国有企业议题可以达成更高的标准。

三是中国既有对外自贸协定谈判对相关议题已有所涉及。在中国已签署的自贸协定中，中国—韩国自贸协定竞争条款内容最为丰富，专门用一章（第十四章）规定竞争政策。包括竞争政策的目标①、定义②、适用范围③，

---

① 禁止经营者的反竞争商业行为，实施竞争政策，针对竞争问题开展合作，有利于防止贸易自由化利益受损，有利于提高经济效率和增进消费者福利。

② 按照第十四章的定义，反竞争商业行为是指对一缔约方境内市场竞争产生负面影响的商业行为或交易，例如：（一）在缔约一方全境或大部分地区，试图造成或者实际具有排除、限制、扭曲竞争效果的企业协议、联合决定或协同行为；（二）在一缔约方全境或大部分地区，一家或数家具有支配地位企业滥用支配地位的行为；或（三）在一缔约方全境或大部分地区，显著妨碍有效竞争，特别是形成或加强市场支配地位的经营者集中。

③ 本国竞争法适用于包括公用事业以及享有特殊权利或排他性权利的企业在内的所有经营者。但也有例外情形，即上述原则和竞争法的实施不应在法律上或事实上阻碍公用企业、享有特殊权利或排他性权利的企业执行指派给这些企业的特殊任务。

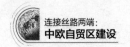

执法适用原则①、执法合作②与执法独立性③等。

（二）加强中欧在国企问题上的沟通交流

对于国有企业，欧盟的总体立场在于遵循 1947 年生效的关贸总协定第 17 条赋予的"非歧视性待遇"与"商业考虑"两大原则。具体而言，欧方对中国国有企业的诉求包括减少政府对国有企业的补贴、降低政府资产在国有企业中的比重、公平竞争等。实践中，欧盟对中国国有企业的看法存在以偏概全的问题。欧盟往往根据个别孤立的事例或浅层次的甚至是未经证实的一些信息，来评判中国的国有企业，这就容易夸大国有企业的负面因素。比如认为中国政府目前还在大量补贴各类国企。改革开放之初，中国国有企业的软预算约束问题可以说较为严重，但近40年来，中国努力硬化国企的预算约束，现在政府对国企的补贴已经大幅减少了。

欧盟对中国国企缺乏了解，这就要求中国政府机构和研究人员加强和欧盟的沟通交流，促使对方尽可能客观地了解中国国企的改革发展情况。中国政府部门（主要是各级国有资产监督管理机构）应扩大和欧盟的官方往来，向对方如实地介绍中国国有企业改革的方向，以及国有企业发展取得的成效、存在的问题等，并欢迎欧盟就中国国有企业的改革发展提出意见或建议。推动中国研究机构、高校等单位和欧盟的学术交流，支持双方开展国有企业问题的联合研究，这有助于欧盟了解中国国有企业经营管理的一些深层次的特征，也有助于中方准确把握国际经贸中国企规则的内涵及其演进趋势等。

（三）推动国企各项改革措施加快实施

多年来，中国国有企业的改革发展取得了很大的成就，但仍然存在不

---

① 各缔约方竞争执法应符合透明、非歧视和程序正义原则。
② 考虑到双方在竞争领域的合作和协调对促进有效竞争执法的重要性，缔约双方将通过通报、磋商、信息交换、技术合作等方式开展合作。
③ 认为不应干预缔约双方竞争执法的独立性。对于竞争条款下产生的任何事项，任何一缔约方不得诉诸本协定所规定的争端解决机制。如果一缔约方认为，某一行为持续影响双边贸易，该方可以要求在联合委员进行磋商，以促进该问题的解决。

少矛盾和问题，有待于进一步解决或克服。党的十八大特别是十八届三中全会以来，中国出台了一系列深化国有企业改革的措施，并推动措施的落地或实施。总体来看，措施的落地或实施力度还不够大，速度还不够快，改革的效果还有待进一步提升。应加快实施各项改革措施，有效推动国有企业的市场化进程。当前，为了在国企改革重点难点问题上尽快形成突破，要抓紧推进落实董事会职权、市场化选聘经营管理者、推行职业经理人制度、企业薪酬分配差异化改革，改组组建国有资本投资、运营公司，以及推进中央企业兼并重组、部分重要领域混合所有制改革、混合所有制企业员工持股、国有企业信息公开工作以及剥离企业办社会职能和解决历史遗留问题等改革试点工作，将试点形成的可以复制的经验尽快推广，推动改革不断取得实效。

（四）分阶段推进国有企业议题的谈判

从欧盟的诉求来看，在国有企业问题上，其希望中国国有企业严格遵守非歧视和商业考虑等原则，大幅减少甚至是完全消除例外情形或不符措施，从而使国有企业和包括外资企业在内的其他企业开展公平竞争。欧盟的这些诉求，与中国国企改革要达到的目标并无根本性矛盾。

鉴此，中欧国有企业合作路径在于分阶段实现高标准自贸协定对于国有企业的规定，以开放促国有企业改革。当下可采取的步骤包括：一是在遵循总体原则的基础上，立足高标准的自贸协定，兼顾国有企业可承受的相关冲击，规定一定数量（现阶段恐怕还为数不少）的例外情形或不符措施。① 二是坚持原则性立场，反对因所有制差异而将国有企业问题同自贸

---

① 其实，在国有企业遵守非歧视和商业考虑等原则方面，规定一定数量的例外情形或不符措施是世界各国签署自贸协定时的通行做法。跨太平洋伙伴关系协定（TPP）因美国特朗普政府退出而遭受重大打击，未来何去何从尚不明朗，但 TPP 的相关规定可以给我们有益的启示。TPP 是高水平的自贸协定，在国有企业问题上标准较高，然而，即便是这样，TPP 仍存在法定排除和一般例外，这是所有缔约国都可以援引的。此外，TPP 还允许各缔约国开列国别例外清单，事实上，美国、加拿大、新西兰、越南等大多数缔约国都给出了国别例外清单。

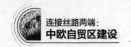

协定谈判的其他问题,如市场准入、政府采购、竞争政策和产能过剩挂钩,造成对国有企业的事实性歧视。三是未来随着中国国有企业的进一步改革发展、承受外来冲击的能力提高,可和欧盟开展国企协定的升级谈判,逐步提升协定的水平,减少例外情形或不符措施,最终达到高水平的协定。

第七章 投资

近年来，发达经济体和发展中经济体围绕制定国际投资新规则的竞争进一步加剧。在发达经济体的大力推动下，国际投资规则涉及的议题更加宽泛，不仅包括外资准入与开业、投资者待遇、征用和补偿、争端解决等传统议题，还包括环境政策、劳工标准、更高的透明度、知识产权、竞争政策、国有企业等一系列新议题。欧盟在 2014 年开始的中欧双边投资协定谈判中集中提出了上述诉求。

一、第二次世界大战后国际投资规则演变

第二次世界大战后，世界总体处于和平阶段，主要国家将重点转向经济发展，经济全球化逐渐深入发展，全球贸易和投资快速增长。在经济全球化的发展过程中，国家之间的相互投资需求逐渐升级，引发国际投资规则的不断演变，到现在为止经历过三个比较明显的阶段。

（一）以欧式 BIT 为代表的第一代国际投资规则

最早的全球投资规则雏形出现在第二次世界大战后在各国签署的友好通商航海条约中，但由于友好通商航海条约内容庞杂，不是专门的国际投资条约，因此不能适应全球投资的快速发展。为此，一些欧洲国家开始对外缔结专门的双边投资条约（BIT），形成了欧式 BIT 范本。1959 年德国和巴基斯坦签订了世界上第一个双边投资保护协定，英国、法国、荷兰、比利时、卢森堡等国均在 20 世纪 70 年代纷纷效仿德国缔结了大量的双边投资保护协定。第一代以欧式 BIT 为代表的国际投资规则突出的是对外资的保护，并不追求投资的自由化。

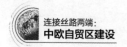

1. 对外资实施的是准入后国民待遇

第一代国际投资规则充分考虑了发展中国家的经济发展阶段的需求，在规则制定上并不追求投资自由化，对外资实施的准入后国民待遇加正面清单的管理模式，赋予东道国更多的外资管辖权。东道国保留了对外资准入的自由酌处权，国民待遇和最惠国待遇的实施仅是在投资准入后和设立后的阶段。同时外资准入后的经营运作也是在东道国的监管下，外资必须遵守东道国颁布实施的各种措施或履行要求的限制。

2. 突出对外资的保护

从狭义的角度看，投资保护规则主要是对东道国实施征收或国有化以及禁止投资本金和利润的自由转移等措施的权利进行限制的一系列规则。第一代国际投资规则也体现了当时发达国家的主要利益诉求，凸显对外资的保护规则，以防止本国投资资产被征收和国有化，并且允许投资本金和利润的自由转移。

3. 纳入国家与国家之间的争端解决机制

争端解决机制只涉及缔约国与缔约国之间因投资条约产生的争议，并没有涉及投资者与缔约国之间的投资争议。当涉及投资者与东道国之间的争端时，一般由东道国来处理。因此，第一代国际投资规则在争端解决机制的设定上充分尊重东道国司法和行政程序在投资争议解决中应有的地位，为东道国解决与投资者之间的争议保留了更多的权利。

由于以欧式 BIT 为代表的第一代国际投资规则兼顾了当时发展中国家和发达国家都非常关注的利益诉求，因此，当时在国际上得到普遍的认可和大范围的运用。

（二）以美式 BIT 为代表的第二代国际投资规则

20 世纪 80 年代后，随着投资全球化的不断发展，发展中国家政治和经济趋于稳定，强化了对外资的保护和促进。与此同时，发达国家对外投资需求越发强烈，已不满足仅仅以保护为核心的国际投资规则。在此背景下，出现了以美式 BIT 为代表的更加自由化的第二代国际投资规则。1992年，美国、加拿大和墨西哥签署了《北美自由贸易协定》，其中的投资规则主要以美国的 BIT 为范本。美式 BIT 为代表的第二代国际投资规则，不但强调高水平的投资保护，更强调投资的自由化。

1. 对外资实行准入前国民待遇

美式 BIT 中将欧式 BIT 中对外资的国民待遇和最惠国待遇从投资准入后与设立后阶段延伸到了投资准入前和设立前阶段，极大弱化了东道国的外资管辖权。并对投资的定义更加宽泛，以最大可能地促进投资的自由化。

2. 强调更高水平的投资保护

在继承第一代投资规则中投资保护的核心外，第二代国际投资规则进一步提高了对外资的投资保护标准。要求对外资本金和利润的汇出应实行自由化；征收应予禁止，除非基于公共利益，不得歧视；对外资的征收要给予补偿。与第一国际投资规则相比，更高的投资保护标准体现在，在发生对外资的征收时，要求充分、及时和有效的补偿；并且开始要求东道国取消对外资的各种履行要求。

3. 引进投资者对国家的争端解决机制

第二代国际投资规则中更加注重程序法规则，它将投资争议分为两类：一类是缔约国与缔约国之间的投资争议；另一类是投资者与国家之间的投资争议。因此，其争端解决机制也有两类：一类是保留了第一代国际投资规则中的国家与国家之间的争端解决机制；另一类是投资者与国家之间的争端解决机制。投资者对国家的争端解决机制是允许投资者在条约规定的情形下，无须首先求助于东道国当地法院救济，可以直接选择国际仲裁机构，对东道国提出有约束力的仲裁程序。第二代国际投资规则上，发达国家对投资者对国家争端解决机制的引入有强烈需求，明显弱化了东道国对外资的管理权限，从而进一步保障了外资的权益。

（三）新一代国际投资规则逐渐形成

国际金融危机后，发达国家和发展中国家围绕国际投资规则新规则的制定加大了竞争。新兴经济体和发展中国家强烈呼吁参与规则制定和全球治理的公平权利。发达国家采取多种手段力求巩固其规则制定者地位，美欧等力推新一代投资新规则，不断抛出竞争中立、政府采购、环境标准、知识产权等新标准、新要求、新问题。在各方的角逐中，第三代国际投资规则的雏形已显现。

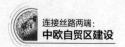

1. 强调高标准的投资自由化

第三代的国际投资规则继承了第二代高标准的投资自由化的规则，继续以宽泛的投资定义要求以准入前国民待遇加负面清单的模式进行开放。欧盟国家也开始向美式 BIT 投资规则靠拢。2009 年《里斯本条约》生效后，欧盟取得了对外签署和缔结投资条约的专属权利，开始采取保护与准入并重的国际投资政策，从投资保护为主的向投资保护和投资准入并重的国际投资规则转变。2012 年 4 月美国和欧盟共同发表《关于国际投资共同原则的声明》，明确要求各国政府给予外国投资者广泛的市场准入和不低于本国及第三国投资者的准入前和准入后待遇。美国 2012 年修订了其双边投资协定范本，继续坚持其一贯的高标准的准入前国民待遇，也极力在其主导的 TTP、TTIP 等区域合作中推行。

2. 逐渐强调东道国对外资的管理权力

第三代国际投资国际规则试图在保护外资的权益和维护东道国对外资采取管理措施的权利之间进行更好的平衡。一方面，依旧强调要强化对外资保护，认可第二代投资规则的征收和补偿条款，出现对外资的征收时，要求给予及时、充分和有效的补偿；允许资金汇兑自由；东道国不得设立各种履行要求等。另一方面，强调基于公共利益保持东道国对外资的管辖权。联合国贸发会议《2012 年世界投资报告》中制定了可持续发展投资政策框架，明确了制定外国投资政策的核心原则—监管权，提出：根据国际承诺，为了公共利益及尽量减少潜在负面影响，每个国家都有权建立外国投资准入条件，并确定外国投资的运行条件。不少国家在国际协定中通过引入环境保护、国家安全例外、维护金融体系一和稳定的审慎措施等措施，扩大了东道国对外资的监管空间。同时，在发展中国家成为主要的资本输出国的背景下，美国、德国、日本等发达国家强化了国家安全审查，且对国家安全的界定比较随意，并没有明确的定义以及清晰的范围，导致政府以国家安全为由扩大和加强了对外资并购的审查。

3. 在投资者对国家争端解决机制上进行了限制

由于投资者对国家争端解决机制明显缺陷，如仲裁庭对国家投资协定关键条款的宽泛或相互矛盾、缺乏透明性等，东道国的外资管辖权受到较大制约等，发达国家已经开始不再使用或者限制该机制的使用。如澳大利亚在贸易政策中宣布，在未来的投资协定中，将不再引进投资者对东道国的争端解决机制；美国、加拿大等国家修改 BIT 范本，限制国际仲裁庭的解释范围，以保持更大对外资管制的空间。2011 年欧洲议会就欧盟与加拿大的贸易关系（包括投资关系）通过的一项决议，明确表明：鉴于加拿大和欧盟高度发达的司法制度，国家和国家间的争端解决机制及使用当地司法救济是更合适的处理投资争端方法。① 欧盟并不愿意在国际投资协定中纳入投资者对国家争端解决机制，即使纳入也需限制机制的适用范围。因此，第三代国际投资规则中，发达国家并不像第二代国际投规则中一味强调对外资的保护，更多体现了对本国敏感部门和公共部门的利益的保护，对投资者对国家争端解决机制的引进更加谨慎。

4. 强调竞争中立规则

国际金融危机后，发展中国家的跨国公司加快了在海外的投资布局，尤其是中国成为世界第三大资本输出国，以国有企业为主体的对外投资引起发达国家对中国的防范。竞争中立规则由最初的澳大利亚国内法律，演变成为美国主导的跨太平洋伙伴关系协议（TPP）、美国和欧盟的跨大西洋贸易投资伙伴协议（TTIP）中的重要内容。竞争中立规则开始向成为全球贸易投资领域重要的国际规则发展，并逐渐被纳入国际组织的贸易投资协定。在美国为主导的发达国家的要求和呼声之下，主要的国际组织加大了对竞争中立规则的研究，如 OECD 开启了"限制各国政府对国有企业支持"的规则研究。

5. 谈判议题更加宽泛

相比第一代和第二代国际投资规则，第三代国际投资规则的谈判议题更加宽泛，不单单是包括外资准入与开业、投资者待遇、履行要求、资金汇兑、征用和补偿、争端解决等传统的议题，还包括环境政策、劳工标准、更高的透明度、投资者义务、企业社会责任、知识产权、竞争政策、公共治理与机构、国有企业等一系列新议题。国际投资新规则议题更宽泛，标准更高。危机后，发达国家加快了 TISA、TPP、TTIP 等诸边和区域谈判，试图率先制定出新一代的高标准的国际投资规则，增加发展中国家

---

① 高波. 论欧盟国际投资条约中的 ISDM 问题 [J]. 商业研究，2012，12.

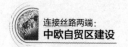

参与全球经济合作的成本，以继续维护其在世界投资贸易中的主导地位。

6. 发展中国家积极参与新一代国际投资新规则制定

新兴经济体的群体性崛起，发展中国家在国际舞台上有了更大的发言权。发展中国家的跨国公司快速成长，逐渐成为对外直接投资的重要主体。如果说发展中国家对于第一代和第二代国际投资规则是被动接受，那么在新一代国际投资规则的制定中，发展中国家更多的是从被动变为主动，积极参与。如在 TPP 谈判中，包括文莱、马来西亚、墨西哥、新西兰、秘鲁、越南等发展中国家加入。2013 年中国在与美国进行双边投资协定谈判时积极宣布采取准入前国民待遇加负面清单模式，同年，宣布参与 TISA 谈判。

尽管发展中国家主观上是积极参与国际投资新规则的制定，但是第三代国际投资规则中的，明显针对发展中国家设立的，强调竞争中立规则和更严格的透明度要求以及相关的宽泛议题，都对发展中国家提出了新的挑战。

二、中国国际投资协定政策的实践

（一）中国外商投资管理制度变化

1. 审批制。随着改革开放的进程不断推进，中国外商投资管理制度逐步建立和完善。20 世纪 80 年代到 90 年代初，中国出台《中外合资经营企业法》《中外合作经营企业法》和《外资企业法》（以下简称"外资三法"），并以"外资三法"为依据制定了一些列法规政策，对外商投资进行管理。2001 年中国加入世界贸易组织（WTO）前后，依据 WTO 要求进一步修订并完善了"外资三法"及相关法律法规。在以"外资三法"为中心的外商投资管理制度下，中国对外资实行的是审批制，外资进入需向商务部、发改委、工商、税务、金融、外汇以及行业主管等多部门申请审核批准。在《外商投资产业指导目录》（以下简称《指导目录》）1995 年实施以来，中国对外商投资准入管理主要依据《指导目录》。《指导目录》根据产业划分，将外商投资领域分为鼓励类、允许类、限制类和禁止类。中国根据对外开放形势，多次修订《指导目录》，并大幅缩减限制类项目。

2. 备案制试点。从全球看，国际金融危机后发达国家积极推进区域经济合作，重塑全球贸易投资标准，积极推进"准入前国民待遇＋负面清单"的外资准入模式，中国在国际上地位和作用不断提升，国际影响力不断深化，需要对标国际高标准的投资规则，并积极引领国际投资规则；从国内看，经济进入新常态，改革进入攻坚区和深水区，发展处于转换期和换挡期，有进一步改革开放要求。2013 年 7 月，第五轮中美战略与经济对话，中国同意以准入前国民待遇加负面清单为基础，与美国开展双边投资协定的实质性谈判。同年 9 月 27 日，国务院开始在上海进行以"准入前国民待遇加负面清单"的外商投资管理制度先行试验。2013 年 11 月党的十八届三中全会通过的《中共中央关于全面深化改革》明确指出：实行统一的市场准入制度，在制定负面清单基础上，各类市场主体可依法平等参与的管理模式。《中共中央关于制定国民经济和社会发展第十三个五年规划的建议》中进一步提到，全面实行准入前国民待遇加负面清单的管理模式，促进内外资企业一视同仁、公平竞争。

2013 年 9 月 27 日，国务院印发了《中国（上海）自由贸易试验区的总体方案》，明确要求，"借鉴国际通行规则，对外商投资试行准入前国民待遇，研究制订试验区外商投资与国民待遇等不符的负面清单，改革外商投资管理模式。"2013 年 9 月 19 日，上海市政府公布《中国（上海）自由贸易试验区管理办法》，指出，"对外商投资准入特别管理措施（负面清单）之外的领域，按照内外资一致的原则，将外商投资项目由核准制改为备案制，但国务院规定对国内投资项目保留核准的除外；将外商投资企业合同章程审批改为备案管理。"同年 9 月 30 日，上海市政府公布了《中国（上海）自由贸易试验区外商投资准入特别管理措施（负面清单）（2013 年）》（以下简称 2013 年版负面清单），至此中国外商投资备案制试点开启。2015 年外商投资负面清单管理模式，也就是外商准入备案制，进一步推广到广东、天津、福建三地的自由贸易试验区，2016 年国务院在辽宁省、浙江省、河南省、湖北省、重庆市、四川省、陕西省新设立 7 个自贸试验区，对外商投资备案制将在新增的 7 个自贸试验区进一步试点。同时，随着上海自贸试验区的建立，中国外商投资管理制度开始出现重大变革，

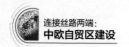

"外资三法"的修订提上日程。2013 年 12 月 9 日，商务部发布了"外资三法"修订意见征集通知，"外资三法"列入十二届全国人大常委立法规划。外资三法修改的基本方向是"三法合一"，制定一部统一的《外国投资法》。2015 年 2 月商务部就《中华人民共和国外国投资法（草案征求意见稿）》公开征求意见。2016 年 9 月 3 日，十二届全国人大常委会第二十二次会议通过了《全国人民代表大会常务委员会关于修改〈中华人民共和国外资企业法〉等四部法律的决定》，将不涉及国家规定、实施准入特别管理措施的外商投资企业设立及变更事项，由审批改为备案管理。

3. 全国推广备案制。2016 年 10 月 8 日，商务部发布《外商投资企业设立及变更备案管理暂行办法》（以下简称《办法》），自发布之日起施行。外商投资准入特别管理措施范围按《外商投资产业指导目录（2015 年修订）》（以下简称《目录》）中限制类和禁止类以及鼓励类中有股权要求、高管要求的有关规定执行。为确保外资法律衔接顺畅，做好不涉及国家规定实施准入特别管理措施的外商投资企业设立及变更的备案管理工作，在征求各相关部门、地方商务主管部门和社会公众意见的基础上，商务部研究制定了本《办法》，作为在全国范围内复制推广自贸试验区经验的重要配套措施。至此，我国外商投资企业的设立及变更由审批制改为备案制，外商投资管理进入了备案制时代。

（二）对外商签贸易、投资协定中投资政策实践

由于在上海自贸试验区设立前，中国对外资的管理实行是严格的审批制，按国际通行说法就是"准入后国民待遇加正面清单"，因此，在国际上对外签署的国际投资政策对外资准入也是以"准入后国民待遇加正面清单"模式进行承诺的，随着中国外商投资管理模式的变革，对外签署的国际投资协定也出现新的特点。

外资准入模式从"准入后国民待遇 + 正面清单"向"转入前国民待遇 + 负面清单"转变。随着改革开放的不断推进，中国对于国际上日渐流行的对外资采取"准入前国民待遇 + 负面清单"的模式逐步接受，并在上海、天津、广东、福建自贸试验区开始适用，并不断缩减负面清单长度。从对外签署的协议或谈判看，2013 年中国承诺和美国 BIT 谈判采取"准入

前国民待遇＋负面清单"的模式，此后，与欧盟 BIT 谈判中国也沿用了此模式。而 2016 年新签署的中韩 FTA、中澳 FTA 在投资章节，首次承诺在第二阶段采用负面清单进行谈判。

中国逐步接受投资者—国家争端解决（ISDS）机制。中国最初签订的 BITs 中，关于投资问题的争端是以协商或东道国国内救济的方式来解决的，后来逐渐采用国际仲裁的方式解决投资争端，然而对于国际仲裁解决争端的事项仍有限制。中国在 1993 年批准加入《华盛顿公约》后提出保留，仅就征收和国有化补偿额方面的投资争议问题受 ICSID 管辖。后来中国逐渐放宽允许国际仲裁管辖的投资争议事项范围，在签订的相关 BITs 中都对 ISDS 具体的适用条件和事项加以规定。从这一变化可以看出中国已接受 ISDS 这种投资争端解决方式并积极的在双边投资协定中加以利用。

三、欧盟国际投资协定政策的实践

在《里斯本条约》生效前，原《欧共体条约》（TEC）规定欧盟对共同商业政策（CCP）享有"专属职能"，而在里斯本条约之前，CCP 中并不包含有关投资的内容。在 2009 年《里斯本条约》生效后，经其修改后的《欧洲联盟运行条约》将外商直接投资纳入了欧盟专属全能之内，使得欧盟具有了对外签订国际投资协定（IIA）的能力，并开始计划启动欧盟层面的双边投资协定或在自贸协定中纳入投资章节，以取代成员国与其他国家签订的诸多双边投资协定。

（一）欧盟签署投资协定的目标和原则

2010 年 6 月，欧盟委员会发布首个欧盟国际投资政策文件——《面向全面的欧洲国际投资政策》及 2012 年 4 月欧盟与美国联合发表的《关于国际投资共同原则的联合声明》，清晰地阐述了欧盟与第三国签定投资协定的目标及原则。

《通向全面的欧盟国际投资政策》是基于统一欧盟内部认识的角度，阐明欧盟与第三方国家签署投资协定的 5 项基本准则，包括谈判对象国的筛选、投资协定的适用范围，投资保护标准的涵盖，投资承诺的执行以及

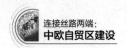

国际责任的承担。一是证券投资要纳入欧盟对外投资协定的范畴；二是成员国以 BIT 形式签订的投资保护原则、如非歧视性的原则（最惠国待遇和国民待遇）、准入后公平与公正待遇、全面安全与保护待遇、"伞式条款"（umbrella clause）等，均成为欧盟投资协定文本的重要考量因素；三是推动投资者—国家争端解决机制改革，用约束性机制确保投资争端解决朝着更加透明、合法和技术层面发展；四是明确未来投资领域国际责任的承担由欧盟委员会承担。

《关于国际投资共同原则的联合声明》体现了欧盟和美国对未来全球投资政策思考的共识，共有 7 项原则，可以看成全球投资协定的框架要求。一是开放和非歧视的投资环境，涉及市场准入和国民待遇。在市场准入方面，欧盟和美国就有关市场准入的负面清单达成共识。同时，要求对外国投资者实行国民待遇。二是公平的竞争环境，实质是指"竞争中立"问题。欧盟和美国支持经济合作组织在"竞争中立"领域已经展开的工作，强调国有企业和私营企业在既定市场面临同样的外部环境的重要性，以及开展公平竞争。三是加强对投资者及其投资的保障。即反对歧视、武断、以及任何不公平的或有害的对投资者及其投资的待遇。这种投资保护包括对有形和无形资产的保护，如知识产权。还包括对直接或间接征收以及国有化做出迅速、充分和有效的补偿。四是公平和有约束力的争端解决机制。政府应提供获得有效争端解决程序的途径，包括投资者—国家仲裁，并确保程序是公开和透明的，并且给公众提供参与的机会。五是增强透明性和提高公众参与度。各国政府应确保在制定与投资者有关的国内法和其他措施时保持透明性及提供公众参与。六是负责任的企业行为。各国政府应敦促跨国公司本着对社会负责的态度经营企业。为此，欧盟和美国打算推进负责任的企业行为准则，遵循经合组织制定的跨国公司行动指南。七是限制出于国家安全考量的审查范畴。出于国家安全考虑的投资审查应仅仅专注于真正的国家安全风险。

（二）欧盟签署协定中 IIA 政策的演进

自 2013 年，欧盟同美国、加拿大、东盟等开展了包含投资保护内容在内的自贸协定（FTA）的谈判，并与中国、缅甸等国进行单独的双边投资协定（BIT）谈判，在缔结国际投资协定的进程中，政策不断更新。

1. 完善投资保护规则

澄清公平与公正待遇的定义。公平与公正待遇标准在国际法中缺乏明确的规定，仲裁庭在解释上也存在较大的余地，故而该标准被投资者援引。欧盟在投资协定中，这一标准将精确地设定东道国政府的哪些行为是不允许的，包括明显的随意性、滥权对待或对正当程序基本原则的严重违反。欧盟与加拿大、新加坡、越南 FTA 协议文本中的公平公正待遇条款即包含这些要素。欧盟与加拿大全面经济与贸易协定（CETA）中从几个方面列举了违反公平与公正待遇的情形，CETA 第 8.10.2 规定："违反公平与公正待遇义务是指构成以下情形的一项或一系列措施：（1）在刑事、民事或行政诉讼程序中拒绝公正司法；（2）在司法或行政程序中严重违反正当程序原则，包括严重违反透明度原则；（3）明显的专断行为；（4）基于性别、种族或宗教信仰等明显不当的理由，有针对性的歧视性行为；（5）以强迫、威胁或骚扰的方式滥权对待投资者；（6）或者对本节第 3 条所规定的公平与公正待遇义务的任何进一步内容的违反。"相较于当前国际投资实践中的普遍做法，欧盟关于公平与公正待遇的封闭性列举规定非常独特，它具备以下几个特点：

第一，欧盟甄选违反公平与公正待遇义务的行为时，参考了以往国际仲裁实践中的普遍接受的方面，主要从拒绝司法、歧视性待遇、违反合理性期待等方面来列举公平与公正待遇的内涵，只是形式上更加明确，限制了仲裁庭宽泛解释的可能性，内容上较以往没有质的突破。

第二，这种逐条列举的放肆使得条约中关于公平与公正待遇义务的内容更加详细、明确，留给日后争端解决中仲裁庭对于协议条款的解释空间变小，缔约方的意思表示在投资实践中的权重增加。

第三，这种列举的方式虽是封闭的、排他的，但并不是一成不变的，欧盟在其列举规定之后均预留了日后更新演进的空间，诸如欧盟与越南自由贸易协定第 8.10.2 条第三款及第 8.10.3 条的规定，缔约双方可以在日后的实践中根据双方合意增加公平与公正待遇条款的内容。

第四，欧盟的创新之处在于，其注意到虽然东道国的某一项单独的行为不会构成对公平与公正待遇的违反，但一系列行为结合起来也有可能构

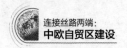

成违反该义务。

平衡东道国的公共利益保护。欧盟在对外缔结的 FTA 中一方面改革投资保护条款，细化投资保护方式和标准，另一方面也特别强调保护东道国公共利益的重要性，通过明确间接征收的认定规定了国家规制权的保留。在实践中，同公平与公正待遇类似，间接征收也经常被一些投资者援用，用以反对东道国当局为了公共健康目的而实施的严格的环境法规。东道国政府基于环境、公共健康等政策原因而出台的政府文件或采取的措施经常被投资者认定为间接征收行为，其导致的结果往往是仲裁庭基于单一效果标准作出的对东道国不利的裁决，从而限制东道国规制权的行使。欧盟与越南自由贸易协定（EUVFTA）中对于间接征收的含义给出了明确的界定，其规定间接征收"是指一项措施或一系列措施虽然没有正式地所有权转移或直接没收，但其实质上剥夺了投资者对于其财产的基本属性，包括使用权、享有其收益及处置其投资的权利，其产生的影响与直接征收相当"。

2. 设置与投资有关的环境标准和劳动保护标准

里斯本条约之后，欧盟将基于维护社会、环境、国家安全、公众健康和安全、保护和促进文化多样性原因而加强的立法、政策性监管，视为对外商签自由贸易协定的基本准则。在欧盟与加拿大全面经济与贸易协定（CETA）和欧盟与新加坡自由贸易协议（EUSFTA）中还通过设置环境标准和劳动保护标准，来确保缔约国维持较高的公共利益保护水平，防止缔约国为了吸引外国投资而降低本国的环境和劳动标准。CETA 和 EUSFTA 中关于环境标准和劳动保护标准的保障主要体现在三个方面：第一，规定缔约国必须遵守其参加的关于环境保护和劳动保护的相关条约或组织的规定，忠实履行其国际义务；第二，规定缔约国要在国内贯彻执行其本国关于环境和劳工保护的相关法律法规，不能以牺牲环境保护和劳动保护作为吸收外商投资的进入手段；第三，为了确保前点的执行，其设置了缔约国违反前述义务时的磋商程序，磋商失败后，应通过设立 WTO 专家小组的方式处理。

3. 完善 ISDS 争端解决程序的运行

欧盟首先肯定了投资者—东道国争端解决机制在投资保护中的重要性，并提出要进一步改进争端解决机制，一方面，为了实现保护投资者权益和实现东道国的规制权和公共利益方面的平衡；另一方面，以确保仲裁制度本身在透明度、仲裁员的选任和仲裁成本等方面是无可指责的。

减少投资者重复、无意义的申诉。欧盟的改革主要在程序上，欧盟禁止投资者在同一时间内向不同的法庭分别提出不同类型的索赔申请。这种避免平行索赔的规定阻止了投资者针对东道国的同一措施而胜诉两次的可能性，同时也避免了不同的法庭依据同一事实做出不同裁判结果的情况。另一个措施则是针对"远投"（long shot）诉讼，即那些无意义的诉求，欧盟在 CETA 和 EUSFTA 中均设置了相应机制。对于明显没有法律依据的诉请，东道国可以进行初步异议，并由仲裁庭先对初步异议做出裁决，这使得仲裁庭能够迅速驳回这种申请，将一些滥诉挡在仲裁庭之门外。与此相配合，欧盟相应改革了仲裁费用的承担机制，要求在这种情况下的仲裁费用全都由败诉方承担，只有仲裁庭认为费用双方负担是最合适的时候才会由双方分担费用。这种费用承担机制增加了败诉的风险，使得投资者在提出仲裁申请时不得不慎重考虑。

增加仲裁的透明度。欧盟委员会规定了相应程序保证仲裁庭向公众公开仲裁相关的文件、公开听证程序、让有兴趣的人士（例如非政府组织）能够提出意见。在 CETA 和 EUSFTA 中开始引入《投资人与国家间基于条约仲裁透明度规则》的规定，并采取更进一步的措施提高透明度。例如CETA 在引入《投资人与国家间基于条约仲裁透明度规则》的基础上，扩大了仲裁庭公开文件的范围，而 EUSFTA 则取得了更大的进步，其规定了仲裁庭可以决定公开其他司法文件。

加强仲裁裁决的一致性。在加强仲裁裁决一致性方面，CETA 和 EUS-FTA 均规定了强制合并程序，规定如果投资者提起的多项申请基于同一事实，且涉及同一法律问题，仲裁庭可以依据一方的申请合并审理。而在这之前的普遍做法是，合并仲裁需要依据当事人双方的同意才能实现。强制合并审理制度在一定程度上避免了对同一事实做出有区别的裁决，增强了仲裁的一致性。在对于仲裁员的约束上，CETA 引入了《国际律师协会国际仲裁利益冲突指引》（以下简称《IBA 指引》），具体规定了仲裁员的适格性；EUSFTA 则是在单独的附件 9 – B 中详细列出了仲裁员的行为准则。

加强缔约国对协议条款的解释权。欧盟在和加拿大谈判时，在 CETA

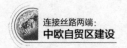

中增加了相关条款，允许投资者母国对正在进行的仲裁中针对投资协议本身的解释提出意见。这种额外的保障措施使得缔约国获得了对于协议条款解释的话语权，也降低了仲裁庭潜在的错误解释协议条款的可能性，从而保障当事人的利益。

4. 设置常设的投资仲裁法院

由于欧盟内部对 ISDS 机制的争议越来越大，欧盟曾被迫停止 TTIP 中投资专章的谈判，并于 2014 年 3 月 27 日，针对 TTIP 谈判中的投资保护和争端解决程序向欧盟民众网上征求意见存在很大争议。2015 年初，征求意见的统计结果公布，结果显示，欧盟民众普遍反对在 TTIP 中加入 ISDS 章节。2015 年 5 月，欧盟委员会发布了一份概念性文件，表示欧盟委员会基于年初取得的征求意见统计结果，决定分步改革现有的 ISDS 机制，逐步实现一个功能上更加类似于传统的法院体系的投资争端解决机构。在接下来的同年 9 月，欧盟委员会在其一份关于 TTIP 的建议稿中明确提出了要设立一个两审终审制的常设国际投资法院，以替代原有的逐案临时选任仲裁员组成仲裁庭的模式。在建议稿中，欧盟委员会倡导的国际投资法院体系已从概念性的呼吁发展为一套初具模型的制度体系。建议稿的第 9 条规定了初审法庭（Tribunal of First Instance）的组成，初审法庭将由双方任命的 15 名法官组成，其中来自欧盟、美国和第三国的法官各占 1/3，法官的任期为六年，最多可连任两届。针对申请人的起诉，将随机选取来自三个国家的法官组成审判庭，缔约国不得在裁判过程中对法官施压。该条中还对法官的任职资格设置了较高的要求，以保证法院裁判的水准。建议稿的第 10 条规定是关于常设的上诉庭（Appeal Tribunal）的规定，常设的上诉庭将由 6 名法官组成，同样是欧、美和第三国各占 1/3，任期与初审法庭相同。

在 TTIP 的谈判仍在进行的同时，欧盟委员会关于 TTIP 中投资法院系统的建议在欧盟与越南和欧盟与加拿大 FTA 中早先一步被落实到实践。2016 年 2 月 1 日，欧盟委员会公布了其与越南谈判完成的欧盟与越南自由贸易协定（EUVFTA），在投资章节的争端解决部分，专门设置了一节名为"投资法院系统（Investment Tribunal System）"。

将 EUVFTA 中关于投资法院系统的具体规定与欧盟委员会在对于 TTIP

建议稿中的规定相比较，可以看出 EUVFTA 中基本继承了建议稿的总体框架原则，只是在细化的规定上有一些区别。该节的第 12 条规定了初审法庭的设置。EUVFTA 中规定常设的初审法庭的法官人数为 9 人，由分别来自欧盟、越南、第三国的 3 名法官组成，每名法官任期 4 年，可连任一届。对于具体案件同样是来自不同国家的 3 名法官组成审判庭，由来自第三国的法官担任首席审判员；关于法官的任职资格，EUVFTA 也设置了较高的要求，其规定法庭成员需具备本国国内司法机关委任的资格，或是被公众认可的有能力的法学家；EUVFTA 还规定了对于中小企业投资者或涉案金额较小的案件，可由来自第三国的法官独任审理，以此提高争端解决的效率。第 13 条是关于上诉庭的规定，上诉庭由 6 名来自缔约双方和第二国的法官组成，任期同样是 4 年。第 14 条及协议的附件中具体规定了法官的道德规范和独立性要求，为了保障法官在审判当中的独立性，该条还规定了对于法官独立性的异议程序。值得特别注意的是该节第 15 条"多边争端解决机制"，其规定缔约方将加入旨在设立多边投资法庭的国际协定谈判，或者单独地设立一个多边的、适用于本协议项下争端的多边上诉机构。如果谈判成功，新设的多边投资法庭或上诉庭将取代该协议设置的机构。第 15 条侧面反映了欧盟在设置常设仲裁庭上的长远规划，欧盟并不止于在双边或区域的 IIA 中逐一设立常设投资法庭，其目标在于建立一个多边的常设投资法院，该法院意在取代传统的 ICSID 公约下的争端解决机构，成为国际范围内解决投资争端的常设机构。在 2016 年 2 月 29 日，欧盟委员会在其网站公布了更新后的 CETA 投资章节的最新版本，在修改后的投资章节中，加入了关于常设投资法院的体系的规定。最新版本的 CETA 投资章节中同样设置了常设投资法庭和上诉庭，总体上与 EUVFTA 规定的模式一致，只是初审法庭的法官人数改为 15 人。同时，新版本的 CETA 投资章节中也明确了欧盟和加拿大关于进一步建立国际多边投资法院系统的目标。

四、中欧 FTA 框架下投资合作前景

（一）欧方多项诉求超出中方承受水平

2014 年 1 月—2017 年 12 月，中欧双边投资协定谈判共进行了 16 轮。

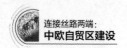

据欧方披露的文件，欧盟对中欧双边投资协定有12项诉求，涉及扩大市场准入，增加投资监管透明度和可预测性，提高知识产权保护水平，确保国有企业竞争中立，确保政府实施公共目标而对投资采取必要措施的监管权力，提供高水平的环境与劳工保护以及有效的争端解决机制等。欧方表示，"中欧投资协定谈判能否达成"是未来是否启动中欧自由贸易协定谈判的前提。鉴此，欧方在中欧投资协定谈判中的诉求，特别是有关投资保护、市场准入和可持续性发展等超出中国承受水平甚至挑战中方体制的诉求，不仅将成为阻碍双边投资协定谈判进程的症结，未来也必然会成为自贸协定框架下欧方诉求所在。

第一，市场准入2.0版负面清单要求过高。关于市场准入负面清单，中欧双方存在很大的差异。从中方来说，自2013年成立上海自由贸易试验区以来，就已确立了以外商投资准入前国民待遇加负面清单的管理模式。而欧盟在谈判中对市场准入提出了更加高标准的两方面要求，我们称之为2.0版的负面清单。一是引入关于非歧视性市场准入限制概念，要求不得以配额、经济需求测试等方式限制某一行业的企业数量、雇佣人数和企业形式等，且这一要求针对包括制造业和服务业在内的所有行业。二是在市场准入的负面清单长度方面，欧盟允许保留的行业例外较为有限。中国欧盟商会报告提出，"希望负面清单涉及的受限行业在个位数"，这已远远突破中国加入世贸组织时的开放承诺，如果接受，其对于中方的考验绝不亚于加入世界贸易组织。欧方的诉求事实上涉及中方政府管理体制的改变、各产业发展水平的界定、行业开放程度的梳理等。与发达国家相比，在当前阶段，中国大面积的产业开放仍然需要采取分类别、分阶段的形式。

第二，投资监管的透明度进一步提升。中国对外资实行的是多头管理，商务部、发改委、市场监督总局、国家外汇局以及其他行业主管部门等都有管理权，因此，欧方认为其企业尤其是中小企业在中国获取一致的监管信息方面面临困难，获取不同监管部门的所有投资审批也面临困难，同时应对多头监管也导致行政成本上升。另外，欧盟认为中国不同区域对同一法律法规的解释和执法力度缺乏透明度和一致性。中国正在积极修订外资法律，将出台《外国投资法》，进一步完善法律监管体系，但总体而言，在投资监管的透明度提升方面还需要一个循序渐进的过程。

第三，环境和劳工标准等可持续性发展诉求超前。投资领域的环境与劳动保护等可持续发展诉求，一直是欧盟制定投资政策的重点。与《中韩自由贸易协定》环境保护条款和劳工保护条款的软法特征相比，通过建立针对劳工保护与环境保护的独立争端解决机制，欧盟的环境保护条款和劳工保护条款诉求具有很强的执行力，特别是通过引入多边条约和标准，要求缔约方从国内法层面落实国际承诺。例如，劳工保护条款因引入多边劳工条约使得条约中的政治权力条款对承诺国家拥有间接约束力，如国际劳工组织条约规定的"劳工拥有结社与集体谈判权利"等内容。因中国当前尚不是国际劳工组织成员，中方接受相关条约义务事实上并不可行。

第四，投资保护核心理念创新带来挑战。主要涉及公正待遇与争端解决机制两方面内容。所谓"公正待遇"，传统上以西方国际法的定义来判断，而《里斯本条约》之后欧方从缔约实践出发，将其认定的违反公正待遇行为①以列举方式清晰化。新"公正待遇"定义对中方的挑战在于：欧方诉求在国际上尚未形成共识，一旦将相关条款内容纳入中欧投资协定，不仅超出中方所能承受的范围，而且中方法制水平、管理能力也将面临极大考验。争端解决机制的执行方面，欧盟提出了建立有关投资的国际仲裁法庭②的诉求。中韩 FTA、中澳 FTA 已采用投资者国家争端解决机制（IS-DS），但协定明确，"必须穷尽政府的行政手段之后才可以申请仲裁，投资争端解决首先应通过友好协商来解决，其后才是依据《国际投资争端解决中心公约》进行仲裁。"而欧盟主张的 ISDS 更强调仲裁机制、淡化磋商机制；同时其要求的透明度义务无论适用范围还是强制性都远高于中国现有对外投资协定的规定。

---

① 如拒绝刑事、民事司法以及行政诉讼；违反尽职调查，包括违反司法与行政方面的透明性；明显的仲裁随意性；基于性别、人种、宗教信仰方面的指向性歧视；粗暴的投资者待遇，如强制、胁迫和骚扰等；以及违反了缔约方达成的有关公正和公平待遇义务的任何其他要素。

② 如法官的选择方面，当事双方政府各指定 5 名，另外 5 名来自第三方；将来案件诉讼成立时，随机挑选 3 名。

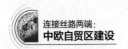

（二）三方面突破有助于中欧投资协定谈判加快进程

中欧投资协定谈判能否取得突破取决于三方面因素：一是双方政治意愿能否转化为推进谈判的动力；二是投资议题分歧是否能够以合理的方式妥善化解；三是中国的进一步开放能否得到欧方客观看待。

近年来，欧盟将"对等开放"作为其处理中欧经贸事务的重要原则。欧方主张的所谓"对等开放"，即其认为中国企业可自由在欧投资，因此要求中方给予在华欧盟企业同等待遇。对于这个问题，实际上还是要从历史的角度、以发展的眼光来看待。中欧所处的发展阶段不同，相互开放只能达到一个相对对等的程度，而不可能做到绝对的对等。过去近40年，中国改革开放取得了巨大的成就，但无论如何，这种开放必须与经济发展的水平相适应、循序渐进地推进，在一些敏感产业更是如此。当前，外国企业在中国的准入门槛已经显著降低。2017年6月16日，中国政府公布了最新版本的《自由贸易试验区外商投资准入特别管理措施（负面清单）(2017版)》，将自由贸易试验区内的特别管理措施数量（负面清单）减少至95项。而该负面清单，2013年为190项，2014年139项，2015年122项，直至此次缩减。通过这一轮新的开放，在自由贸易试验区内，包括轨道交通设备制造、医药制造、道路运输、保险业务、会计审计、其他商务服务等领域不再纳入负面清单范畴；其他此前限制外国投资的行业，如贵金属及锂矿、互联网接入、信用评级服务、大型主题公园建设等，将对外国资本开放，过去禁止外资银行承销中国政府债券的银行业现在也得到放开。

对于中国的对外开放进程，欧盟应该保持客观公正的心态。中方理解和支持欧盟企业进入中国市场的渴望，中欧投资协定毫无疑问将便利欧盟企业在华市场准入，能为双方企业投资提供高水平的保护。而协定的早日达成，同样有利于中国对外开放进程的推进。在当前逆全球化思潮抬头、自由贸易遭到质疑、美国从多边转向双边之际，同为全球化与自由贸易的支持者和维护者，欧盟与中国有必要缩短彼此磨合期，以实际行动做出表率。为此，欧方需要降低姿态，放弃不切实际的要求，中方则有必要进一步落实有关开放举措，拉近双方距离。只要双方秉持"求同存异"原则，就能推动双边投资协定谈判早日取得成果。

（三）积极回应欧盟诉求，关注国内需求

立足不同领域，对欧盟的市场准入诉求给予区别对待。对于关系国家安全及国民生计的重要行业，应当坚持国家安全原则，维持该类行业对于外资的限制；对于竞争性的制造业以及服务业领域，可以适时放宽外资准入的限制，但是这样的放宽可能不是一蹴而就，需要过渡性的分期安排。

梳理中方市场准入问题清单，积极推进欧盟对华开放。欧盟成员国投资环境复杂，老成员国与新成员国对于市场准入的认知存在较大差异，尤其是欧盟新加入成员的整体市场开放水平有限，在许多领域都设置了各种限制措施，需要政府相关部门的严格审批。包括对中国国有（营）企业特殊限制，对银行业等敏感部门的准入限制，对与投资相关的自然人移动限制（公司内部人员调动、推销员、设备安装人员等），对中方人员工作准证、签证（包括商务考察签证、工作签证等）和居住证障碍，对利润和撤资汇出限制，办理投资手续困难，等等。中欧 FTA 谈判，同样能够推动欧盟及其成员国简化投资程序，促进投资便利化，消除欧盟不同成员国在市场准入方面的差异及不合理限制，从法律上确保中国企业和自然人在欧盟所有成员国家享有平等的市场准入机会。

第八章　中欧自贸区经济影响测算

本章引入动态 GTAP（GDyn）模型，对中国—欧盟自由贸易协定的经济影响进行了测算。模型测算的最终结果显示，在零关税以及零关税附加削减 25% 非关税措施两种模拟状态下，中欧自由贸易协定将给中欧双方带来更大收益。

一、关于 CGE 模型

本研究采用动态 GTAP（GDyn）模型①测算中国—欧盟自由贸易协定的经济影响。该模型自 1996 年以来被广泛应用于国际经济贸易政策分析，是世界上应用最广泛的一般均衡模型系统。与标准静态 GTAP 模型相比，GDyn 模型主要在以下两方面做出改进，从而使得测算结果更加科学、更加符合实际。

首先，GDyn 允许因资本回报的变化重新分配全球投资和资本②，从而影响产能、贸易比较优势和社会福利的集聚。其次，GDyn 根据所有权和所在地区分资产。③ 这意味着一个地区所拥有的资产不再局限于该地区，而且该地区的资产产生的收入不再仅限于该地区的资产持有人。在这样的动态模型测算下，社会福利等宏观经济指标分析更为准确。如可较为清晰地看出一国经济增长有多少是来自于本国的投资收益，有多少是来自外国资本。除此之外，动态模型还可以呈现出一个逐年的模拟增长情况，即经

---

① 全称为 Global Trade Analysis Project，由美国普渡大学 Thomas W. Hertel 开发。
② 在静态里只有投资，尚未形成资本。因为没有下一期的概念。
③ 在静态里所有资产在一个账户里，没有区分。

济影响是在自贸区建立若干年后才会产生最大效应。

用于本研究的数据主要基于动态 GTAP 数据库版本 9。该数据库 2015 年发布，数据基准年为 2007—2011 年，涵盖 140 个国家/地区和 57 个行业/商品。为便于测算，模拟中涉及的区域分为 9 个，除了中国与欧盟，还涉及双方的主要贸易伙伴，如美国、日本、韩国、东盟等；行业/商品加总为 20 个，包括农产品、资源类、加工食品等 7 个制造业，以及零售等 11 个服务行业（见表 8 - 1 和表 8 - 2）。

表 8 - 1　模拟区域的选取

	1	2	3	4	5	6	7	8	9
地区划分	中国	欧盟	美国	日韩	澳新	东盟	印度	俄罗斯	其他地区

表 8 - 2　模拟行业一览表

序号	模拟行业	数据库行业数
1	农产品	20
2	能源和矿类	4
3	加工食品	2
4	纺织服装皮革	3
5	木、纸、石化、橡胶、塑料等相关产业	5
6	金属与机械设备	4
7	交通工具	2
8	电子产品	1
9	其他制造业	1
10	零售	1
11	陆运	1
12	水运	1
13	空运	1
14	娱乐	1
15	通信	1
16	金融	1
17	保险	1

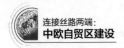

序号	模拟行业	数据库行业数
18	商业信息服务	1
19	公共服务业	4
20	其他服务业	2
	合计	57

二、测算依据考量

（一）降低货物贸易关税标准的选取

第一，世界贸易组织标准及发达经济体实践。各国货物贸易自由化水平通常在各国加入世界贸易组织时由条约确定。如中国加入世界贸易组织时承诺，10 年内进口商品关税总水平下降到 9.8%。对于加入后货物贸易自由化，世界贸易组织未作出明确约束。GATT 第 24 条规定，自由贸易区要求对"实质上所有贸易"取消关税。目前在各成员的谈判实践中，一般要求双边贸易中最终实施零关税的产品分别占总税目数和贸易额的比重均达到 90% 以上。TPP 谈判中，美国则要求各方关税减让应覆盖多达 11000 个税号的所有产品，原则上没有例外。TTIP 谈判中，美欧对货物贸易自由化也抱有很高的目标，提出 TTIP 谈判应取消所有产品的关税，且绝大部分应自协定生效之日起立即实施零关税。①

第二，中国货物贸易自由化水平的实践。截至 2016 年底，中国对外完成了 14 份自由贸易协定的谈判，并且全部生效。为了确定中欧模型中货物贸易自由化的标准，我们对除我国的香港、澳门、台湾，以及东盟、新加坡之外②其他 9 个自贸协定的中方货物贸易自由化水平进行了梳理（见表 8–3）。

---

① 对于敏感的农产品，将考虑采取设立一定过渡期或逐步增加国别配额的方式来进行关税减让，但最终目标是要取消关税。

② 香港、澳门、台湾属于特殊优惠安排，只有指定的部分产品降税；东盟降税产品涵盖早期收获、新加坡则主要是工业电子产品，与中国比较在货物贸易领域均不具备直接的竞争关系。

表8-3　中国与主要伙伴的自贸协定降税情况

国家	谈判时间	生效时间	最终零关税税目比重	不降税税目数	占比	最长过渡期
中国—智利	2004 年 11 月	2006	97.17%	214	2.83%	10
中国—新西兰	2004 年 12 月	2008	97.20%	214	2.80%	12
中国—巴基斯坦	2005 年 8 月	2007	35.50%	1132	15.00%	5
中国—秘鲁	2007 年 9 月	2010	94.59%	422	5.44%	17
中国—哥斯达黎加	2008 年 11 月	2011	96.71%	259	3.29%	—
中国—冰岛	2006 年 12 月	2014	95.89%	337	4.11%	10
中国—瑞士	2011 年 4 月	2014	94.23%	457	5.77%	15
中国—韩国	2012 年 5 月	2015	92.23%	637	7.77%	20
中国—澳大利亚	2005 年 5 月	2015	96.88%	257	3.12%	10

资料来源：中国商务部网站，加工整理而成。

在签署 9 个自贸协定中，中国—新西兰、中国—智利自贸协定的货物贸易自由化水平最高，均达到了 97.2%，不降税产品都为 214 种，主要是粮、棉、油、糖、化肥、木材、纸及纸制品、羊毛。[①] 中国—瑞士自贸协定不降税产品税目 457 个，占比 5.77%[②]，主要是粮、棉、油、糖、化工、精密机械、木材及其制品、电视机、汽车。中国—秘鲁自贸协定[③]不降税产品税目为 422 种，占比 5.44%。主要为汽车、木材及制品、粮、棉、

----

① 智利与新西兰协定中的不降税产品。小麦、玉米、种用稻谷、精米、碎米及其细粉、粗粉；初榨及精制的豆油、花生油、棕榈油、葵花油、红花油、棉子油、低芥子酸菜子、菜子油、玉米油、甘蔗原糖、砂糖、绵白糖、碘、尿素、含氮、磷、钾的肥料、磷酸氢二铵；木质定向板、华夫板、木质碎料板、高密度木纤维板、中密度纤维板、低密度纤维板、胶合板、多层板、木质产品、竹胶合板；新闻纸、印刷纸、卫生纸、面巾纸、餐巾纸、牛皮纸、包装纸；描图纸、复写纸、卷烟纸、信封、纸制产品、练习本；邮票、日历、印刷品、羊毛、棉花、照相原纸。

② 占比情况的计算，采用的基准是谈判开始时的海关税则总税目。中瑞 2010 年 5 月开始谈判，2014 年生效。2010 年海关税则 8 位码共 7923 个；2011 年为 7977 个，2012 年 8 位税目总数为 8194 个（根据海关总署 2011 年第 79 号公告）；2013 年版《中华人民共和国进出口税则》税目总数为 8238 个（海关总署 2012 年第 63 号公告）。

③ 2008 年中国海关税则共 7758 个 8 位税目。

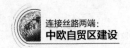

油、糖、化肥。中韩自贸协定不降税产品税目为637个，占比7.7%；中国对韩国实施零关税的产品达到近92%，覆盖2012年中国自韩国进口总额的85%；中方主要敏感产品包括部分化工产品、钢材与金属制品①、机电产品②、农水产品、木材及木制品、纸制品、羊毛、棉花、尼龙与化学纤维、烟、纱线等。

综上，中国对外签署的14个自由贸易协定都设定了敏感产品。中国—新西兰、中国—智利自贸协定显示，粮、棉、油、糖、化肥、木材、纸及纸制品、羊毛等敏感产品税目所占比重约为2.5%，而中国—韩国、中国—瑞士自贸协定则显示尚有占税目数3%～5%的工业制成品为敏感产品，主要是电视机、汽车、精密机床等。

第三，中欧货物贸易高水平开放的定义。欧盟和中国分别是全球第一和第三大贸易实体。2016年，欧盟货物贸易总额为10.7万亿美元，中国货物贸易总额则为3.7万亿美元，占全球比重分别为33.2%与11.5%。中国是欧盟第二大贸易伙伴，欧盟是中国第一大贸易伙伴。据中国海关统计，2009年中欧贸易总额、中国对欧盟出口及从欧盟进口额，占中国外贸总额、对外出口和进口总额的比重分别为16.5%、19.7%和12.7%；而2016年，我自欧盟进口在全国进口总额中的占比升至13.1%，但对欧盟出口，以及中与欧贸易总额占比则分别降为14.8%与16.2%，我国对欧盟出口增长面临较大压力。作为全球最大的发展中经济体与发达经济体，中欧已就经济全球化和贸易自由化发出共同声音，在当前逆全球化、贸易保护主义风险上升的背景下，双方如能在货物贸易开放方面提出高标准诉求，不仅将有助于以实际行动维护多边贸易体系的开放性，同时也将助推双边贸易与投资合作。

---

① 金属垫圈、铆钉；螺丝钩和螺丝环。

② 制冷机、烘干机、医学用的超声处理机、图像复制机、印刷机、家庭用的过滤机或净化器、太阳能热水器，多站式转运机、其他螺纹或攻丝机、圆柱磨床机、精致磨床机、锯切机或切割机、校直机，卷丝机、自动或电动打字机、超声清洁处理设备；家庭日用设备（滴式、蒸汽式咖啡机，面包机，电热水机、数字电视机、卫星电视接收器），光纤连接器、通用信号发生器；越野车、小轿车、9座以下的厢式车，电子或电子辅助汽车零配件、电动船、投影仪、X射线无损检测仪器、里程表、电阻测量仪器、钓鱼竿。

基于以上三个原因，在本模型测算中，有关货物贸易自由化方面，我们按照中欧各自商品进口的加权平均关税①选取标准，从低到高实施降税的商品税目数分别占税目总数的90%、95%和100%的。按照上述三种降税模式进行测算，主要是考虑到当前国际上的通行做法（如双90%的标准），中国自由贸易协定谈判的实际（尚有2.8%的初级产品与3%~5%的工业制成品为敏感产品），以及着眼于在中欧之间达成高水平自由贸易协定的可能性。

（二）削减25%非关税措施的选取

一是非关税壁垒削减已成为贸易自由化的重点。2008年爆发国际金融危机后层面，非关税壁垒的削减问题成为多双边贸易谈判的重点关注。例如，动植物与卫生检疫谈判、政府采购协定谈判、服务贸易协定谈判、知识产权谈判、地理标识谈判等多边层面的贸易谈判针对的都是与服务有关的非关税壁垒。而2017年2月生效的《贸易便利化协定》②成为多边贸易体系数十年来坚持不懈促进贸易自由化的重要成果之一。根据世界贸易组织公布的数据，该协定达成有助于削减全球贸易成本14.3%，主要针对通关过程中的非关税壁垒。

二是非关税措施削减空间远大于关税削减空间。2015年，欧盟进口货物的简单平均适用税率为5.1%，贸易加权进口关税为2.7%③，中国的两项税率则分别为9.9%与4.5%。与此同时，世界银行与欧盟统计局公布的数据显示，因各种监管壁垒导致的非关税加权成本在中欧货物与服务贸易中分别高达25.7%与26.3%④，是阻碍双边贸易进一步扩大的负面因素。

尽管中国和欧盟贸易都面临着非关税措施（NTM）带来的成本，但是其

---

① 比如大米类产品加权平均关税，按照（大米种类1适用进口关税 * 贸易额 + 大米种类2适用进口关税 * 贸易额）/大米种类1贸易额 + 大米种类2贸易额。

② 2013年12月，世贸组织第九届部长级会议达成该组织成立以来首份多边贸易协定"巴厘—揽子协定"，其中贸易便利化对全球贸易的影响最为明显，能够提高跨境贸易的效率，降低成本，创造就业，并提升全球贸易额。

③ 进口贸易加权关税为2014年数据。

④ 参见《明日丝绸之路》第297页。

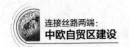

中只有被称为"可操作的非关税措施",通过跨境自由化谈判、统一法规与监管程序等方面的谈判,才有可能而得到削减,而其他非关税措施则因为特定国内监管目标的敏感性或者谈判双方在国内监管目标上的差距,而无法削减。有鉴于此,根据可操作程度评估和对整体贸易成本的计量估计,表 8-4 提供了对中国和欧盟商品与服务贸易的"可操作性非关税措施"的估计①,指的是以关税等值(AVE)形式表示的贸易成本,即 NTM 导致的到岸价格增加的百分比,如 25% NTM 指的是商品或服务进入交易对象国市场时因为非关税措施的存在导致价格高于正常价值 25%。

表 8-4　可操作的非关税措施估值(以关税等值(AVE)形式表示)

Goods and Services	CHN AVEs on EU	EU AVEs on CHN	EU exports to CHN, mill USD	CHN exports to EU, mill USD
primary agriculture	38.5	42.4	1640.8	2757.3
forestry	38.5	42.4	371.6	65.7
fishing	38.5	42.4	49.9	42.0
oil and gas	0.0	0.0	3.8	0.3
other primary energy, mining	0.0	0.0	2513.9	983.2
utilites	16.0	7.7	82.2	259.5
construction	16.0	7.7	82.2	259.5
wood, pulp, paper	5.1	13.6	1381.2	12649.3
non-metallic mineral products	4.5	11.7	1307.3	6833.2
primary metals	9.1	11.5	14195.5	9756.8
fabricated metal products	9.1	11.5	4365.1	15090.7
other machinery	8.3	4.6	69333.4	74812.2

①　商品的非关税措施估值来自于 2009 年欧盟统计局;服务贸易的 NTM 等值估计来自于 2015 年世界银行对歧视性贸易政策的关税等值的估计,由于其本身的歧视性特征而被认为是完全可操作的服务业贸易成本。从 WTO 在 GATS 中的经验以及欧盟在内部市场的经验来看,在进入外国市场时非歧视性的 NTM 同样可造成巨大障碍。因此,仅关注歧视性服务业规则将低估中欧双边贸易中的服务业限制。

续表

Goods and Services	CHN AVEs on EU	EU AVEs on CHN	EU exports to CHN, mill USD	CHN exports to EU, mill USD
electrical machinery	12.8	7.1	7582.6	93311.7
motor vehicles	63.8	38.9	37105.3	4802.8
other transport	8.8	4.9	9938.6	9554.6
other goods	18.4	25.5	1517.0	27208.9
processed foods	17.0	15.6	2567.3	5405.0
beverages and tobacco	139.4	92.3	2044.2	107.1
textiles	14.5	20.1	2211.5	21997.8
apparel	14.5	20.1	906.9	36434.9
leather products	14.5	20.1	1363.3	18630.3
paper products, printing	16.8	23.2	4484.2	3238.7
petrochemicals	33.0	34.3	489.2	2092.1
chemicals, rubber, plastics	15.8	17.8	25826.6	28421.0
wholesale, retail	6.0	1.4	10130.6	7284.1
air transport	68.0	15.8	1628.2	3288.8
land transport, other	0.0	24.5	2446.7	3633.6
maritime transport	53.0	7.8	353.1	8723.9
recreational, other services	16.0	7.7	718.3	1245.1
communications	7.5	2.1	596.7	662.4
finance	22.0	1.8	227.4	284.8
insurance	21.0	11.0	2776.5	518.5
business, ICT services	39.3	19.7	7544.6	5818.2
public services	—	—	546.5	1614.3

　　鉴于关税的完全自由化仍是高水平中欧自贸协定谈判努力追求的目标，因而在非关税措施的模型测算中，我们选取了削减中欧货物与服务贸易各25%非关税措施的指标。[①] 按照模型测算，削减25%的非关税措施，将带动中国与欧盟 GDP 分别增加0.78%与0.46%，增长幅度远超过货物

───────────

① 《明日丝绸之路》第236页。

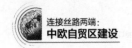
零关税的 0.53% 与 0.13%。

综上，关于中国—欧盟自由贸易协定的经济影响，基准情景假设未签署中国—欧盟自由贸易协定，就 2012—2030 年间的 GDP、劳动力、人口和投资增长等宏观假设建立递归方程。这些假设来自世界银行，国际货币基金组织（IMF）、经合组织、国际劳工组织等国际研究机构的权威预测。[①]在基准方案的基础上，假定 2020 年建成自由贸易区，模拟测算出 2020—2030 年因为建立中欧自由贸易区而达成关税减让与非关税措施削减带来的经济影响，为未来谈判提供参考。

四种模拟情景：

模拟一：削减所有产品 90% 的关税。

模拟二：削减所有产品 95% 的关税。

模拟三：削减所有产品 100% 的关税。

模拟四：零关税 + 削减货物贸易与服务贸易 25% 的非关税壁垒。

三、模型测算分析

除非特殊说明，本部分的四种模拟方案均建立在基准方案基础之上。为了更加清晰地说明测算结果，该部分从四个方面分析中欧自由贸易区建成带来的经济影响，分别是对中国与欧盟的宏观经济影响（包括 GDP 增长、福利水平改善[②]、要素回报情况）、产业产出水平、贸易增长情况，以及中欧建成自由贸易区对其他地区产生的上述三方面影响。

（一）宏观经济

1. 对 GDP 的影响

从动态模拟的结果看，中欧建成自贸区对于双方的 GDP 和社会总福利

---

① 如 GDP 数据参考世界银行、经合组织；投资增长数据参考国际货币基金组织和经合组织；人口数据来自经合组织与世界银行；劳动力工资成本来自国际劳工组织等。

② 采用福利，而不是 GDP 价值。主要在于福利的计算派出了价格因素的影响，如通胀因素。公式采用降税前价格 P_0 价格，卖出 Q_0 数量的商品，产生 V_0；降关税后价格为 P_1，可以卖出 Q_1 数量的商品；福利产生 = $P_0 * Q_1 - P_0 * Q_0$。

都有较大的提升。与没有建成自由贸易区的情况比较，四种情况的模拟显示：2030 年中国的实际 GDP 增长要高出基准情形 0.48% ~ 1.37%，社会福利最少增加 419.3 亿美元；在零关税 + 货物与服务贸易非关税措施削减25% 的情况下，社会福利将增加 1617.6 亿美元。同期，欧盟的实际 GDP增长高出基准情形 0.12% ~ 0.62%。可以看出，如仅削减商品关税，欧盟GDP 增加幅度不大，这一方面是由于欧盟本身的关税水平较低，进一步降低关税对区内产业使用中间资本品的刺激效应已经释放；另一方面也反映了当前欧盟与中国的产业内贸易已经达到了相当高的紧密程度。反而在零关税 + 削减25% 非关税措施的变量下，中欧自贸区给欧盟带来的 GDP 增长乘数效应十分明显。在该模式下，2030 年相应的欧盟社会福利将增加961.5 亿美元，是仅削减关税带来的最低社会福利增加值（188.1 亿美元）的 5 倍（见表 8 - 5）。

表 8 - 5　2030 年中国、欧盟 GDP 增长与总福利变化（%，亿美元）

国家/地区	90% 关税削减	95% 关税削减	100% 关税削减	100% 关税削减 + NTM25%
中国	0.48	0.50	0.53	1.37
欧盟	0.12	0.12	0.13	0.62
中国	419.3	438.9	456.9	1617.6
欧盟	188.1	197.9	205.2	961.5

在欧盟成员国内，我们看到：在削减关税的模拟情景下，除希腊、卢森堡、立陶宛、保加利亚的实际 GDP 增长出现了微弱的衰退外，建成中欧自贸区对欧盟其他 24 个成员国经济增长都具有积极影响，但影响程度不一（见表 8 - 6）。斯洛伐克、马耳他的实际 GDP 上升最为明显，零关税情景下可分别增加 1.75% 和 1.12%；德国、法国等大部分欧盟国家的实际 GDP增长幅度在 0 ~ 0.3%。这与欧盟成员国各自经济结构、贸易结构、与中国双边贸易紧密程度、各成员国之间是否存在同质性竞争等因素有关。在比较优势方面与中国经济、贸易结构互补的欧盟成员国收益较大，反之则遭受冲击；与中国贸易联系较为紧密的成员国通过自贸区进一步深化双边贸易关系，有利于促进本国经济增长，反之则可能受到较大冲击。

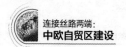

表 8－6　2030 年欧盟 28 个成员国实际 GDP 增长（%）

国家/地区	90% 关税削减	95% 关税削减	100% 关税削减	100% 关税削减 + NTM25%
欧盟	0.12	0.12	0.13	0.62
奥地利	0.06	0.06	0.06	0.34
比利时	0.22	0.24	0.25	1.03
塞浦路斯	0.24	0.26	0.26	0.75
捷克	0.14	0.15	0.15	1.60
丹麦	0.08	0.09	0.09	0.45
爱沙尼亚	0.20	0.21	0.22	1.31
芬兰	0.12	0.13	0.14	0.39
法国	0.08	0.09	0.09	0.50
德国	0.21	0.22	0.22	0.83
希腊	− 0.04	− 0.05	− 0.05	0.45
匈牙利	0.28	0.30	0.31	1.57
冰岛	0.06	0.06	0.06	0.32
意大利	0.09	0.09	0.09	0.51
拉脱维亚	0.09	0.09	0.10	0.64
立陶宛	− 0.01	− 0.01	− 0.01	0.62
卢森堡	− 0.03	− 0.03	− 0.03	0.03
马耳他	1.03	1.08	1.12	10.54
荷兰	0.01	0.01	0.01	0.44
波兰	0.12	0.12	0.13	0.61
葡萄牙	0.08	0.09	0.10	0.27
斯洛伐克	1.52	1.65	1.75	1.40
斯洛文尼亚	0.13	0.13	0.14	0.77
西班牙	0.05	0.05	0.05	0.46
瑞典	0.07	0.07	0.08	0.41
英国	0.09	0.10	0.10	0.61
保加利亚	− 0.10	− 0.11	− 0.12	0.38
克罗地亚	0.16	0.17	0.17	0.53
罗马尼亚	0.03	0.03	0.03	0.34

从总体社会福利增长情况看，在中欧经贸合作中居于前列的德国，福利改进程度远远高于其他欧盟国家，零关税情景下达到 116.0 亿美元；其次为英国，零关税情景下福利增加 19.5 亿美元；斯洛伐克是中东欧国家中表现最为抢眼的，福利增加水平达到 16.8 亿美元，超过法国（13.8 亿美元），其他大部分国家的福利增长介于 0 ~ 10 亿美元；而希腊、立陶宛、卢森堡、保加利亚的福利则出现一定程度的降低，分别减少 2.95 亿美元、0.49 亿美元、0.22 亿美元和 1.31 亿美元。

而在削减全部商品关税且非关税壁垒弱化的模拟情景下，欧盟各国的福利水平呈现普涨，中东欧国家的增长幅度高于西欧国家，这说明便利化等其他贸易自由化方式带来的福利增长效应更加显著。德国、英国、法国、意大利的总体福利增长排名前列，其中尤以德国福利水平的改善最为明显，增加幅度从 116.0 亿美元（仅削减关税）扩大 321.1 亿美元（削减全部关税 + 25% 非关税措施）；中东欧国家中，捷克福利增长最多，为 22.5 亿美元（见表 8 - 7）。

表 8 - 7　2030 年欧盟 28 个成员国经济福利（EV）影响（百万美元）

国家/地区	关税 90% 削减	关税 95% 削减	关税 100% 削减	关税 100% + NTM 25% 削减
欧盟	18807.6	19789.8	20517.3	96154.4
奥地利	200.7	208.9	214.0	1216.7
比利时	758.7	799.9	831.2	4462.6
塞浦路斯	20.9	21.8	22.3	138.5
捷克	52.8	53.8	53.9	2247.9
丹麦	188.9	195.4	199.0	1382.9
爱沙尼亚	8.4	7.8	7.0	218.2
芬兰	344.3	362.9	376.8	974.8
法国	1316.0	1348.4	1360.0	12213.6
德国	10577.0	11161.1	11601.5	32110.8
希腊	-252.0	-272.8	-294.6	765.2
匈牙利	222.1	233.4	241.6	1515.7

国家/地区	关税90%削减	关税95%削减	关税100%削减	关税100% + NTM 25%削减
冰岛	96.5	98.3	98.3	710.3
意大利	897.2	941.2	973.5	8774.7
拉脱维亚	24.7	26.1	27.3	101.7
立陶宛	−42.6	−45.9	−49.2	156.7
卢森堡	−19.6	−20.7	−21.8	233.2
马耳他	33.7	35.1	36.1	866.3
荷兰	361.2	382.2	398.6	2649.7
波兰	87.4	84.0	78.7	2065.3
葡萄牙	103.2	109.2	113.9	344.8
斯洛伐克	1453.5	1575.0	1681.8	1206.9
斯洛文尼亚	21.8	23.1	24.1	254.9
西班牙	50.1	55.8	68.7	5546.1
瑞典	448.2	467.9	481.0	2278.6
英国	1804.2	1888.3	1947.4	13197.9
保加利亚	−115.9	−123.8	−131.9	64.9
克罗地亚	7.5	5.7	3.5	234.9
罗马尼亚	158.4	167.6	174.8	220.9

注：EV = equivalent variation.

2. 福利构成分析

在削减关税的模拟测算中，福利构成包括四个部分，分别是：分配效率、贸易条件、投资储蓄与海外投资收益。而附加降低非关税措施，通过技术进步的形式，福利构成的上述4方面会得到进一步提升。

在削减关税的模拟中，中国总体福利的提升主要来自两个组成部分，分别是分配效率改进和贸易条件的改善。而投资储蓄出现下降主要是建立自贸区之后，来自欧盟与其他地区的投资增加，对此中国需要支付的回报增加；与此对应，海外投资收益部分反映的是中国从向其他国家投资得到的报酬增加。

以零关税为例，2030 年，在 456.89 亿美元的总体福利增加中，因分配效率（资源优化配置）改进提升的福利增加占比为 70.3%，其次为贸易条件①改善导致的福利增加，其占比为 21.8%（见图 8－1）。分配效率提升直接产生税收转移效应。例如，因相关产业产品进口关税降低，商品或资源禀赋投入会从低价值生产活动重新分配到产生相对较高社会边际价值的生产活动中，从而增加能够产生较高税收的产出活动的供给，进而导致社会福利的增加。另外，因为建立自贸区，政府干预（例如补贴）减少也

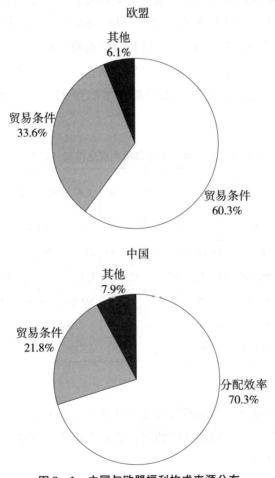

图 8－1　中国与欧盟福利构成来源分布

---

①　贸易条件的改善如出口产品的价格更高，进口产品更加便宜等。

会导致资源禀赋投入从产生较低社会边际价值的生产活动中转出。欧盟福利水平的提升，同样也主要来自分配效率改进和贸易条件改善两个组成部分，两者占比分别为 60.0% 与 33.6%。从中国与欧盟福利水平提升的主要构成看，建成自贸区后，因分配效率改进而提升的福利对于中国更为显著。

相比未建立自贸区的情况，在建立中欧自贸区、削减全部关税及 25% 非关税壁垒之后，中欧两国的福利水平都将有明显提高。这说明在自贸协定中加入便利化条款、弱化非关税措施，可以更好地发挥自贸区的作用、进一步促进中欧经济增长和福利增加。中国方面，因分配效率改善带来的福利增加达到 1048.69 亿美元，居第一位 (64.8%)；贸易条件改善带来的福利增加达到 301.71 亿美元 (18.7%)，而海外投资收益带动的福利增加达到 270.38 亿美元 (16.7%)。欧盟方面，因为削减非关税壁垒带来的福利增加中，分配效率改善带来的福利增加到 837.27 亿美元 (87.1%) (见表 8 - 8)。

表 8 - 8　2030 年中欧总体福利变化情况 (亿美元)

关税削减 福利变化	关税 90% 削减		关税 95% 削减		关税 100% 削减		关税 100% 削减 + NTM25% 削减	
	中国	欧盟	中国	欧盟	中国	欧盟	中国	欧盟
总福利	419.35	188.08	438.90	197.90	456.89	205.17	1617.62	961.54
分配效率	293.16	117.32	307.47	121.67	321.29	123.80	1048.69	837.27
贸易条件	91.94	57.35	96.13	62.13	99.56	68.90	301.71	57.28
投资储蓄	- 5.79	10.91	- 6.33	11.92	- 7.04	13.45	- 3.15	8.08
海外投资收益	40.04	2.50	41.63	2.18	43.08	- 0.97	270.38	58.92

3. 要素回报

在要素回报方面，中国和欧盟通过自贸区实现了经济结构的调整和优化，各种要素得到了更加充分的利用，边际产出普遍增加，绝大部分要素的回报率有所提高。

中国方面，建立自贸区将导致土地租金上涨、劳动力成本上升；而资本和自然资源方面的回报出现下跌，这是因为资本供给的增多导致投资回报下降。四种模拟情况下 (见表 8 - 9)，土地租金涨幅介于 1.37% ～

2.58%；非熟练劳动力工资增加介于 0.46% ~ 1.23%，熟练劳动力工资上升介于 0.38% ~ 1.22%。欧盟方面，土地租金、劳动力成本、资本与自然资源回报普遍增长。

表 8 - 9 2030 年中欧要素回报变化（%）

关税削减 要素回报	关税 90% 削减		关税 95% 削减		关税 100% 削减		关税 100% 削减 + NTM25% 削减	
	中国	欧盟	中国	欧盟	中国	欧盟	中国	欧盟
土地	1.37	0.54	1.46	0.58	1.56	0.61	2.58	1.72
非熟练劳动力	0.46	0.37	0.48	0.39	0.51	0.41	1.23	0.94
熟练劳动力	0.38	0.33	0.41	0.35	0.43	0.37	1.22	0.87
资本	−0.26	0.12	−0.28	0.13	−0.30	0.14	−0.49	0.17
自然资源	−0.07	0.08	−0.07	0.08	−0.06	0.06	−0.72	0.07

通过对比非熟练劳动力与熟练劳动力工资增长情况，可以看出，在建立自贸区的情况下中国与欧盟的劳动密集型行业工人工资水平的增加幅度均高于技术性劳动力工资的增长幅度，而中国劳动密集型工人工资改善程度更加明显。

（二）对行业影响

中欧双方产业影响测算表明，建立中欧自贸区可以促使双方重新调整产业结构、更好发挥比较优势。一般而言，双边贸易的重要性和保护程度将决定自贸协定对行业的影响程度。出口比较优势大但面临较高进口约束的行业可能会从自由贸易协定获得更多收益；而竞争激烈但受关税和非关税壁垒高度保护的部门则更有可能收缩。降低关税产生的行业影响属于第一轮直接影响，但签订自由贸易协定对行业的冲击还需要考虑第二轮的间接影响，包括要素价格上涨导致的生产成本增加、产业间上下游联动和收入效应等。所有行业都将不同程度地受到这些直接和间接的影响，行业比较优势越大，削减非关税壁垒带来的收益增加相比关税削减收益更为明显。

1. 对中国的影响

模拟测算显示，如建立中欧自贸区，中国三大产业中绝大多数行业产

出水平都将有所提高，包括所有服务业行业产出及工业中的多数行业，这是国内需求扩张和出口需求增长共同作用的结果。少数行业受到冲击、规模萎缩。例如第一产业的资源与矿产品、第二产业的交通工具与电子产品行业（见表8－10）。这些行业属于资本密集型，中欧自由贸易区建成后，中国的资本回报率有所降低①，将导致资本从这些产业退出。

表8－10　2030年中欧自贸区对中欧产业产出水平的影响（％）

产业	关税削减	关税90％削减		关税95％削减		关税100％削减		关税100％削减＋NTM25％削减	
		中国	欧盟	中国	欧盟	中国	欧盟	中国	欧盟
第一产业	农产品	0.27	0.10	0.28	0.11	0.30	0.11	0.46	0.39
	能源和矿产品	-0.04	-0.03	-0.04	-0.03	-0.04	-0.03	-0.28	-0.17
第二产业	加工食品	0.20	-0.11	0.21	-0.12	0.23	-0.13	0.20	0.25
	纺织服装皮革	4.41	-6.05	4.72	-6.43	5.03	-6.83	6.59	-10.44
	自然资源相关	0.32	0.01	0.35	0.01	0.37	0.00	0.87	-0.10
	金属与机械设备	0.00	0.89	0.00	0.95	0.00	0.99	0.03	1.51
	交通工具	-1.92	3.28	-2.06	3.52	-2.21	3.75	-5.15	6.61
	电子产品	-0.14	-0.86	-0.14	-0.92	-0.14	-1.00	1.42	-7.08
	其他制造业	0.39	-0.36	0.41	-0.37	0.44	-0.38	2.33	-3.89
第三产业	零售	0.18	0.02	0.20	0.02	0.21	0.01	0.63	0.28
	陆运	0.36	0.13	0.38	0.14	0.40	0.14	1.09	0.35
	水运	0.29	0.34	0.31	0.36	0.34	0.38	0.64	0.81
	空运	0.25	-0.08	0.26	-0.09	0.28	-0.10	0.11	0.31
	娱乐	0.17	-0.03	0.18	-0.03	0.19	-0.04	0.68	0.21
	通信	0.28	-0.02	0.30	-0.02	0.32	-0.03	0.88	0.18
	金融	0.27	-0.08	0.29	-0.09	0.31	-0.10	0.86	0.01
	保险	0.17	-0.12	0.18	-0.12	0.19	-0.14	0.40	0.03
	商业信息服务	0.43	0.09	0.46	0.09	0.49	0.09	1.08	0.44
	公共服务业	0.14	-0.05	0.15	-0.06	0.15	-0.06	0.57	0.09
	其他服务业	0.88	0.30	0.94	0.32	0.99	0.34	2.54	1.20

① 在前述对宏观经济影响的要素回报已经讨论。

从具体行业来看，纺织服装皮革业的产出增长最为显著。四种政策模拟情景显示，2030 年，与未建成自贸区的情况比较，建立自贸区将促使纺织服装（皮革）业的产出增加 4.41% ~ 6.59% 不等。① 这就是我们在行业影响里要讨论到的第一轮的直接影响。为便利测算，我们在这里省略了对作为资源中间产品投入的棉花与羊毛业的单独影响测算②，这是对行业影响的第二轮间接影响。

受到冲击最严重的产业是交通工具，即我们通常所指的运输车辆和零部件行业。四种政策模拟中，交通工具的产出在 2030 年下降幅度介于 1.92% ~ 5.15%。③ 主要原因除了上述资本回报减少外，另一个原因在于欧盟拥有较强的进口替代竞争优势。此外，在削减关税模拟中，电子产品的产出略有下降，降幅为 0.14%④；但如在削减关税的同时附加削减 25% 非关税措施，其产量则出现增加。因此电子产品产出下降并不是关税自由化的直接后果，因为其原有的进口关税税率已较低；相反，其产出减少的主要原因是要素价格特别是非熟练劳动力工资上涨导致的生产成本上涨。因此，在中欧建成自贸区后，如仅削减关税，电子产品等非常依赖非熟练劳动力的行业，在全球市场较易失去竞争力；而如同时削减非关税壁垒，则电子产品行业反而将出现产出增加 1.42% 的结果，这显示了该行业非关税壁垒突出的特点。例如，中国对出口欧盟电子产品，欧方进口关税只有 1%，但是 NTM 关税等值（AVE）却高达 25.5%。⑤ 这也是为什么在方案 4 的测算中，2030 年中国电子产品产出将增长 1.42%⑥，而不是下降 0.14%。

2. 对欧盟的影响

对于欧盟而言，中欧建立自贸区对其行业影响与中国情况相反。20 个

① 百分比增长 4.41%，相当于产值增加约 90 亿美元。
② 作为纺织和服装的重要中间投入，棉花产量增长了 2.78%（13 亿美元）。相反，羊毛的输出，其他重要的中间投入，收缩了一点。这是因为羊毛的原有进口关税非常高，自由贸易协定签署后进口羊毛产生进口替代效应，导致产出下降。
③ 1.92% 相当于减少 47 亿美元。
④ 下降 0.14% 相当于减少 38 亿美元。
⑤ 属于其他产品项下欧盟对中国进口产品的非关税措施壁垒估值。参见表 8-4。
⑥ 相当于 353 亿美元。

行业中，产出受到负面影响的达 11 类，包括服务业中的 6 个行业，工业中的 4 个行业，以及第一产业中的能源与矿产品行业。

从具体行业分析可以看出：在削减关税的政策模拟中（见表 8 - 10），2030 年欧盟最大的受益行业是交通工具，其产出增长变化介于 3.28% ~ 3.75%。[①] 该行业同时也是中欧贸易中欧盟占据比较优势的行业；金属与机械设备是第二大受益行业，产出扩大介于 0.89% ~ 0.99%。[②] 在自由化水平更高的协定下，欧盟上述 2 个行业的优势得到进一步发挥，如在政策模拟方案 4 中，交通工具、金属与机械设备产出分别增加 6.61%[③]与 1.51%。这些产业部门同属资本密集型行业，在自贸区条件下，欧盟资本回报率有所提高，相关产业的生产规模因此扩大。

与此对应，劳动密集型行业，如纺织服装皮革、电子产品、其他制造业等，产出则有所下降。在削减关税的政策模拟中，下降变化分别介于 6.05% ~ 6.83%、0.86% ~ 1.00%、0.36% ~ 0.38%。换句话说，上述处于比较劣势的行业，在进一步削减非关税壁垒的情境下承受更大的结构调整压力。政策模拟方案 4 显示：纺织服装、电子产品、其他制造业的产出分别将下降 10.44%[④]、7.08% 与 3.89%。

值得注意的是，在削减关税的模拟情境下，欧盟服务业中的空运、娱乐、通信、金融、保险与公共服务业的产出呈现下降，反映了上述 6 个服务部门当前发展更多受限于监管壁垒等非关税措施的影响。而在削减非关税措施的情境下，所有 11 个服务部门的产出均实现扩张。

（三）进出口

中欧自由贸易协定的实施，将极大地促进中国与欧盟的双边贸易发展。如表 8 - 11 所示，2030 年，与没有建立自贸区的情况比较，中国对欧盟的出口将上涨 19.8%，金额增加 1940 亿美元；中国从欧盟进口增长 45.4%，金额增加 1967 亿美元。在更开放的制度下，即减少 1/4 非关税壁

---

① 增加 3.28%略少于 770 亿美元。
② 377 亿美元。
③ 1431 亿美元。
④ 10.44%，超过 630 亿美元。

垒（AVE）的情况下，双边贸易规模将进一步扩大，其中中国对欧盟的出口将增长 39.7%、金额增加 4002 亿美元，中国从欧盟进口增长 80.7%、金额增加 3358 亿美元。在经济增长加快和贸易条件改善的促进下，中国进口增长快于出口增长，也就是说，自贸协定将推动中欧贸易更趋平衡发展。

表 8-11　2030 年中欧 FTA 对双边及国际贸易流向的影响
（10 亿美元，括号内为百分比变化）

国家/地区	减让关税 100%		
	中国	欧盟	其他国家
中国	0 (0)	194.0 (19.8)	-48.8 (-1.2)
欧盟	196.7 (45.4)	-53.6 (-1.0)	-30.4 (-0.7)
其他国家	-43.8 (-1.2)	-24.3 (-0.6)	18.3 (0.1)
	关税减让 + 减少 25% 的非关税措施等值		
	中国	欧盟	其他国家
中国	0 (0)	400.2 (39.7)	-157.8 (-3.8)
欧盟	335.8 (80.7)	-137.5 (-2.7)	-44.8 (-1.3)
其他国家	-52.7 (-1.6)	-72.0 (-1.8)	27.0 (0.2)

注：横向为出口，纵向为进口。

另一方面，中欧自由贸易区也将有助于中国与欧盟各自对外贸易的增长（见表 8-12）。零关税状况下，2030 年，与未建成中欧自贸区相比，中国的出口与进口将分别增加 2.09% 和 3.97%，而在附加削减 25% 非关税措施的情景下，中国对外出口与进口则分别增加 3.58% 与 7.71%，整体对外贸易平衡分别减少 282.5 亿美元和 542.1 亿美元；与此同时，零关税状况下，欧

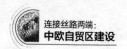
盟整体对外出口与进口分别上升了 0.64% 和 0.94%，而在进一步削减
25% 非关税措施的情境下，出口与进口则分别增加 0.74% 与 1.54%。在上
述两种模拟情景下，随着出口价格上涨高于进口价格，欧盟进口增速将快
于出口增速，贸易平衡将分别减少 169.7 亿美元和 565.6 亿美元。

表 8 - 12　2030 年中欧 FTA 对中国与欧盟贸易增长的影响（%）

中国	零关税	关税减让 + 减少 25% 非关税壁垒等值
实际 GDP	0.53	1.37
进口	3.97	7.71
出口	2.09	3.58
贸易平衡项（十亿美元）	− 28.25	− 54.21
欧盟	零关税	关税减让 + 减少 25% 非关税壁垒等值
实际 GDP	0.13	0.62
进口	0.94	1.54
出口	0.64	0.74
贸易平衡项（十亿美元）	− 16.97	− 56.56

1. 中国与欧盟出口结构分析

中国工业品中除电子产品出口下降外，其他产品出口均实现增长，尤
其是轻工业产品出口的增长十分明显。以零关税方案为例（见表 8 - 13），
纺织服装皮革和加工食品出口的增长最为明显，分别达到 12.53% 和
4.24%，这是中欧自贸区建立之后中国发挥比较优势、进行产业重组的结
果；交通工具的产出虽然有所下降，但出口增长达到 4.11%，这说明中国
和欧盟通过自贸区加强了产业内的垂直分工，中国向欧盟国家出口更多交
通工具类中间投入品以支持欧盟交通工具产业的扩张。在服务业项下，随
着进出口贸易的扩大，中国水运和空运服务出口有所增长，但其他服务业
行业出口都有所下降，这可能是受到了非熟练劳动力成本上升的影响。而
农产品与矿产品出口下降，一方面是因为产出下降，另一方面与劳动力成
本上升有关。

反观欧盟，欧盟农业和矿产品的出口普遍展现出增长趋势；工业品中交通工具出口竞争优势最大，增长幅度达到5.83%；但纺织服装皮革和加工食品的出口有所下降，这仍然是域内产业结构调整、产出下降的结果。服务业方面，欧盟的陆运和水运出口有所上升，其他服务业输出均呈下降趋势，这也是受到了劳动力成本上涨尤其是非熟练劳动力成本上涨的影响。

表 8 – 13　2030 年中欧自贸区对双边产业出口水平的影响（％）

产业 \ 关税削减		关税 90% 削减		关税 95% 削减		关税 100% 削减		关税 100% 削减 + NTM25% 削减	
		中国	欧盟	中国	欧盟	中国	欧盟	中国	欧盟
第一产业	农产品	− 1.06	0.72	− 1.11	0.77	− 1.17	0.83	5.43	2.06
	能源和矿产品	− 0.83	0.07	− 0.88	0.07	− 0.94	0.08	− 3.25	− 0.29
第二产业	加工食品	3.69	− 0.02	3.96	− 0.02	4.24	− 0.03	4.33	1.06
	纺织服装皮革	10.98	− 6.34	11.74	− 6.70	12.53	− 7.07	16.50	− 10.55
	自然资源相关产业	1.46	0.19	1.56	0.20	1.66	0.20	3.78	0.18
	金属与机械设备	1.62	1.78	1.73	1.89	1.86	1.99	2.14	3.14
	交通工具	3.56	5.09	3.82	5.46	4.11	5.83	9.58	10.11
	电子产品	− 0.08	− 0.79	− 0.08	− 0.86	− 0.07	− 0.95	2.90	− 6.12
	其他制造业	1.37	0.96	1.46	1.09	1.56	1.21	7.84	− 3.55
第三产业	零售	− 1.25	− 0.37	− 1.31	− 0.40	− 1.37	− 0.45	− 3.02	− 0.13
	陆运	− 0.70	0.20	− 0.73	0.21	− 0.75	0.22	1.29	0.39
	水运	0.41	0.36	0.44	0.39	0.48	0.41	0.67	0.86
	空运	0.18	− 0.16	0.21	− 0.18	0.24	− 0.20	1.45	0.36
	娱乐	− 1.30	− 0.53	− 1.37	− 0.57	− 1.43	− 0.62	− 2.74	− 0.83
	通信	− 0.66	− 0.44	− 0.68	− 0.47	− 0.70	− 0.52	− 2.04	− 0.61
	金融	− 1.03	− 0.64	− 1.08	− 0.68	− 1.12	− 0.74	− 3.17	− 1.20
	保险	− 1.27	− 0.66	− 1.33	− 0.71	− 1.39	− 0.77	− 2.61	− 0.89
	商业信息服务	− 0.94	− 0.51	− 0.99	− 0.54	− 1.02	− 0.59	1.28	− 0.40
	公共服务业	− 1.63	− 0.76	− 1.72	− 0.81	− 1.79	− 0.88	− 4.98	− 1.55
	其他服务业	− 0.71	− 0.39	− 0.74	− 0.42	− 0.76	− 0.47	− 0.14	0.04

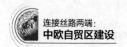
2. 中国与欧盟进口结构分析

由于经济增长和收入提高带来的中间投入品和消费品需求增长,中国和欧盟各产业的进口普遍增加。以零关税方案为例(见表8－14),中国进口增长前三位的产品为交通工具、其他制造业和纺织服装皮革,增幅分别为27.68%、12.99%和9.51%。其中,纺织服装皮革和其他制造业的进口增加部分来源于生产规模扩大带来的中间投入品进口需求增加,部分来源于本国收入增长带来的消费需求增加。而交通工具进口的显著增长则主要是因为本国生产规模缩减、需要增加进口以满足国内增长的消费需求。

欧盟的进口增长则主要体现在纺织服装皮革、其他制造业、金属与机械设备和交通工具等行业,以零关税方案为例,增幅分别达到5.67%、2.57%、1.78%和1.67%。其中,纺织服装皮革和其他制造业的进口增加主要是由于本国产出减少和消费需求增长所致,而金属与机械设备、交通工具进口的增加则是该产业生产规模扩大、中间投入品进口需求增长的结果。

表8－14　2030年中欧自贸区对双边产业进口水平的影响（%）

关税削减 产业		关税90%削减		关税95%削减		关税100%削减		关税100%削减 +NTM25%削减	
		中国	欧盟	中国	欧盟	中国	欧盟	中国	欧盟
第一产业	农产品	4.02	0.19	4.29	0.21	4.57	0.22	8.27	0.80
	能源和矿产品	0.44	0.10	0.47	0.11	0.50	0.11	1.47	0.14
第二产业	加工食品	4.98	0.47	5.33	0.51	5.68	0.54	12.92	0.88
	纺织服装皮革	8.25	4.87	8.87	5.26	9.51	5.67	15.57	7.08
	自然资源相关产业	2.46	0.59	2.62	0.63	2.78	0.67	5.38	1.18
	金属与机械设备	4.42	1.57	4.71	1.67	5.00	1.78	9.73	3.04
	交通工具	23.85	1.46	25.74	1.56	27.68	1.67	56.92	3.25
	电子产品	1.01	0.93	1.06	0.99	1.12	1.05	4.54	1.65
	其他制造业	10.95	2.28	11.94	2.42	12.99	2.57	24.02	8.27

续表

关税削减 / 产业		关税90%削减		关税95%削减		关税100%削减		关税100%削减 +NTM25%削减	
		中国	欧盟	中国	欧盟	中国	欧盟	中国	欧盟
第三产业	零售	0.94	0.22	0.99	0.23	1.04	0.25	2.98	0.61
	陆运	0.90	0.33	0.95	0.36	0.99	0.38	2.62	0.95
	水运	0.59	0.33	0.62	0.36	0.65	0.38	2.40	0.78
	空运	0.37	0.20	0.38	0.21	0.40	0.22	4.21	0.58
	娱乐	0.98	0.27	1.04	0.29	1.09	0.31	3.29	0.87
	通信	0.74	0.24	0.78	0.26	0.82	0.28	2.48	0.61
	金融	0.80	0.27	0.85	0.29	0.88	0.31	3.67	0.77
	保险	0.92	0.21	0.97	0.23	1.02	0.24	3.31	0.71
	商业信息服务	0.99	0.41	1.05	0.43	1.10	0.46	5.66	1.07
	公共服务业	1.16	0.38	1.22	0.41	1.29	0.43	3.69	1.10
	其他服务业	1.46	0.65	1.54	0.69	1.62	0.75	6.00	2.00

（四）对其他地区影响

1. 对 GDP 的影响

对世界其他国家而言，受中欧自贸区建成后贸易转移效应的影响，经济可能会受到一定的冲击。仍以削减全部关税的模拟情景为例，世界其他地区① GDP 将下降 0.11%，福利减少 175.8 亿美元。美国、日韩、澳新、东盟、印度和俄罗斯的实际 GDP 将分别降低 0.08%、0.20%、0.08%、0.14%、0.15% 和 0.08%。同样，随着中欧合作自由化程度的提高，其他国家所受负面影响也呈现递增趋势，在加入便利化的模拟情境下，负面影响更为明显（见表 8 - 15）：世界其他地区整体 GDP 下降 0.17%，福利减少 243.7 亿美元；美国、日韩、澳新、东盟、印度和俄罗斯 GDP 分别下降 0.27%、0.42%、0.15%、0.32%、0.41% 和 0.22%。

----

① GDP 与总福利表中，是指除表中所列国家之外的地区；国际贸易中的世界其他地区是指中国与欧盟之外的。

表 8 – 15 2030 年其他主要国家实际 GDP 增长及总体福利（%，百万美元）

关税削减 国家	90%关税 削减	95%关税 削减	100%关税 削减	100%关税削减 + NTM25%
美国	− 0.08	− 0.08	− 0.08	− 0.27
日本和韩国	− 0.18	− 0.19	− 0.20	− 0.42
澳大利亚和新西兰	− 0.07	− 0.07	− 0.08	− 0.15
东南亚国家	− 0.12	− 0.13	− 0.14	− 0.32
印度	− 0.13	− 0.14	− 0.15	− 0.41
俄罗斯	− 0.07	− 0.07	− 0.08	− 0.22
世界其他国家	− 0.10	− 0.10	− 0.11	− 0.17
美国	− 9876.3	− 10513.6	− 11109.5	− 38619.6
日本和韩国	− 8751.3	− 9299.8	− 9864.1	− 16898.8
澳大利亚和新西兰	− 512.2	− 545.8	− 569.5	− 1373.4
东南亚国家	− 3790.5	− 4021.2	− 4246.3	− 11029.8
印度	− 6264.9	− 6663.3	− 7064.8	− 13390.7
俄罗斯	− 1201.6	− 1282.7	− 1347.1	− 2826.2
世界其他国家	− 15688.8	− 16682.1	− 17583.3	− 24367.6

2. 福利变化与要素回报

中欧自贸区的建成造成其他国家的福利水平有所降低。其中美国、日韩和印度的福利降低最为明显，分别达到 111.1 亿美元、98.64 亿美元和 70.65 亿美元。

3. 国际贸易

由于经济总量和贸易规模庞大，中欧自由贸易区可能会对国际贸易的流动产生深刻的变化，造成明显贸易转移效应，导致中国、欧盟各自与非自贸区经济体贸易额下降。中国对世界其他地区（ROW）的出口将下降 1.2%（488 亿美元），从其他地区的进口将下降 1.2%（438 亿美元）；同样地，欧盟对其他地区的出口下降 0.7%（304 亿美元），从其他地区的进口将减少 0.6%（243 亿美元）（见表 8 – 11）。

而如果中欧达成并实施一个更加开放的协议，非自贸区经济体的贸易转移效应将更为明显。在这种情况下，中国对世界其他地区的出口和进口将分别下降 3.8%（1578 亿美元）和 1.6%（527 亿美元）；欧盟的出口和进口将分别下降 1.3% （448 亿美元）和 1.8% （720 亿美元）。应该注意的是，上述减少的贸易额，并不会在各地区平均分配。预计在对欧出口方面与中国竞争的经济体，以及在对华出口方面与欧盟竞争的经济体，所受的损失将相对较大。

四、结论

（一）本测算的优缺点

中国与欧盟一旦达成自由贸易安排，对于双方的经济增长、产业提升、社会福利、贸易改善都有积极的促进作用。中欧自贸区经济影响测算时间跨度从 2012—2030 年，测算内容包括对中欧双方 GDP 的影响（增长率）、对欧盟成员国 GDP 的影响、中欧的福利水平与要素回报（包括劳动力成本）、中欧产业的产出与进出口、中欧双边贸易流量，以及对世界其他地区的上述影响。与欧盟委托欧洲智库——欧洲政策研究中心撰写发布的《明日丝绸之路》报告所做测算比较，本经济影响测算报告具有三个鲜明的特点：一是将模型测算的初始数据从 2011 年更新到 2016 年，因而从时间序列的动态效果看，测算的数据结果更为接近实际；二是用社会总福利替代 GDP 值，这样一方面可以消除价格等通胀因素的影响，另一方面即使在本国 GDP 减少的情况下，但是由于其他国家生产的更多，该国进口更便宜，也会促进本国居民消费的增加，导致福利提高；三是除了测算对中欧双方的影响，还对包括美国、日韩在内的中国与欧盟其他 9 个主要贸易伙伴作了测算，进一步验证了双边自由贸易区对区外经济体的排他效应。

当然，模型测算的结果与真实情况相比，仍会存在偏差。造成偏差的因素，一是在服务贸易成本方面，按照关税等值代入的非关税壁垒的计算，只考虑了歧视性措施造成的额外成本，而没有将非歧视性措施考虑在内，如中欧投资协中涉及的非歧视性的市场准入限制①；二是 2008 年国际金融危机和 2009 年欧元区主权债务危机爆发后，欧元区经济与欧盟经济均

① 欧方要求不得以配额、经济需求测试等方式限制某一行业的企业数量、雇佣人数和企业形式等。

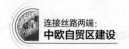

出现了二次衰退，而模型数据从 2011 年开始根据基准数据（baseline）进行模拟，一些衰退的指标没有得到及时反映，尽管在我们的模型测算中已经进行了一定调整，但 GDP、贸易的短期数据仍存在一定程度的高估。

（二）中欧自贸协定将提升双方福利水平和促进贸易增长

据研究报告，相对于基准方案，在零关税状况下，2030 年中国实际国内生产总值增加 0.53%，社会福利增加 456.9 亿美元；欧盟实际 GDP 增加 0.13%，社会福利增加 205.2 亿美元；在引入削减 25% NTM 的情况下，中国实际 GDP 将增加 1.37%，社会福利增加 1617.6 亿美元；欧盟实际 GDP 将增加 0.62%，社会福利增加 961.5 亿美元。此外，高水平的中欧自由贸易协定有利于提升双边贸易合作水平。根据模型测算，2030 年，零关税状况下，包括货物与服务贸易在内的中欧双边贸易额，将达到 18029 亿美元；进一步附加削减 25% 的非关税壁垒，双边贸易总额将达到 21668 亿美元。①

（三）推进中欧自贸协定需完善相关社会保障和救济制度

中欧自由贸易协定将推动中国和欧盟加快经济结构转型。自由贸易协定的收益可能不均匀地分布在各个部门。例如，由于出口欧盟机会增多，中国的纺织服装行业将会扩大，但由于自欧盟进口竞争加剧，中国的运输车辆和配件行业将会收缩，而对于欧盟，这种影响却导致相反结果。协议的开放水平越高，经济结构调整就越深入，这需要进一步完善相关社会保障和救济制度，包括提供最低失业保障等补充政策，从而实现双边自贸区的平稳过渡。

中欧自由贸易区对区外经济体，特别是对直接竞争对手造成较大贸易和经济影响。鉴于双边自由贸易协定的排他性质，中国—欧盟自贸区的贸易转移效应对区外经济体来说是显著的。因此，中欧一旦能够达成自由贸易协定，有必要协定中的高水平开放内容向 WTO 框架推广，从而全面提升自由贸易的积极效应。

---

① 零关税时，货物贸易 16633 亿美元，服务贸易 1396 亿美元；附加削减非关税壁垒 25%，货物贸易为 20168 亿美元，服务贸易 1500 亿美元。

附件　其他主要国家模型测算表

1. 福利构成与要素回报

附表 1－1　2030 年其他主要国家福利与要素变化（模拟 1：关税 90％削减）

福利与要素		美国	日韩	澳新	东盟	印度	俄罗斯	其他
（亿美元）	总福利	－98.76	－87.51	－5.12	－37.91	－62.65	－12.02	－156.89
	分配效率	－39.48	－38.90	－4.87	－11.38	－16.02	－8.56	－62.42
	贸易条件	－39.10	－47.86	2.53	－13.64	－28.41	6.23	－29.24
	投资储蓄	－4.29	－1.92	0.20	－0.32	0.64	－3.21	－3.61
	海外投资收益	－15.89	1.17	－2.99	－12.57	－18.87	－6.47	－61.62
（%）	土地	0.28	0.19	0.10	0.11	－0.24	－0.16	0.03
	非熟练劳动力	－0.09	－0.21	－0.07	－0.18	－0.24	－0.05	－0.12
	熟练劳动力	－0.07	－0.17	－0.06	－0.14	－0.08	－0.06	－0.11
	资本	0.12	0.09	0.09	0.03	0.09	0.06	0.05
	自然资源	0.27	0.56	0.08	0.25	0.39	－0.38	0.23

附表 1－2　2030 年其他主要国家福利与要素变化（模拟 2：关税 95％削减）

福利与要素		美国	日韩	澳新	东盟	印度	俄罗斯	其他
（亿美元）	总福利	－105.14	－93.00	－5.46	－40.21	－66.63	－12.83	－166.82
	分配效率	－42.14	－41.45	－5.21	－12.10	－17.05	－9.16	－66.43
	贸易条件	－41.58	－50.85	2.72	－14.41	－30.18	6.69	－30.88
	投资储蓄	－4.36	－2.04	0.21	－0.36	0.66	－3.50	－3.77
	海外投资收益	－17.05	1.34	－3.19	－13.34	－20.06	－6.86	－65.75

续表

国家 福利与要素		美国	日韩	澳新	东盟	印度	俄罗斯	其他
(%)	土地	0.30	0.20	0.11	0.12	-0.25	-0.17	0.03
	非熟练劳动力	-0.10	-0.22	-0.07	-0.19	-0.25	-0.06	-0.13
	熟练劳动力	-0.08	-0.18	-0.06	-0.15	-0.09	-0.07	-0.12
	资本	0.13	0.09	0.10	0.04	0.09	0.06	0.05
	自然资源	0.29	0.60	0.09	0.27	0.41	-0.40	0.24

附表1-3　2030年其他主要国家福利与要素变化（模拟3：关税100%削减）

国家 福利与要素		美国	日韩	澳新	东盟	印度	俄罗斯	其他
(亿美元)	总福利	-111.10	-98.64	-5.70	-42.46	-70.65	-13.47	-175.83
	分配效率	-44.64	-43.87	-5.53	-12.80	-18.07	-9.70	-70.11
	贸易条件	-44.51	-54.21	2.92	-15.21	-32.01	7.10	-32.79
	投资储蓄	-4.58	-2.19	0.21	-0.42	0.65	-3.85	-3.97
	海外投资收益	-17.38	1.64	-3.28	-14.03	-21.21	-7.02	-68.97
(%)	土地	0.32	0.22	0.12	0.13	-0.27	-0.18	0.03
	非熟练劳动力	-0.10	-0.23	-0.07	-0.20	-0.27	-0.06	-0.14
	熟练劳动力	-0.08	-0.20	-0.07	-0.16	-0.09	-0.07	-0.12
	资本	0.13	0.10	0.10	0.04	0.10	0.06	0.06
	自然资源	0.31	0.64	0.10	0.29	0.44	-0.43	0.26

附表1-4　2030年其他主要国家福利与要素变化（模拟4：关税100%削减）

国家 福利与要素		美国	日韩	澳新	东盟	印度	俄罗斯	其他
(亿美元)	总福利	-386.20	-168.99	-13.73	-110.30	-133.91	-28.26	-243.68
	分配效率	-154.29	-86.32	-11.24	-29.69	-52.51	-16.77	-97.01
	贸易条件	-127.25	-82.62	1.06	-39.21	-51.76	0.20	-60.76
	投资储蓄	-48.48	-3.76	0.83	0.16	-22.05	2.40	11.23
	海外投资收益	-56.18	3.71	-4.38	-41.56	-7.59	-14.09	-97.14

福利与要素	国家	美国	日韩	澳新	东盟	印度	俄罗斯	其他
(%)	土地	0.00	0.00	0.00	0.00	0.00	0.00	0.00
	非熟练劳动力	0.67	0.22	0.27	0.18	−0.49	−0.43	0.05
	熟练劳动力	−0.28	−0.45	−0.17	−0.40	−0.49	−0.23	−0.23
	资本	−0.25	−0.37	−0.15	−0.37	−0.32	−0.23	−0.22
	自然资源	0.35	0.23	0.20	0.12	0.28	0.17	0.14

2. 产业产出变化

附表 2 – 1 2030 年中欧自贸区对其他国家产业产出水平的影响（模拟 1，%）

产业	国家	美国	日韩	澳新	东盟	印度	俄罗斯	其他
第一产业	农产品	0.09	0.08	0.04	0.05	−0.02	−0.06	0.02
	资源和矿产品	0.02	0.15	0.00	0.03	0.04	−0.08	0.02
第二产业	加工食品	−0.03	−0.06	−0.09	−0.03	0.00	−0.08	−0.02
	纺织服装皮革	−0.02	−0.04	−0.49	−2.17	−2.81	−0.09	−1.55
	自然资源相关产业	−0.03	−0.02	−0.11	−0.12	−0.14	−0.16	−0.08
	机械制造	−0.14	−0.30	−0.52	−0.36	−0.02	−0.19	−0.33
	交通工具	−0.69	−1.26	−0.60	−0.45	0.01	−0.33	−0.35
	电子产品	0.09	0.36	0.06	0.12	0.39	−0.05	0.06
	其他制造业	−0.13	−0.21	−0.16	−0.51	0.27	0.01	−0.26
第三产业	零售	−0.08	−0.15	−0.04	−0.10	−0.21	−0.07	−0.09
	陆运	−0.03	−0.04	−0.06	0.07	−0.20	−0.04	−0.02
	水运	0.08	0.60	0.08	0.17	0.61	0.02	0.27
	空运	0.06	0.34	−0.03	0.14	0.08	−0.02	0.07
	娱乐	−0.03	−0.06	−0.03	0.01	0.04	−0.06	−0.02
	通信	−0.05	−0.11	−0.06	−0.02	0.05	−0.05	−0.04
	金融	−0.03	−0.13	−0.06	−0.05	−0.11	−0.06	−0.05
	保险	0.02	−0.04	−0.03	0.02	−0.06	−0.05	0.01
	商业信息服务	−0.04	−0.15	−0.09	0.04	0.45	−0.06	−0.06
	公共服务业	−0.02	−0.08	−0.02	−0.05	−0.13	−0.03	−0.03
	其他服务业	−0.19	−0.39	−0.11	−0.26	−0.36	−0.06	−0.24

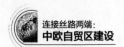

附表2-2　2030年中欧自贸区对其他国家产业产出水平的影响（模拟2,%）

产业＼国家		美国	日韩	澳新	东盟	印度	俄罗斯	其他
第一产业	农产品	0.09	0.09	0.04	0.05	-0.03	-0.06	0.03
	资源和矿产品	0.03	0.16	0.00	0.03	0.05	-0.08	0.02
第二产业	加工食品	-0.03	-0.06	-0.09	-0.04	0.00	-0.09	-0.03
	纺织服装皮革	-0.03	-0.05	-0.53	-2.31	-2.99	-0.10	-1.65
	自然资源相关产业	-0.03	-0.02	-0.12	-0.13	-0.15	-0.17	-0.09
	机械制造	-0.15	-0.32	-0.56	-0.38	-0.02	-0.20	-0.35
	交通工具	-0.73	-1.33	-0.64	-0.47	0.01	-0.36	-0.37
	电子产品	0.09	0.38	0.05	0.13	0.41	-0.05	0.06
	其他制造业	-0.14	-0.23	-0.18	-0.54	0.28	0.01	-0.28
第三产业	零售	-0.08	-0.16	-0.05	-0.11	-0.23	-0.07	-0.10
	陆运	-0.03	-0.05	-0.07	0.08	-0.21	-0.04	-0.02
	水运	0.08	0.65	0.09	0.18	0.65	0.02	0.28
	空运	0.07	0.36	-0.03	0.15	0.08	0.02	0.07
	娱乐	-0.03	-0.07	-0.04	0.01	0.04	-0.04	-0.02
	通信	-0.06	-0.11	-0.06	-0.02	0.06	-0.05	-0.04
	金融	-0.03	-0.14	-0.07	-0.05	-0.12	-0.07	-0.05
	保险	0.02	-0.04	-0.03	0.02	-0.07	-0.05	0.01
	商业信息服务	-0.04	-0.16	-0.09	0.04	0.48	-0.07	-0.06
	公共服务业	-0.02	-0.09	-0.02	-0.05	-0.13	-0.03	-0.03
	其他服务业	-0.21	-0.42	-0.12	-0.28	-0.39	-0.07	-0.25

附表2-3　2030年中欧自贸区对其他国家产业产出水平的影响（模拟3,%）

产业＼国家		美国	日韩	澳新	东盟	印度	俄罗斯	其他
第一产业	农产品	0.10	0.09	0.04	0.05	-0.03	-0.06	0.03
	资源和矿产品	0.03	0.17	0.00	0.04	0.05	-0.09	0.03
第二产业	加工食品	-0.03	-0.06	-0.10	-0.04	0.00	-0.09	-0.03
	纺织服装皮革	-0.03	-0.05	-0.56	-2.45	-3.18	-0.11	-1.76
	自然资源相关产业	-0.03	-0.02	-0.13	-0.14	-0.15	-0.18	-0.09

产业\国家		美国	日韩	澳新	东盟	印度	俄罗斯	其他
第二产业	机械制造	− 0.15	− 0.33	− 0.59	− 0.41	− 0.03	− 0.22	− 0.37
	交通工具	− 0.77	− 1.40	− 0.67	− 0.50	0.01	− 0.38	− 0.39
	电子产品	0.10	0.41	0.05	0.13	0.43	− 0.06	0.06
	其他制造业	− 0.15	− 0.24	− 0.19	− 0.58	0.30	0.01	− 0.30
第三产业	零售	− 0.09	− 0.17	− 0.05	− 0.12	− 0.24	− 0.08	− 0.10
	陆运	− 0.03	− 0.05	− 0.07	0.08	− 0.22	− 0.04	− 0.02
	水运	0.09	0.69	0.09	0.19	0.69	0.03	0.31
	空运	0.07	0.39	− 0.03	0.16	0.09	− 0.03	0.08
	娱乐	− 0.03	− 0.07	− 0.04	0.01	0.01	− 0.04	− 0.02
	通信	− 0.06	− 0.12	− 0.07	− 0.02	0.06	− 0.05	− 0.04
	金融	− 0.03	− 0.15	− 0.07	− 0.06	− 0.12	− 0.07	− 0.05
	保险	0.02	− 0.04	− 0.03	0.03	− 0.07	− 0.05	0.01
	商业信息服务	− 0.04	− 0.17	− 0.10	0.05	0.51	− 0.07	− 0.06
	公共服务业	− 0.02	− 0.09	− 0.02	− 0.05	− 0.14	− 0.04	− 0.03
	其他服务业	− 0.22	− 0.45	− 0.13	− 0.30	− 0.41	− 0.07	− 0.27

附表 2 - 4　2030 年中欧自贸区对其他国家产业产出水平的影响（模拟 4，%）

产业\国家		美国	日韩	澳新	东盟	印度	俄罗斯	其他
第一产业	农产品	0.23	0.13	0.10	0.10	− 0.04	− 0.12	0.04
	资源和矿产品	0.15	0.83	0.12	0.17	0.18	− 0.15	0.12
第二产业	加工食品	− 0.12	− 0.14	− 0.30	− 0.16	− 0.10	− 0.36	− 0.08
	纺织服装皮革	0.51	0.31	− 0.56	− 3.02	− 2.87	0.01	− 2.90
	自然资源相关产业	− 0.03	− 0.05	− 0.20	− 0.20	− 0.26	− 0.51	− 0.18
	机械制造	− 0.09	− 0.50	− 0.91	− 0.57	− 0.33	− 0.46	− 0.68
	交通工具	− 1.30	− 2.92	− 1.41	− 1.06	− 0.52	− 0.81	− 0.95
	电子产品	− 0.08	0.16	0.14	− 1.29	− 0.30	− 0.34	− 0.87
	其他制造业	− 0.35	− 0.49	− 0.51	− 1.45	− 0.17	0.04	− 1.05

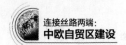

国家 产业		美国	日韩	澳新	东盟	印度	俄罗斯	其他
第三产业	零售	-0.29	-0.36	-0.10	-0.34	-0.50	-0.22	-0.16
	陆运	-0.12	-0.13	-0.13	0.08	-0.46	-0.15	-0.01
	水运	0.08	1.23	0.18	0.29	1.13	0.02	0.58
	空运	0.08	0.55	-0.30	0.09	-0.26	-0.13	-0.02
	娱乐	-0.12	-0.15	-0.07	-0.06	0.08	-0.13	-0.01
	通信	-0.21	-0.26	-0.13	-0.15	-0.07	-0.14	-0.07
	金融	-0.15	-0.35	-0.14	-0.19	-0.33	-0.19	-0.09
	保险	0.00	-0.11	-0.07	-0.06	-0.15	-0.15	-0.02
	商业信息服务	-0.18	-0.41	-0.20	-0.07	0.59	-0.22	-0.12
	公共服务业	-0.09	-0.17	-0.05	-0.14	-0.29	-0.09	-0.03
	其他服务业	-0.77	-0.93	-0.29	-0.69	-1.12	-0.42	-0.32

3. 出口变化

附表 3 - 1　2030 年中欧自贸区对其他国家产业出口水平的影响（模拟 1,%）

国家 产业		美国	日韩	澳新	东盟	印度	俄罗斯	其他
第一产业	农产品	0.41	0.91	0.15	0.39	1.92	-0.18	0.55
	资源和矿产品	0.24	0.83	0.07	0.17	0.45	-0.07	0.10
第二产业	加工食品	-0.14	0.02	-0.46	-0.08	0.76	-1.17	-0.05
	纺织服装皮革	-1.89	-1.03	-3.84	-3.93	-5.10	-7.53	-5.91
	自然资源相关产业	0.03	0.12	-0.39	-0.16	0.12	-0.61	-0.12
	机械制造	-0.14	-0.37	-1.16	-0.53	0.10	-1.24	-0.58
	交通工具	-1.87	-1.96	-2.40	-0.89	0.41	-1.39	-0.57
	电子产品	0.11	1.19	-0.24	0.13	0.73	-0.87	0.12
	其他制造业	-1.11	-0.59	-1.01	-1.24	0.49	-1.76	-0.87
第三产业	零售	0.41	1.09	0.11	0.57	1.12	-0.19	0.53
	陆运	0.51	1.02	0.23	0.64	0.79	0.51	0.53
	水运	0.63	0.74	0.38	0.58	0.88	0.37	0.56
	空运	0.42	0.67	0.00	0.36	0.74	0.21	0.28

国家 产业		美国	日韩	澳新	东盟	印度	俄罗斯	其他
第三产业	娱乐	0.36	0.92	0.07	0.56	1.00	−0.02	0.50
	通信	0.36	0.77	−0.05	0.48	0.82	−0.03	0.42
	金融	0.56	0.76	−0.07	0.45	0.82	−0.07	0.41
	保险	0.45	1.01	0.03	0.38	0.97	−0.19	0.40
	商业信息服务	0.54	0.85	−0.09	0.41	0.91	−0.15	0.36
	公共服务业	0.39	0.89	0.08	0.57	0.93	−0.02	0.48
	其他服务业	0.08	0.77	−0.30	0.30	0.87	−0.01	0.30

附表 3 − 2　2030 年中欧自贸区对其他国家产业出口水平的影响（模拟 2，%）

国家 产业		美国	日韩	澳新	东盟	印度	俄罗斯	其他
第一产业	农产品	0.44	0.97	0.16	0.42	2.05	−0.19	0.59
	资源和矿产品	0.25	0.89	0.07	0.19	0.48	−0.07	0.10
第二产业	加工食品	−0.15	0.02	−0.49	−0.08	0.81	−1.25	−0.05
	纺织服装皮革	−2.02	−1.12	−4.09	−4.18	−5.43	−8.00	−6.29
	自然资源相关产业	0.03	0.13	−0.41	−0.17	0.13	−0.65	−0.13
	机械制造	−0.15	−0.40	−1.23	−0.57	0.10	−1.32	−0.62
	交通工具	−1.99	−2.07	−2.54	−0.94	0.44	−1.48	−0.60
	电子产品	0.11	1.26	−0.26	0.14	0.78	−0.93	0.12
	其他制造业	−1.18	−0.65	−1.08	−1.33	0.52	−1.86	−0.93
第三产业	零售	0.44	1.16	0.12	0.61	1.19	−0.20	0.56
	陆运	0.55	1.09	0.25	0.69	0.84	0.54	0.56
	水运	0.68	0.79	0.41	0.63	0.94	0.40	0.60
	空运	0.45	0.71	0.00	0.39	0.79	0.23	0.30
	娱乐	0.38	0.98	0.07	0.59	1.06	−0.02	0.53
	通信	0.38	0.82	−0.05	0.52	0.88	−0.03	0.45
	金融	0.60	0.81	−0.07	0.48	0.88	−0.07	0.44
	保险	0.48	1.08	0.04	0.41	1.03	−0.20	0.42
	商业信息服务	0.58	0.91	−0.09	0.44	0.97	−0.16	0.39
	公共服务业	0.42	0.95	0.09	0.61	0.99	−0.02	0.51
	其他服务业	0.09	0.82	−0.32	0.32	0.93	−0.01	0.32

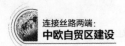

附表 3 – 3　2030 年中欧自贸区对其他国家产业出口水平的影响（模拟 3，%）

产业 \ 国家		美国	日韩	澳新	东盟	印度	俄罗斯	其他
第一产业	农产品	0.47	1.03	0.17	0.44	2.18	− 0.20	0.62
	资源和矿产品	0.27	0.95	0.08	0.20	0.51	− 0.08	0.11
第二产业	加工食品	− 0.15	0.03	− 0.52	− 0.08	0.86	− 1.33	− 0.05
	纺织服装皮革	− 2.15	− 1.20	− 4.34	− 4.44	− 5.77	− 8.48	− 6.67
	自然资源相关产业	0.04	0.14	− 0.43	− 0.18	0.14	− 0.68	− 0.13
	机械制造	− 0.14	− 0.42	− 1.31	− 0.60	0.11	− 1.40	− 0.66
	交通工具	− 2.09	− 2.18	− 2.68	− 0.99	0.47	− 1.56	− 0.64
	电子产品	0.12	1.34	− 0.28	0.14	0.82	− 1.00	0.12
	其他制造业	− 1.25	− 0.71	− 1.14	− 1.42	0.55	− 1.97	− 0.99
第三产业	零售	0.47	1.24	0.13	0.65	1.26	− 0.21	0.60
	陆运	0.59	1.17	0.27	0.74	0.89	0.58	0.60
	水运	0.73	0.85	0.44	0.67	1.01	0.43	0.65
	空运	0.48	0.77	0.01	0.41	0.84	0.25	0.32
	娱乐	0.41	1.05	0.09	0.64	1.14	− 0.01	0.57
	通信	0.42	0.88	− 0.05	0.56	0.94	− 0.02	0.49
	金融	0.64	0.88	− 0.07	0.52	0.94	− 0.07	0.47
	保险	0.52	1.16	0.05	0.44	1.09	− 0.21	0.45
	商业信息服务	0.63	0.97	− 0.08	0.47	1.03	− 0.16	0.42
	公共服务业	0.45	1.02	0.10	0.65	1.05	− 0.02	0.55
	其他服务业	0.11	0.88	− 0.32	0.35	1.00	0.00	0.35

附表 3 – 4　2030 年中欧自贸区对其他国家产业出口水平的影响（模拟 4，%）

产业 \ 国家		美国	日韩	澳新	东盟	印度	俄罗斯	其他
第一产业	农产品	1.42	1.66	0.35	0.74	4.68	0.03	0.85
	资源和矿产品	0.93	4.90	0.33	0.55	1.90	0.07	0.28
第二产业	加工食品	− 0.42	− 0.97	− 1.57	− 0.50	1.68	− 4.08	− 0.38
	纺织服装皮革	− 1.78	− 1.22	− 5.69	− 6.01	− 7.35	− 12.58	− 9.58
	自然资源相关产业	0.52	0.36	− 0.60	− 0.19	0.35	− 1.33	− 0.31

续表

产业 \ 国家		美国	日韩	澳新	东盟	印度	俄罗斯	其他
第二产业	机械制造	0.77	-0.48	-1.70	-0.82	0.45	-2.25	-1.12
	交通工具	-3.94	-4.80	-5.18	-2.13	0.78	-2.99	-1.58
	电子产品	-2.11	0.67	-2.36	-1.57	-1.58	-4.71	-1.62
	其他制造业	-4.70	-2.46	-3.13	-4.36	0.53	-6.75	-3.90
第三产业	零售	1.45	2.10	0.45	1.27	2.31	-0.35	1.08
	陆运	1.31	2.11	0.58	1.32	1.74	0.87	1.00
	水运	1.48	1.51	0.80	1.21	1.80	0.72	1.15
	空运	1.02	1.18	-0.63	0.43	0.82	0.15	0.13
	娱乐	1.26	1.68	0.33	1.26	2.41	0.21	0.97
	通信	1.09	1.32	0.03	0.92	1.57	0.07	0.75
	金融	1.83	1.11	-0.17	0.89	1.68	0.03	0.68
	保险	1.49	1.52	0.03	0.52	1.53	-0.41	0.42
	商业信息服务	1.51	1.23	-0.28	0.59	1.68	-0.41	0.30
	公共服务业	1.55	1.61	0.55	1.43	2.61	0.41	0.97
	其他服务业	0.58	1.32	-0.28	0.63	2.26	0.28	0.56

4. 进口变化

附表 4-1 2030 年中欧自贸区对其他国家产业进口水平的影响（模拟 1，%）

产业 \ 国家		美国	日韩	澳新	东盟	印度	俄罗斯	其他
第一产业	农产品	-0.04	-0.38	0.02	-0.30	-0.98	0.03	-0.20
	资源和矿产品	-0.07	-0.09	-0.09	-0.15	-0.14	0.01	-0.12
第二产业	加工食品	-0.18	-0.44	-0.08	-0.20	-0.63	-0.05	-0.17
	纺织服装皮革	-0.39	-0.65	-0.23	-1.75	-2.35	-0.03	-0.68
	自然资源相关产业	-0.27	-0.37	-0.09	-0.22	-0.51	-0.07	-0.20
	机械制造	-0.47	-0.95	-0.14	-0.37	-0.52	-0.04	-0.34
	交通工具	-0.33	-0.93	-0.03	-0.29	-0.32	0.06	-0.19
	电子产品	-0.45	-0.84	-0.22	-0.10	-0.60	-0.10	-0.31
	其他制造业	-0.33	-1.00	-0.15	-0.39	-0.50	-0.24	-0.13

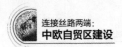

续表

产业\国家		美国	日韩	澳新	东盟	印度	俄罗斯	其他
第三产业	零售	-0.19	-0.64	-0.03	-0.27	-0.67	-0.03	-0.29
	陆运	-0.16	-0.32	-0.03	-0.11	-0.62	0.00	-0.14
	水运	-0.12	0.52	0.01	-0.02	-0.42	0.00	0.06
	空运	-0.13	-0.21	-0.03	-0.13	-0.40	0.00	-0.16
	娱乐	-0.26	-0.47	-0.06	-0.27	-0.55	-0.09	-0.26
	通信	-0.17	-0.44	-0.02	-0.21	-0.44	-0.07	-0.25
	金融	-0.43	-0.46	-0.04	-0.27	-0.53	-0.14	-0.29
	保险	-0.37	-0.40	-0.04	-0.21	-0.66	-0.08	-0.24
	商业信息服务	-0.13	-0.55	0.02	-0.18	-0.32	-0.06	-0.29
	公共服务业	-0.22	-0.65	-0.01	-0.30	-0.31	-0.06	-0.26
	其他服务业	-0.40	-0.92	-0.03	-0.46	-1.34	-0.05	-0.40

附表4-2 2030年中欧自贸区对其他国家产业进口水平的影响（模拟2，%）

产业\国家		美国	日韩	澳新	东盟	印度	俄罗斯	其他
第一产业	农产品	-0.04	-0.41	0.02	-0.32	-1.04	0.03	-0.22
	资源和矿产品	-0.07	-0.10	-0.10	-0.16	-0.15	0.01	-0.12
第二产业	加工食品	-0.19	-0.46	-0.09	-0.21	-0.67	-0.06	-0.18
	纺织服装皮革	-0.42	-0.69	-0.24	-1.86	-2.49	-0.03	-0.72
	自然资源相关产业	-0.28	-0.39	-0.09	-0.24	-0.54	-0.08	-0.21
	机械制造	-0.50	-1.01	-0.15	-0.39	-0.55	-0.04	-0.36
	交通工具	-0.35	-0.99	-0.03	-0.31	-0.33	0.07	-0.20
	电子产品	-0.48	-0.90	-0.23	-0.11	-0.64	-0.11	-0.33
	其他制造业	-0.35	-1.06	-0.16	-0.41	-0.53	-0.25	-0.14
第三产业	零售	-0.20	-0.68	-0.03	-0.29	-0.71	-0.03	-0.31
	陆运	-0.17	-0.34	-0.03	-0.12	-0.66	0.00	-0.15
	水运	-0.12	0.56	0.01	-0.02	-0.44	0.00	0.06
	空运	-0.14	-0.23	-0.03	-0.14	-0.43	-0.01	-0.17
	娱乐	-0.28	-0.50	-0.07	-0.29	-0.59	-0.09	-0.28

	国家	美国	日韩	澳新	东盟	印度	俄罗斯	其他
产业								
第三产业	通信	− 0.19	− 0.47	− 0.03	− 0.22	− 0.47	− 0.07	− 0.27
	金融	− 0.46	− 0.49	− 0.04	− 0.29	− 0.57	− 0.15	− 0.31
	保险	− 0.39	− 0.42	− 0.05	− 0.22	− 0.70	− 0.09	− 0.25
	商业信息服务	− 0.14	− 0.59	0.02	− 0.20	− 0.34	− 0.06	− 0.31
	公共服务业	− 0.23	− 0.70	− 0.01	− 0.32	− 0.33	− 0.06	− 0.28
	其他服务业	− 0.43	− 0.98	− 0.03	− 0.49	− 1.43	− 0.06	− 0.42

附表 4 − 3　2030 年中欧自贸区对其他国家产业进口水平的影响（模拟 3，%）

	国家	美国	日韩	澳新	东盟	印度	俄罗斯	其他
产业								
第一产业	农产品	− 0.05	− 0.43	0.02	− 0.34	− 1.11	0.03	− 0.23
	资源和矿产品	− 0.07	− 0.10	− 0.10	− 0.17	− 0.16	0.01	− 0.13
第二产业	加工食品	− 0.20	− 0.49	− 0.10	− 0.22	− 0.71	− 0.06	− 0.19
	纺织服装皮革	− 0.44	− 0.73	− 0.25	− 1.97	− 2.64	− 0.03	− 0.76
	自然资源相关产业	− 0.30	− 0.42	− 0.10	− 0.25	− 0.57	− 0.09	− 0.23
	机械制造	− 0.54	− 1.08	− 0.16	− 0.42	− 0.59	− 0.05	− 0.38
	交通工具	− 0.37	− 1.05	− 0.03	− 0.33	− 0.35	0.07	− 0.22
	电子产品	− 0.50	− 0.95	− 0.25	− 0.11	− 0.67	− 0.12	− 0.35
	其他制造业	− 0.37	− 1.12	− 0.16	− 0.43	− 0.56	− 0.26	− 0.15
第三产业	零售	− 0.22	− 0.72	− 0.04	− 0.31	− 0.75	− 0.04	− 0.33
	陆运	− 0.19	− 0.36	− 0.03	− 0.13	− 0.70	− 0.01	− 0.16
	水运	− 0.13	0.60	0.01	− 0.02	− 0.47	0.00	0.06
	空运	− 0.15	− 0.24	− 0.03	− 0.15	− 0.46	− 0.01	− 0.18
	娱乐	− 0.30	− 0.53	− 0.07	− 0.31	− 0.63	− 0.10	− 0.30
	通信	− 0.20	− 0.50	− 0.03	− 0.24	− 0.51	− 0.08	− 0.29
	金融	− 0.49	− 0.53	− 0.05	− 0.31	− 0.60	− 0.16	− 0.33
	保险	− 0.43	− 0.45	− 0.05	− 0.24	− 0.75	− 0.10	− 0.27
	商业信息服务	− 0.15	− 0.63	0.01	− 0.21	− 0.36	− 0.07	− 0.33
	公共服务业	− 0.25	− 0.74	− 0.01	− 0.34	− 0.35	− 0.07	− 0.30
	其他服务业	− 0.47	− 1.05	− 0.04	− 0.52	− 1.52	− 0.07	− 0.45

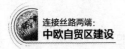

附表4-4 2030年中欧自贸区对其他国家产业进口水平的影响（模拟4,%）

产业	国家	美国	日韩	澳新	东盟	印度	俄罗斯	其他
第一产业	农产品	-0.45	-0.73	-0.02	-0.67	-2.11	-0.10	-0.34
	资源和矿产品	-0.20	-0.19	-0.08	-0.25	-0.39	-0.16	-0.20
第二产业	加工食品	-0.63	-0.88	-0.24	-0.52	-1.47	-0.24	-0.31
	纺织服装皮革	-1.30	-1.42	-0.82	-2.87	-4.08	-0.26	-1.69
	自然资源相关产业	-0.88	-0.83	-0.28	-0.54	-1.07	-0.33	-0.39
	机械制造	-1.69	-2.20	-0.50	-0.96	-1.63	-0.47	-0.72
	交通工具	-1.19	-1.86	-0.15	-0.70	-1.22	-0.08	-0.31
	电子产品	-1.68	-2.16	-0.79	-1.24	-2.18	-0.47	-0.90
	其他制造业	-1.23	-2.37	-0.69	-1.11	-1.92	-1.04	-0.37
第三产业	零售	-0.72	-1.30	-0.17	-0.72	-1.53	-0.13	-0.59
	陆运	-0.60	-0.61	-0.16	-0.33	-1.29	-0.13	-0.27
	水运	-0.54	1.08	0.05	-0.11	-0.91	-0.11	0.17
	空运	-0.45	-0.41	-0.08	-0.33	-0.84	-0.08	-0.28
	娱乐	-0.87	-0.85	-0.17	-0.65	-1.11	-0.28	-0.45
	通信	-0.61	-0.85	-0.11	-0.46	-1.07	-0.23	-0.43
	金融	-1.39	-0.82	-0.14	-0.62	-1.21	-0.45	-0.51
	保险	-1.14	-0.69	-0.15	-0.52	-1.36	-0.29	-0.41
	商业信息服务	-0.72	-1.09	-0.08	-0.62	-1.11	-0.19	-0.54
	公共服务业	-0.76	-1.35	-0.08	-0.73	-0.98	-0.35	-0.43
	其他服务业	-1.58	-1.93	-0.25	-1.04	-2.23	-0.51	-0.66

参考文献

[1] 安佰生. 论 WTO 与标准化组织之间的"委托—代理"机制[J]. 国际经济法学刊, 2011 (3): 159 - 199.

[2] 安佰生. TPP 技术壁垒规则分析及我国的应对[J]. 中国法律评论, 2016 (2): 233 - 239.

[3] 安佰生. 论技术壁垒的实质[J]. 中国标准化, 2017 (1): 117 - 121.

[4] 白明, 史晓丽. 论竞争中立政策及其对我国的影响[J]. 国际贸易, 2015 (2): 22 - 24.

[5] 曹富国. 政府采购方法的选择、适用与程序设计[J]. 中国法学, 2000 (4): 69 - 80.

[6] 曹富国. 中国启动加入 WTO - GPA 谈判的意义、挑战及未来之路[J]. 中国政府采购, 2008 (10): 72 - 75.

[7] 陈虹, 马永健. 中国—欧盟自贸区经济效应的前瞻性研究[J]. 世界经济研究, 2015 (8): 88 - 99.

[8] 陈淑梅, 江倩雯. 中国—欧盟自由贸易区的产业效应研究——基于 GTAP 模型的模拟分析[J]. 东南大学学报(哲学社会科学版), 2014 (11): 21 - 25.

[9] 陈志阳. 中国自由贸易区战略研究[D]. 武汉大学, 2015: 14 - 41.

[10] 陈柱华. 知识产权保护对中美贸易的影响研究[D]. 湖南大学, 2011.

[11] 褚洪德. 欧盟农产品贸易壁垒对中国农产品出口影响及政策研究[D]. 山东师范大学, 2015.

[12] 邓竞成. 走出误区深化认识——深入解读"技术性贸易壁垒"[J]. 国际经贸探索, 2004 (2): 54 - 58.

连接丝路两端:
中欧自贸区建设

[13] 范超. 经济全球化背景下国际贸易中的知识产权保护问题研究 [D]. 东北财经大学, 2011.

[14] 范雯. 中国对欧盟农产品出口的研究 [D]. 广东外语外贸大学, 2013.

[15] 冯维江. 试析美欧日自贸区战略及对中国的启示 [J]. 亚太经济, 2015 (1): 9-15.

[16] 高旭军. 中国——欧盟自贸区协定谈判的前景和难点 [J]. 德国研究, 2014 (4): 67-80.

[17] 顾学明, 李光辉. TPP 百问 [M]. 北京: 中国商务出版社, 2016.

[18] 何松玲. 双边国际贸易协定 (BFTA) 中的知识产权条款研究 [D]. 厦门大学, 2014.

[19] 蒋小红. 欧盟对外贸易和投资政策新动态 [N]. 中国社会科学报, 2016-02-01.

[20] 李春田. 标准化概论 [M]. 北京: 中国人民大学出版社, 2014.

[21] 李计广. 欧盟贸易政策体系研究 [D]. 对外经济贸易大学, 2007.

[22] 刘春青. 欧盟及其成员国标准化管理法律法规选编 [M]. 北京: 中国标准出版社, 2016.

[23] 刘春青等. 美国、英国、德国、日本和俄罗斯标准化概论 [M]. 北京: 中国标准出版社, 2012.

[24] 刘辉. 欧盟转运货物的知识产权执法制度研究 [D]. 吉林大学, 2015.

[25] 刘慧. 世界贸易组织公共市场的开放及我国的对策 [J]. 国际关系学院学报, 1999 (4): 1-7.

[26] 刘武兵, 李婷. 欧盟 CAP 的直接支付: 2014—2020 年 [J]. 世界农业, 2016 (6): 70-77.

[27] 刘武兵, 李婷, 林玥含. 欧盟农产品贸易政策研究 [J]. 世界农业, 2016 (8): 69-74.

[28] 刘瑛. 《跨太平洋伙伴关系协定》国有企业章节的中国应对 [J]. 东方法学, 2016 (5): 55-62.

［29］李霞．欧盟竞争法对知识产权滥用市场支配地位的规制［D］．华东政法大学，2014．

［30］李振宁．自由贸易协定与世界贸易组织：现状、规范与选择［J］．现代管理科学，2015（7）：85-87．

［31］李志军．怎样打造技术壁垒的矛与盾［M］．北京：经济日报出版社，2002．

［32］卢冬艳．中澳 FTA 对两国农产品贸易的影响研究［D］．厦门大学，2014．

［33］卢冠锋，康振宇．区域 FTA 的发展新态势及我国所面临的挑战［J］．现代管理科学，2015（3）：82-84．

［34］罗超烈，曾福生．欧盟共同农业政策的演变与经验分析［J］．世界农业，2015（4）：69-72，76．

［35］罗云开．地方政府过度举债问题研究［J］．金融与经济，2016（3）：32-36．

［36］吕丹．欧美 FTA 战略比较及对中国的启示［D］．东北财经大学，2012．

［37］彭建国．"十项试点"为国企改革实操方案探路［J］．中国发展观察，2016（6）：14-17．

［38］朴世泳．中韩自贸区知识产权保护问题研究［D］．大连海事大学，2015．

［39］全毅，柯原．中国推进区域合作与 FTA 建设的战略思考［J］．开放导报，2011（8）：52-56．

［40］商务部驻欧盟使团经商参处．欧盟自贸区政策［EB/OL］．http：//eu. mofcom. gov. cn/ article/ddfg/j/201601/20160101230192. shtml，2016-01-08/2017-11-28．

［41］宋黎磊．欧盟—地中海伙伴关系发展研究——基于欧盟周边治理的视角［J］．同济大学学报，2011（6）：66-73．

［42］宋晓光．绿色贸易壁垒对我国茶叶出口的影响研究［D］．南京农业大学，2013．

［43］宋玉华，张海燕．中国 FTA 面临的战略挑战及中欧 FTA 的地位

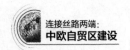

研究[J].南开学报（哲学社会科学版），2013（4）：64－72.

[44] 孙致陆.中国农产品出口结构及其比较优势研究［M］.北京：中国农业出版社，2016.

[45] 苏帕纳·卡马克.中欧自贸区的前景[J].中国经济报告，2013（7）：10－10.

[46] 汤婧."竞争中立"规则：国有企业的新挑战[J].国际经济合作，2014（3）：46－51.

[47] 唐宜红，姚曦.竞争中立：国际市场新规则[J].国际贸易，2013（3）：54－59.

[48] 田丰.国有企业相关国际规则：调整、影响与应对[J].国际经济合作，2016（5）：4－11.

[49] 田甜.中国知识产权行政保护研究[D].吉林大学，2014.

[50] 外经贸部国际司.乌拉圭回合多边贸易谈判结果：法律文本［M］.北京：法律出版社，2000.

[51] 王国安，范昌子.中欧贸易互补性研究——基于比较优势理论和产业内贸易理论的实证分析[J].国际贸易问题，2006（3）：61－66.

[52] 王士如.中国政府采购立法与 WTO 政府采购协议的整合[J].上海财经大学学报，2005（5）：42－48.

[53] 王文璞.TPP 协议中知识产权 TRIPS－PLUS 条款研究与中国知识产权法律应对[D].宁夏大学，2015.

[54] 王笑卿.贸易自由化背景下的中国与欧盟农产品贸易关系及发展潜力研究[D].西北农林科技大学，2011.

[55] 卫诗华.Trips－plus 背景下中国 FTA 知识产权保护条款研究[D].浙江财经大学，2016.

[56] 肖冰.技术性贸易壁垒国内法规制的涵义、共性态势与难点[J].法学，2006（8）：80－88.

[57] 许昆林.逐步确立竞争政策的基础性地位[J].价格理论与实践，2013（10）：5－7.

[58] 杨冬媛.欧盟环境规制对中国农产品出口的绿色壁垒效应[D].东华大学，2016.

[59] 姚洪心，杨冬媛．欧盟农药残留标准对我国农产品出口的影响——基于32类农产品的面板数据[J]．江苏商论，2016（4）：37–42.

[60] 姚铃．欧盟推动贸易伙伴开放政府采购市场动向[J]．国际经济合作，2012（6）：9–12.

[61] 姚铃．欧盟解决投资争端新思路[N]．经济参考报，2014–03–11.

[62] 姚铃．中国与欧盟应进一步打造互利共赢的经贸关系[J]．对外经贸实务，2016（4）：4–7.

[63] 姚铃．欧盟应诚实履行《中国入世议定书》第15条义务[N]．经济日报，2016–12–12.

[64] 叶斌．欧盟贸易协定政策的变化和影响[J]．欧洲研究，2014（3）：104–122.

[65] 张建华．中国知识产权立法顺应时代的发展不断发展[J]．中国发明与专利，2009（2）：18–21.

[66] 张军，刘玮，赵小杰．欧盟贸易政策取向对中国对欧农产品贸易影响分析[J]．商业经济研究，2016（2）：134–136.

[67] 张梦莹．中韩自由贸易协定知识产权条款研究[D]．山东政法学院，2016.

[68] 张婷玉．美国自由贸易区战略研究——基于政治经济视角[D]．辽宁大学，2014：18–34.

[69] 张芸．欧盟共同农业政策支持农业可持续发展的措施[J]．世界农业，2015（10）：83–86.

[70] 张卓元．从"管企业为主"到"管资本为主"：国企改革的重大理论创新[J]．新视野，2016（3）：13–16.

[71] 赵晋平．加快推进我国自贸区战略的思考与建议[J]．南开学报（哲学社会科学版），2015（3）：129–137.

[72] 赵姝杰．我国国际贸易中知识产权保护研究[D]．西南财经大学，2008.

[73] 赵小杰．中国欧盟自由贸易区建设推进研究[D]．贵州财经大学，2016.

[74] 郑涵月．中国—东盟FTA中知识产权保护问题研究[D]．海南

连接丝路两端：
中欧自贸区建设

大学，2016.

[75] 仲昭朋，程健. 我国自贸区战略实施进展与路径选择[J]. 中国流通经济，2016（5）：87 – 92.

[76] 周念利. 中欧知识产权合作机制、利益诉求与矛盾焦点[J]. 欧洲研究，2007（6）：94 – 106.

[77] 周学东. 我国国有企业产权改革最优路径研究[D]. 武汉大学，2013：43 – 67.

[78] 周渝. 欧盟自由贸易协定中 TRIPS – plus 知识产权执法条款研究[D]. 西南政法大学，2014.

[79] 祝宝良，安佰生. 欧盟国际标准化领域的优势[J]. 世界标准化与质量管理，2004（7）：11 – 12.

[80] 朱行，李全根. 欧盟共同农业政策改革及启示[J]. 世界经济与政治，2005（1）：16 – 19.

[81] Geeraerts, Gustaaf. China, the EU, and the New Multipolarity [J]. European Review, 2011（1）：57 – 67.

[82] Karen M. Huff, Thomas W. Hertel. Decomposing Welfare Changes in the GTAP Model [R]. GTAP Technical Paper No. 5, 2000.

[83] Pelkmans, J. Tomorrow's Silk Road [M]. Brussels：World TradeInstitute, 2016.

[84] Xiaoping Wu. Interplay between Patents and Standards in the Information and Communication Technology (ICT) Sector and its Relevance to the Implementation of the WTO Agreements [R]. WTO Working Paper ERSD – 2017 – 08, 2017.

[85] 中国欧盟商会. 中国欧盟商会商业信心调查 2017 年. 2017 – 5 – 31, 13 – 45.

[86] WTO. Trade Facilitation Agreement (TFA), WT/L/940, 2014 – 11 – 28. https：//www. wto. org/english/tratop_ e/tradfa_ e/tradfa_ e. htm.

[87] 2016 年中国、英国、法国、德国等服务贸易限制指数. OECD 服务贸易限制指数数据库. http：//stats. oecd. org/Index. aspx？ DataSetCode = STRI#.

［88］ OECD 服务贸易限制指数 . https：//qdd. oecd. org/data/STRI/CHN...ans

［89］ 中国与欧盟 2015 年服务贸易数据 . 世界贸易组织服务贸易数据库网站，Time series on international trade，2017 - 09 - 07.

［90］ 世界贸易组织 GATS 条款服务贸易开放门类 . WTO 网站 .

［91］ 中国加入世界贸易组织议定书 . http：//view. news. sohu. com/36/10/news147761036. Shtml.

［92］ 中国知识产权保护与营商环境新进展报告，2017 - 09 - 28. http：//www. gov. cn/xinwen/2017 - 09/28/content_ 5228142. htm.

［93］ 国务院关于扩大对外开放积极利用外资若干措施的通知 . http：//www. gov. cn/zhengce/content/2017 - 01/17/content_ 5160624. htm.

［94］ 外商投资产业指导目录（2017 年修订）. http：//www. gov. cn/xinwen/2017 - 06/28/content_ 5206424. htm.

［95］ 国务院关于促进外资增长若干措施的通知 . http：//www. gov. cn/zhengce/content/2017 - 08/16/content_ 5218057. htm.

［96］ 中欧合作 2020 战略规划 . http：//www. gov. cn/jrzg/2013 - 11/23/content_ 2533293. htm.

［97］ 关于深化互利共赢的中欧全面战略伙伴关系的联合声明 . http：//www. gov. cn/xinwen/2014 - 03/31/content_ 2650712. htm.

［98］ 中国欧盟商会 . 欧盟企业在华建议书 2017/2018，7 - 28. http：//www. europeanchamber. com. cn/cn/publications - archive/560/European_ Business_ in_ China_ Position_ Paper_ 2017_ 2018.

［99］ 中国欧盟商会 . 欧盟企业在华建议书 2016/2017，6 - 27. http：//www. europeanchamber. com. cn/en/publications - archive/465.

［100］ 中国欧盟商会 . 欧盟企业在华建议书 2015/2016，6 - 33. http：//www. europeanchamber. com. cn/en/publications - archive/397.

［101］ 政府采购协定中方第 1 份出价 - 初步出价 . http：//www. ccgp. gov. cn/wtogpa/ourprice/english/201310/t20131029_ 3588882. htm.

［102］ 政府采购协定中方第 2 份出价 - 修改出价 . http：//www. ccgp. gov. cn/wtogpa/ourprice/english/201310/t20131029_ 3588883. htm.

［103］ 政府采购协定中方第 3 份出价 . http：//www. ccgp. gov. cn/wtog-

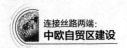

［104］政府采购协定中方第4份出价. http：//www. ccgp. gov. cn/wtog-pa/ourprice/english/201310/t20131029_ 3588885. htm.

［105］英国政府采购制度. http：//www. ccgp. gov. cn/wtogpa/zhidu/201310 /t20131029_ 3588895. htm.

［106］德国政府采购制度. http：//www. ccgp. gov. cn/wtogpa/zhidu/201310/t20131029_ 3588894. htm.

［107］WTO 网站. Agreement on Government Procurement. https：//www. wto. org/english/tratop_ e/gproc_ e/gp_ gpa_ e. htm.

［108］WTO 网站. Text of the Agreement. https：//www. wto. org/english/tratop_ e/gproc_ e/gpa_ 1994_ e. htm.

［109］WTO 网站. Government procurement and the GATS. https：//www. wto. org/english/tratop_ e/gproc_ e/gpserv_ e. htm.

［110］WTO 网站. The European Union and the WTO. https：//www. wto. org/english/thewto_ e/countries_ e/european_ communities_ e. htm.

［111］欧盟官方网站. Interim Agreement with a view to an Economic Partnership Agreement between the European Community and its Member States, of the one part, and the Central Africa Party, of the other part – Protocol. http：//eur – lex. europa. eu/legal – content/EN/TXT/? qid = 1399560086045&uri = CELE X：22009A0228 (01) .

［112］欧盟官方网站. Council Decision (EU) 2017/37 of 28 October 2016 on the signing on behalf of the European Union of the Comprehensive Economic and Trade Agreement (CETA) between Canada, of the one part, and the European Union and its Member States, of the other part. http：//eur – lex. europa. eu/legal – content/EN/TXT/? uri = uriserv：OJ. L _ . 2017. 01 1. 01. 0001. 01. ENG&toc = OJ：L：2017：011：FULL.

［113］欧盟官方网站. Free trade Agreement between the European Union and its Member States, of the one part, and the Republic of Korea, of the other part. http：//eur – lex. europa. eu/legal – content/EN/TXT/? qid = 1399390040762&uri = CELE X：22011A0514 (01) .

— 256 —

［114］中国保护知识产权网．知识产权国际快讯汇编．http：//
www. ipr. gov. cn/channel/searchList. shtml？q＝% E7% 9F% A5% E8% AF%
86% E4% BA% A7% E6% 9D% 83% E5% 9B% BD% E9% 99% 85% E5% BF%
AB% E8% AE% AF&sid＝53d894af4867548c0148a6c199580004&sort＝&ses
＝53d894af4867548c0148a6c199580004.

［115］Word Trade Organization. Sanitary and phytosanitary measures：En-
suring safe trading without unnecessary restrictions，2017－11－20. https：//
www. wto. org/english/thewto_ e/20y_ e/sps_ brochure20y_ e. pdf.

［116］Word Trade Organization. World Trade Report 2012，Trade and Pub-
lic Policy：a close look at non－tariff barriers in the 21stcentury，2015－09－27/
2017－11－20. http：//www. wto. org/English/res_ e/booksp_ e/anrep_ e/
world_ trade_ report12_ e. pdf.

［117］商务部国际贸易经济合作研究院．对外投资合作国别（地区）
指南－欧盟，2016.

［118］中国—东盟全面经济合作框架协议．http：//fta. mofcom. gov. cn/
dongmeng/dongmeng_ special. shtml.

［119］中国—巴基斯坦自由贸易协定．http：//fta. mofcom. gov. cn/pa-
kistan/pakistan_ special. shtml.

［120］中国—智利自由贸易协定．http：//fta. mofcom. gov. cn/chile/
chile_ special. shtml.

［121］中国—新加坡自由贸易协定．http：//fta. mofcom. gov. cn/singa-
pore/singapore_ special. shtml.

［122］中国—新西兰自由贸易协定．http：//fta. mofcom. gov. cn/new-
zealand/newzealand_ special. shtml.

［123］中国—秘鲁自由贸易协定．http：//fta. mofcom. gov. cn/bilu/bilu_
special. shtml.

［124］中国—哥斯达黎加自由贸易协定．http：//fta. mofcom. gov. cn/
gesidalijia/gesidalijia_ special. shtml.

［125］中国—瑞士自由贸易协定．http：//fta. mofcom. gov. cn/ruishi/
ruishi_ special. shtml.

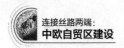
［126］中国—澳大利亚自由贸易协定．http：//fta. mofcom. gov. cn/ Australia/australia_ special. shtml.

［127］中国—韩国自由贸易协定．http：//fta. mofcom. cn/korea/ korea_ special. shtml.

［128］内地与港澳更紧密经贸关系安排（CEPA）．http：// tga. mofcom. cn/.

［129］国务院关于印发中国（上海）自由贸易试验区总体方案的通知．http：//www. gov. cn/zwgk/2013 – 09/27/content_ 2496147. htm.

［130］国务院关于印发进一步深化中国（上海）自由贸易试验区改革开放方案的通知．http：//www. gov. cn/zhengce/content/2015 – 04/20/content_ 9631. htm.

［131］国务院关于印发中国（天津）自由贸易试验区总体方案的通知．http：//www. gov. cn/zhengce/content/2015 – 04/20/content_ 9625. htm.

［132］国务院关于印发中国（广东）自由贸易试验区总体方案的通知．http：//www. gov. cn/zhengce/content/2015 – 04/20/content_ 9623. htm.

［133］国务院关于印发中国（福建）自由贸易试验区总体方案的通知．http：//www. gov. cn/zhengce/content/2015 – 04/20/content_ 9633. htm.

［134］国务院关于印发全面深化中国（上海）自由贸易试验区改革开放方案的通知．http：//www. gov. cn/zhengce/content/2017 – 03/31/content_ 5182392. htm.

［135］国务院关于北京市服务业扩大开放综合试点总体方案的批复．http：//www. gov. cn/zhengce/content/2015 – 05/21/content_ 9794. htm.

［136］国务院关于深化改革推进北京市服务业扩大开放综合试点工作方案的批复．http：//www. gov. cn/zhengce/content/2017 – 07/11/content_ 5209573. htm.

［137］欧盟—新加坡自由贸易协定文本．http：//trade. ec. europa. eu/ doclib/press/index. cfm? id = 961.

［138］欧盟—越南自由贸易协定文本．http：//trade. ec. europa. eu/ doclib/press/index. cfm? id = 1437.

［139］欧盟—加拿大自由贸易协定文本．http：//ec. europa. eu/trade/

policy／in－focus／ceta／ceta－chapter－by－chapter／.

[140] 世界贸易组织（WTO）. 各年中国贸易政策审议报告. https：∥ docs. wto. org／dol2fe／Pages／FE＿ Search／FE＿ S＿ S006. aspx？ Query ＝ （ ＋％ 40Symbol％3d ＋wt％2ftpr ＊ ＋or ＋press％2ftprb％2f ＊ ＋） ＋and ＋ （ ＋％40Title％ 3d ＋china ＋not ＋ （macau ＋or ＋ （hong ＋kong ＋china） ＋or ＋ （macao ＋china））） &Language ＝ ENGLISH&Context ＝ FomerScriptedSearch&languageUIChanged ＝ true.

[141] 世界贸易组织（WTO）. 各年欧盟贸易政策审议报告. https：∥ docs. wto. org／dol2fe／Pages／FE＿ Search／FE＿ S＿ S006. aspx？ Query ＝ （％ 20 @ Symbol ＝ ％ 20wt／tpr ＊ ％ 20or％ 20press／tprb／ ＊ ％ 20）％ 20and％ 20 （％ 20 @ Title ＝ ％ 20 （eu％ 20or％ 20 （european％ 20communit ＊ ）％ 20or％ 20 （european％ 20union））％ 20not％ 20 （ （to％ 20eu）％ 20or％ 20 （the％ 20eu））） &Language ＝ ENGLISH&Context ＝ FomerScriptedSearch&languageUIChanged ＝ true#.

后 记

《连接丝路两端：中欧自贸区建设》一书是商务部研究院立足国家高端智库前沿研究，在顾学明院长、李钢副院长的指导下，集欧洲与欧亚研究所、国际服务贸易研究所、世界经济研究所、外资研究所、国际市场与商品研究中心的数十位研究人员的智慧，完成的一本著作。

本书是本人自 1999 年入职商务部研究院、从事中国与欧盟经贸关系研究的第二本著作。书中所体现的对中欧经贸关系现状的看法与未来建议是基于多年来在中欧经贸研究领域的沉淀，同时也与 2013 年以来本人持续关注中欧投资协定与中欧自由贸易区问题，并为此发表的多篇论文有关。

在本书的撰写过程中，首先要感谢来自商务部条法司、国际司、欧洲司及研究院各位同仁的鼎力支持，"众人拾柴焰火高"；其次要感谢来自中国对外经济与贸易大学的杨军教授的团队，他们给中欧自贸区经济影响测算提供了 GTAP 模型支撑；再次，衷心感谢商务部张少刚司长、余元堂副司长、陈志阳处长、田涯副处长等的指导，感谢刘华芹所长给予的大力协助，他们对于书稿的完善发表了真知灼见。

"书山有路勤为径，学海无涯苦作舟"。中欧经贸的研究同样如此，浩瀚而飘渺，未来仍需要我辈砥砺奋进。

姚 铃

2018 年 4 月

北京